铜文化书系
编委会

主　任　倪玉平

副主任　张梦生　程双林　罗云峰　叶　萍　王纲根
　　　　　黄化锋　黄学龙　陈昌生

委　员　李伯谦　华觉明　刘庆柱　谭德睿　关晓武
　　　　　吕凌峰　李必胜　徐常宁　姚学能　程保平
　　　　　钱玉贵　任　理

秘书组　吴新华　郑丽丽　陈　佳

从铜官到铜陵：
铜陵与中国大历史

From Tongguan to Tongling:
Tongling in Chinese History

主编 刘庆柱　副主编 朱 津

中国科学技术大学出版社

内容简介

铜陵作为中国几千年来重要的铜料来源地之一,先秦时期是"国之大事"的重要支撑和吴国争霸的主要依靠,秦汉建立统一帝国后,设立于此的铜官成为控制国家经济命脉的重心,为此后三国鼎立和江南经济的崛起奠定了基础。"铜陵"由此而得名,成为中国历史夜空中一颗璀璨的明星。本书结合考古发现和相关的文献记载,以铜陵的历史变迁为主线、历代国家对铜资源的管理和生产为重点,研究铜陵在中国大历史变迁中起到的作用,并对衍生出的铜官文化进行解读,阐述以李白为代表的历代文人咏颂铜官山的华丽诗篇。

图书在版编目(CIP)数据

从铜官到铜陵:铜陵与中国大历史/刘庆柱主编.—合肥:中国科学技术大学出版社,2018.4(2018.10重印)

(铜文化书系)

ISBN 978-7-312-04444-1

Ⅰ.从… Ⅱ.刘… Ⅲ.①铜器(考古)—研究—铜陵 ②文化史—研究—铜陵 Ⅳ.①K876.414 ②K295.43

中国版本图书馆CIP数据核字(2018)第053166号

出版	中国科学技术大学出版社 安徽省合肥市金寨路96号,230026 http://press.ustc.edu.cn https://zgkxjsdxcbs.tmall.com
印刷	鹤山雅图仕印刷有限公司
发行	中国科学技术大学出版社
经销	全国新华书店
开本	710 mm×1000 mm 1/16
印张	15.75
字数	273千
版次	2018年4月第1版
印次	2018年10月第2次印刷
定价	80.00元

《从铜官到铜陵:铜陵与中国大历史》编撰委员会

主　编　刘庆柱

副主编　朱　津

编　委　曹永歌　张国茂　赵　敏

总　序

倪玉平

一

铜是一部活生生的史书。

人类文明由铜开始铸就。在人类历史发展进程中，铜是金属家族里伟大的先行者和开拓者。

铜为人类早期使用的金属之一。铜器的出现，成为人类进入文明社会的三大标志之一。无论是两河流域的苏美尔人，还是尼罗河岸的古埃及人，都与铜结下不解之缘；无论是希腊的迈锡尼文明，还是中西欧的钟杯战斧文化，都有铜刻下的深深烙印。

世界各大文明都先后经历过青铜时代，但只有中华文明创造出青铜时代的别样辉煌，使人类青铜文化臻于鼎盛。中国古代青铜器自诞生之初，就被赋予很多特殊内涵，远远超出其一般的实用功能，而与当时的政治、经济、文化以及人们的思想与信仰等紧密联系在一起。夏、商、周三代，青铜器既是祭祀、礼乐、战争等文化的物质载体，又是宗法制度、礼器制度、等级制度的外在化身，甚至成为国家、权力、地位和财富的象征。多变的造型、精美的工艺、奇异的纹饰、典雅的铭文，让古代青铜器散发出穿越时代的独特美学气质和文化气息，令人叹为观止。青铜时代夯实了中华文明的根基，对中华文明的发展和演进产生了非常深远的影响。与之相关的历史典故和传说，色彩斑斓，绚丽灿烂，如大禹铸鼎、问鼎中原、一言九鼎、干将莫邪等，不仅丰富了青铜文化的精神内涵，而且成为中华民族精神风貌的一种表征。

春秋战国以降，青铜器承载的礼制与政治功能逐步式微，铜生产开始走向世俗化。秦汉之际，一千五百多年的中国青铜时代宣告谢幕。虽然如此，铜的光彩并没有被湮没，铜器制作并没有衰退，铜的生产对象加快转变，实用功能特别是经济功能日益放大。秦汉之后，铜的主要用途之一是铸造货币，如秦代的半两、两汉的五铢、唐至明清的通宝等，铜作为货币材料的历史超过两千年。帝国时代，铜器皿成为中国钱币文化、商业文化、宗教文化、科技文化与生活文化的物质载体，铜文化的面貌全面更新。

"铜之为物至精"，堪称一种神奇的金属。它有良好的延展性能，有高效的导热导电性能，有易成型、耐腐蚀、与其他金属相融性强等特点。因此，在工业化时代，铜是不可或缺的重要生产资料。随着人类科学技术水平的发展，铜也成为高科技应用领域的首选材料之一，在信息化时代的应用前景非常广阔，铜的未来必将焕发新的光彩，书写新的辉煌。

二

铜陵是铜所成就的一座城市。

回望历史，细梳脉络，可以发现，铜陵在华夏青铜文明衍生之际就占有一席之地，在推动历史发展进程中一直发挥着独特作用，堪称中华青铜文明的一处源头和中国历史发展的一面镜子。

铜陵在中国冶金史和先秦文明发展史上的位置不可替代，与古今中外其他任何产铜地区相比，更有其不可比拟的独特性。

其一，历史悠久，绵延不断。师姑墩遗址考古证明，早在商周之前，铜陵地区就已经开始了青铜采冶铸造活动。此后，经春秋、战国、秦汉、唐宋、明清，一直延续到当代，三千多年几无间断。世界上产铜最早的地方或许有待考证，但论及产铜持续时间之长、历史跨度之大，铜陵首屈一指，独领风骚。

其二，规模巨大，举足轻重。自商周起，铜陵一直是国家铜资源的战略要地和重要的产地之一，为中国青铜文化的繁荣与发达提供了源源不断的原料支撑。西周时期太伯封吴、春秋之季吴楚争霸等一幕幕历史大剧，都隐隐约约与古铜陵地区有着千丝万缕的联系。在矿冶专家眼中有"世界冶炼史上的奇观"之称的罗家村大炼渣，是汉唐时期铜陵冶炼规模盛大的历史见证。1991年，著名矿冶考古专家华觉明先生评价："铜陵从商周到唐宋一直是我国采铜冶铜的中心，铜陵在古代所处的地位，就像今天的宝钢、鞍钢一样，举足轻重。"

其三，技术先进，质量一流。考古发掘和大量出土的青铜器证明，古代铜陵地区不仅掌握了先进的铜冶炼技术，而且拥有高超的铸造技艺。"木鱼山冰铜锭"是迄今中国最早的硫化铜冶炼遗物，它的发现，把中国冶炼硫化铜矿的历史推前了一千多年。"青铜绳耳甗""饕餮纹爵""饕餮纹斝"等青铜器的面世，见证了失蜡法铸造工艺的"铜陵存在"。与冶炼技术相关联，铜陵所产久负盛名，自古有"丹阳出善铜"之说，这无疑是铜陵地区最早的口口相传的产品质量广告。

其四，铜官流韵，积淀深厚。为维护中央集权，汉武帝推行"盐铁官营""货币官铸"等一系列政策。在此背景下，"盐官""铁官""铜官"等国家管理机构应运而生。盐官、铁官设于多处，唯有铜官设于铜陵，全国独一无二。显而易见，铜官地位更为特殊。铜官的设立，是古代铜的经济功能迅速放大的一个重要分界节点，对汉代之后的政治、经济和社会发展产生了重要影响。铜官在铜陵设置，使得古铜陵地区与整个国家经济命脉直接产生联系，因而也是铜陵历史发展进程中的一个重要分界节点。此后，历代王朝大多在此地设置中央直属机构，只是管理内容或有变化，南北朝后增加了铸币功能，其中著名的"梅根冶"，自南朝宋开始定名，一直沿用至明清时期。唐代在铜陵先置铜官镇，后设义安县，铜陵及周边地区有"梅根监""宛陵监"和"铜官冶"三个铸币机构，唐玄宗甚至诏封铜陵的铜官山为"利国山"，史所罕见。铜官迭代更新，人文荟萃，大大丰富了铜陵铜文化的底蕴与内涵。

新中国成立后，铜陵满怀豪情重整矿业。六十多年来，创造了新中国铜工业的多项第一：自行设计建设了第一座机械化露天铜矿，第一次掌握了氧化矿处理技术，建成了第一个现代冶炼工厂，炼出第一炉铜水、产出第一块铜锭，诞生出中国铜业第一个上市公司，电解铜产量连续多年保持全国第一……与此同时，为国家有色金属产地培养输送了大批技术人才与熟练工人，成为共和国的铜业摇篮。如今，铜陵年产电解铜超过百万吨，稳居世界前列；铜加工材年产量超过电解铜，铜陵铜业加工迈入新时代。2016年，国际铜加工协会总裁马克·拉维特评价铜陵："中国铜产业链条最长，产品品种最全，技术水平最高。"而今，在实现中国梦的伟大征途中，铜陵正按照"抓住铜、延伸铜、不唯铜、超越铜"的思路，朝着建设"世界铜都"的目标奋勇进发。

三

文化是城市的灵魂，也是推动城市发展的重要资源。铜陵三千年炉火，熔炼的是铜矿，最终也锻造出这座城市的文化精魂，"古朴厚重，熔旧铸新，自强不息，敢为人先"，正是其精神内涵的表达。铜矿等物质资源固然是铜陵极为宝贵的发展资源，但几千年积淀形成的铜文化资源，无疑是铜陵蕴藏更丰厚、价值更宝贵的资源，取之不尽、用之不竭，对铜陵今后的转型发展更具有重大而深远的意义。

改革开放以来，特别是近些年来，铜陵把铜文化的研究、保护、开发和利用摆上重要日程。先后规划建设了数十项铜文化项目，包括修建铜文化古遗址，打造铜文化博物馆，建设铜文化雕塑，发掘运用铜文化元素，发展铜文化相关产业。这些努力，有效地塑造了城市特色，提升了城市品位，也显著增强了城市文化凝聚力和文化自信。

建设"世界铜都"是铜陵发展的一大定位。实现这一愿景，不仅需要推动铜及其关联产业实现大发展，而且需要铜文化建设取得大突破。从文化传承的角度看，发掘铜文化精华、弘扬铜文化精神，是弘扬中华优秀传统文化的题中应有之义。铜文化虽不专属于铜陵，但是作为"中国古铜都，当代铜基地"，推动铜文化实现"创造性转化、创新性发展"，铜陵既有责任、有义务，更应有担当、有作为。

四

基于以上动因，2016年铜陵市人民政府经过研究，决定组织编撰"铜文化书系"。我们邀请国内相关专家，围绕铜是什么、青铜时代的内涵、铜陵在中国铜文化中的历史定位、青铜器鉴赏与铜文化故事等五个专题，进行深入研究，期望作出比较系统完备的概括和论述，进而更好地促进铜陵地域特色文化加速开发、利用、成型。

该项工作启动以来，我们本着认真负责的精神，在专家遴选、进度安排、选题论证等方面精心组织。参与编撰的专家团队本着治学严谨的精神，在内容筛选、谋篇布局、学术论证、叙述风格上一丝不苟，反复推敲，精益求精。经过一年多的努力，终于完成编撰工作并付梓。在已经成文的书系作品当中，《铜与古代科技》以科学的视角，多侧面讲述铜的物理属性、化学属性以及铜与其他金属、学科之间的关系，力求整体、全面、系统地展示铜的风采。《青铜器与中国青铜时代》以通俗的语言，全景式讲述中国古代青铜器从史前"初步使用"发展到"寓礼于器"及再回归世俗的历史进程，以青铜时代的重要事件如王国崛起、族本结构、社会秩序、经典铜器等论述"道与器""器与礼"的关系。《从铜官到铜陵：铜陵与中国大历史》以铜官设置为主线，考证铜官与国家经济的关系，铜官的来由、职能和发展过程，论述铜陵与铜官、铜与江南经济崛起的密切关系。《图说中华铜文化》将仰韶中期到当代的跨度分为八个历史时段，讲述各时期铜器的特点、制造工艺和鉴赏方法，全面、多元地反映中华铜文化的丰富内涵。《铜文化故事》汇集历史上一个个跟铜相关的经典故事，让人在轻松阅读中形象、直观地感受铜文化的魅力。总体上看，本书系比较全面地反映了铜文化概貌。

作为国内第一套全面介绍铜文化的普及性读物，我们衷心期望本书系能够有助于广大读者了解铜陵、走进铜陵，感受铜文化魅力，拓展文化视野，增强文化自觉与文化自信。对广大文化工作者（包括城市规划设计工作者）而言，则期望其能够从中有所启发，有所感悟，有所借鉴。同时，也希望相关领域的专业工作者，在现有研究的基础上，有新的拓展、新的创见，把铜文化研究进一步推向深入。

前　言

铜在人类历史的进程中发挥了至关重要的作用，是社会生产力发展的重要标志，促进了原始社会的分工，进而促使人类社会进入了新的阶段。

1847年，马克思在《哲学的贫困》中指出："社会关系和生产力密切相连。随着新生产力的获得，人们改变自己的生产方式，随着生产方式即保证自己生活的方式的改变，人们也就会改变自己的一切社会关系。手工磨产生的是封建主为首的社会，蒸汽磨产生的是工业资本家为首的社会。"①马克思把手工磨、蒸汽磨与封建主、资本家相联系，绝不是简单的"比喻"，他强调的是"工具"之于人类社会的重要性。1859年，马克思在《政治经济学批判》序言中进一步指出，"物质生活的生产方式制约着整个社会生活、政治生活和精神生活的过程。……社会生产力发展到一定阶段，便同它们一直在其中运动的生产关系或财产关系发生矛盾。于是这些关系便由生产力的发展形式变成生产力的桎梏。那时社会革命的时代就到来了。随着经济基础的变更，全部庞大的上层建筑也或慢或快地发生变革"②。生产工具代表着社会生产力发展的水平，社会关系反映了人类社会发展的具体形态。

自上古时代开始，人们就开始根据传说把人类文明的发展进程划分为各个阶段，这种发展的基础便是生产力的进步，生产工具则是其中的核心内容，其中铜器便是人类在改造自然的历程中的一项伟大发明。

公元前8世纪古希腊哲学家赫西奥德在《劳动与时令》的诗篇里，便把人类的发展划分为黄金、白金、青铜、英雄和铁5个阶段；我国东汉时期袁

---

① 马克思.哲学的贫困[M]//马克思，恩格斯.马克思恩格斯全集：第4卷.北京：人民出版社，1958.

② 马克思，恩格斯.马克思恩格斯选集：第2卷[M].北京：人民出版社，1995.

康所撰的《越绝书》中将人类的发展按照使用石、玉、铜、铁工具的不同，划分为4个阶段。从19世纪开始，随着考古学的兴起，古史的划分开始科学化。1836年，丹麦学者汤姆森根据石器、铜器和铁器所流行的不同年代，主张将丹麦历史划分为石器时代、青铜时代和铁器时代3个先后相继的阶段，这种划分方法在欧洲乃至世界范围内产生了深远的影响；1877年，意大利学者基耶里克提出在石器时代和青铜时代之间添加一个铜石并用时代作为过渡阶段。从考古发现的状况看，铜石并用时代的标志是红铜工具的使用，这个阶段在欧洲很多国家都存在，但红铜制品在中国发现的数量相对有限，仅在西北地区的齐家文化遗址中有少量的发现，因此从严格意义上说中国并不存在铜石并用时代[1]。但从社会发展的阶段性来讲，中国的铜石并用时代具有新的内涵，也就是处于石器时代向青铜时代的过渡阶段。郭沫若先生早在20世纪20年代就明确将这一理论引用到中国古代社会的研究中，并根据生产工具种类的不同，对中国的古史进行分期[2]。郭老的这一论断随后在中国的历史研究中被广泛地运用和不断完善。

中国考古学家以物质文化为切入点，通过田野考古发掘与研究，更真实、更准确、更科学地探索出中国大地的历史发展规律：打制石器与旧石器时代相伴，磨制石器与新石器时代相伴（包括栽培农业、家畜驯养、陶器制造），金属器的金石并用，青铜时代与国家形成、王国时代相伴，铁器与多民族统一中央集权帝国时代相伴（包括"盐铁官营""货币官铸""重农抑商"）[3]。与石器、青铜器、铁器、蒸汽机对应存在的是相应的社会形态，分别为原始社会、奴隶社会、封建社会、资本主义社会。因此，考古学把材料、工具等制造、使用及其"社会效果"研究，作为探索人类社会历史的重要途径，那么，青铜器的出现和广泛使用就可以作为中国进入王国时代的标志之一。

青铜器是中国进入文明时代的必备要素之一，其中最重要的原因是青铜

---

[1] 金正耀. 中国金属文化史上的"红铜时期"问题[J]. 中国社会科学院研究生院学报，1987(1).
[2] 郭沫若. 中国古代社会研究[M]//郭沫若. 郭沫若全集：历史编. 北京：人民出版社，1982.
[3] 刘庆柱. 考古学视阈下的马克思主义唯物史观[J]. 中国史研究，2016(2).

器的出现，特别是冶铸技术的推广，使得社会分工产生了重要的变化，手工业已经从社会分工中独立出来，并成为社会发展的重要组成部分；另外，中国进入文明时代后，作为国之大事的"祀"和"戎"，其物质体现均是青铜器，其重要性不言而喻。由于铜和青铜器在中国社会发展中的重要地位，在迈入文明时代以后，国家对青铜器的生产极为重视，各王朝或政权对铜料的争夺十分激烈。

秦汉时期，中国进入大一统的帝国时代，随着社会经济的发展，国家对事关国计民生的资源进一步重视，特别是盐、铁、铜等，分别在原料产地设立相应的盐官、铁官和铜官，主要负责资源开采和初步加工，铜铁制品则多由中央和中央设在地方的工官负责。铜官的职能是负责主持冶铜和相关的政务，中国铜器的发展进入了一个新的时期。铜的生产对象开始转变为钱币，这种模式在汉代以后表现得更为突出，南北朝以后的"梅根冶""梅根监"等，就是专门负责钱币铸造的机构。

也就是说，铜器的生产和管理贯穿了中国几千年的历史发展，汉代"铜官"的设立是其中的一个重要分界点，即铜器的职能由先秦时期的礼仪性、政治性功能转变为经济功能。这种转变不仅是物质文化面貌的演化，更是中国古代社会制度的重大变革，其中包含了丰富的历史内容。

现今的铜陵一带，从夏商时期开始便成为国家重要的铜料来源地，是中原王朝极为重视的区域，西周时期太伯封吴使得这一地区的地位更加显赫，优质而丰富的铜料资源也是春秋时期吴国能够争霸中原的重要资本。西汉设铜官后，该地区成为操控国家经济命脉的要地之一。此后东吴能够三分天下，南朝经济迅速崛起，均与铜陵的铜业有着密切的联系。唐宋时期，该地区的梅根监、宛陵监和永丰监均是国家铸币的重要基地，对维持社会经济的稳定起到了至关重要的作用。铜陵地区长达三千多年的采矿和冶铸史，也是中国历史发展的一面镜子。

本书便是以铜陵地区的铜业生产为研究主线，同中国的大历史相结合，论述历代王朝对铜陵地区铜资源的利用状况，并以汉代设"铜官"为重点阐释内容，解读铜陵在中国历史发展进程中所起到的重要作用。

本书共分八章内容，第一章追溯中国冶铜业的起源和初步发展，并探讨铜陵发现夏代铜器的重要意义；第二章通过对商周时期国家政体的阐述以及青铜器的主要功能，分析铜器在该时期的重要地位，在此基础上探讨铜陵铜业的地位，并解读太伯封吴的重要启示；第三章重点分析春秋时期吴国青铜冶铸业的发展状况，探究吴国争霸中原的主要依据；第四章结合秦汉帝国建立的背景和一系列统一的措施，分析货币官铸的历史过程和主要动因；第五章结合"盐铁官营"等内容，对汉代设铜官的背景与地点、铜官的职能与内部设置以及铜官设立后的历史影响进行充分论述；第六章结合相关的历史记载，对孙吴立国、江南经济开发以及唐代铸币的状况进行梳理，并探讨铜陵地区"梅根冶""梅根监"等铸币机构所作出的突出贡献；第七章重点分析宋代及以后铜陵地区铜业的发展状况，并对"铜陵"建制的内涵进行分析；第八章重点探讨"铜官文化"的基本内涵，并解释历代文人到铜官山的社会动因，梳理他们在此对铜官及铜官山咏颂的华丽诗篇。

编　者

2017年12月

目　　录

总序 ·· i

前言 ·· vii

第一章　初露峥嵘：国家诞生与古扬州铜料的开采 ····················· 001
　第一节　早期冶铜遗存的发现 ·· 003
　　一、中国史前铜器的考古发现 ·· 003
　　二、冶铜术的起源 ··· 009
　第二节　国家与青铜时代的肇始 ·· 012
　第三节　古铜陵发现的夏代铜器及意义 ·· 019
　　一、古铜陵地区发现的夏代铜器 ·· 019
　　二、铜陵发现夏代铜器的意义 ·· 021

第二章　"铜"济天下：青铜冶铸与吴地铜矿的繁荣 ····················· 023
　第一节　商至西周时期铜器的地位 ·· 025
　　一、商至西周时期的国家体制 ·· 025
　　二、商至西周时期青铜器的主要功能 ·· 032
　第二节　商至西周时期的铜工业 ·· 043
　　一、铜料的开采和冶炼 ·· 043
　　二、商至西周时期的铜器铸造 ·· 049
　　三、商周王朝对铜料的控制和运输 ··· 052
　第三节　铜陵——西周王朝的重要封地 ·· 057

第三章　方兴未艾：吴国争霸与铜资源的利用 ····························· 061
　第一节　东周时期的吴国概况 ·· 063
　第二节　吴国青铜业的繁荣 ··· 066
　　一、东周时期青铜业的基本概况 ·· 066
　　二、东周时期吴国青铜文化 ·· 073

三、皖南地区的青铜铸造 ·· 078
　第三节　吴国争霸的历史考察 ·· 083

第四章　弃旧开新：帝国建立与铜功能的转型 ·········· 095
　第一节　秦汉统一帝国的建立 ·· 097
　第二节　帝国时代铜功能的转化 ······································ 103
　　一、秦汉时期铜器的基本类型 ······································ 103
　　二、铜器功能的转化 ·· 113
　第三节　货币官铸的历史考察 ·· 123
　　一、货币官铸的历史过程 ·· 123
　　二、锺官遗址的考古发现 ·· 131

第五章　国之命脉：铜官设立及其内部的设置 ·········· 137
　第一节　汉代铜官的设立 ·· 139
　　一、"盐铁官营"与铜官的设立 ···································· 140
　　二、铜官设置于丹阳 ·· 144
　第二节　铜官、铜官山与铜陵 ·· 149
　　一、四川临邛的铜官山 ·· 149
　　二、陕西铜川的铜官 ·· 150
　　三、湖南长沙的铜官山 ·· 151
　　四、浙江杭州的铜官山 ·· 152
　　五、安徽铜陵的铜官与铜官山 ······································ 152
　第三节　汉代冶铜遗址的考古发现 ·································· 155
　第四节　铜官的职能与内部设置 ······································ 162
　第五节　铜官设立的历史影响 ·· 168
　　一、铜官对于汉代的影响 ·· 168
　　二、铜官的演变及其对铜陵的影响 ······························ 170

第六章　富立一方：梅根铸币与江南地区的开发 ······ 173
　第一节　孙吴铜业与三分天下 ·· 175
　　一、孙吴政权的建立与三分天下局势 ·························· 175
　　二、孙吴经济的发展与孙吴定都建邺 ·························· 177
　　三、孙吴铸币的基本状况 ·· 178
　第二节　汉人南迁与江南地区的开发 ······························ 181

一、汉人南迁的基本状况 ………………………………………… 181
　　二、江南经济的开发 ……………………………………………… 183
　第三节　唐代铸币与铜官山的地位 ………………………………… 187
　　一、唐代铸币概况 ………………………………………………… 188
　　二、唐代铜陵铜官山的地位 ……………………………………… 194

第七章　继往开来：铜陵建制与铜官山的沧海桑田 …………………… 199
　第一节　铜陵的设置及其社会学意义 ……………………………… 201
　第二节　宋至明清时期铜陵铜业生产状况 ………………………… 203
　　一、宋代的冶铜与铸币业 ………………………………………… 203
　　二、元明清时期古铜陵的铜业生产 ……………………………… 207
　第三节　新时代铜陵铜工业的发展与转型 ………………………… 212
　　一、铜陵铜矿恢复建设与内外拓展 ……………………………… 213
　　二、冶炼规模与技术的跨越式发展 ……………………………… 214
　　三、铜材深加工产业集群崛起 …………………………………… 216
　　四、铜文化资源的开发利用 ……………………………………… 217
　　五、"世界铜都"的美好愿景 ……………………………………… 220

第八章　蔚为大观：文人齐聚与铜官文化内涵的丰富 ………………… 221
　第一节　铜官文化的内涵 …………………………………………… 223
　　一、关于"文化"的解释 …………………………………………… 223
　　二、铜官文化的内涵 ……………………………………………… 224
　第二节　历代文人咏铜官 …………………………………………… 226
　　一、李白与铜官山 ………………………………………………… 226
　　二、历代其他文人与铜官文化 …………………………………… 229

后记 ………………………………………………………………………… 232

第一章 初露峥嵘
国家诞生与古扬州铜料的开采

从世界范围内看,铜是人类最早发现并利用的金属,人们从利用天然铜到冶铜术的出现经历了大约四五千年的时间。中国冶铜术的产生和发展同文明和国家的出现是相辅相成的。一方面,青铜器是文明起源的标志之一,它的出现和使用使得社会生产力有了飞跃式的发展,从而促进了社会的进一步分工和国家的诞生;另一方面,国家的诞生又催生了礼仪制度的成熟,从而促进了冶铜术的发展。铜陵处于《禹贡》中所说的古扬州之地,可能从夏代开始便成为国家重要的铜料来源地。

第一节　早期冶铜遗存的发现

早期冶铜遗存的时代是指从铜器起源到冶铜技术成熟之前的这一段时期，从社会历史的角度看则是从史前时代至夏代，即公元前7800年至公元前1600年左右。这一时期人类对铜的利用可分为两个阶段：第一阶段是对自然铜的利用，第二阶段是对冶铜术的掌握。随着考古发现的增多，我们对这一过程的认识逐渐明晰。这里我们从早期铜器的考古发现开始谈起。

一、中国史前铜器的考古发现

人们最早使用铜器是从自然铜开始的，自然铜即红铜，又称纯铜。在自然界中，存在天然的红铜，布氏硬度仅为35，可以直接捶打成器。根据目前的考古资料表明，世界上发现的最早红铜器出土于土耳其埃尔加尼附近的恰约尼遗址。该遗址分为早、晚两期，早期的前陶新石器文化发现了用铜矿石直接打制的钻孔珠、方形的扩孔锥、别针等，别针针尖经过打磨，时代在公元前7500年左右[1]。此外，在伊朗阿里可什和锡亚尔克北山都发现了利用自然铜的遗物，时代分别在公元前7000年和公元前5000年左右[2]。想必人们最初是像开采石料那样凿取天然铜，并把它们当作石料来加工以供使用的。

我国发现的早期铜器可划分为4个地区，分别为西北地区、北方地区、海岱地区和中原地区[3]。西北地区主要是指新疆、甘肃和青海等地，新疆境内的铜器年代上限在公元前2000年左右，主要包括分布在东疆的哈密天山北路文化、罗布泊地区的古墓沟文化（也称小河文化）、阿尔泰及其以南的克尔木齐类遗存，以及新疆西部的安德罗诺沃文化等，器类包含刀、剑、矛、斧、锛、凿、锥、镰、镞、镜、耳环、指环、手镯、铃、牌、泡、扣、珠、管、别针等铜质小件工具、武器和装饰品，以锡青铜和砷青铜为主[4]（图1.1）。其中哈密天山北

---

[1] 中国大百科全书考古学编辑委员会. 中国大百科全书：考古学[M]. 北京：中国大百科全书出版社，1986：562-563.
[2] 泰利柯特. 冶金史[M]. 华觉明，周曾雄，译. 北京：科学文献出版社，1985.
[3] 李京华. 中原古代冶金技术研究[M]. 郑州：中州古籍出版社，1994.
[4] 韩建业. 新疆的青铜时代和早期铁器时代文化[M]. 北京：文物出版社，2007：98.

路墓地最为典型①，墓地时代为公元前2000年至公元前1000年。700多座墓葬出土铜器500多件，器类主要为装饰品，如耳环、手镯、圆形牌饰、扣形饰、珠、管、簪子等，另有少量镜、刀、锥、镞等。经过成分分析和检验得知，该墓地出土的铜器以锡青铜为主，还有红铜、砷青铜、砷锡青铜、铅锡青铜、锑锡青铜、铅砷青铜等多种合金。在加工方法方面，有铸造、铸造后冷加工、热锻、热锻后冷加工等多种制作方法；在经检验的样品中，锻造的比例较铸造的器物比例略高，并与器物类型有一定的关系。这批出土的铜器对研究中西文化和技术交流等方面具有重要意义。

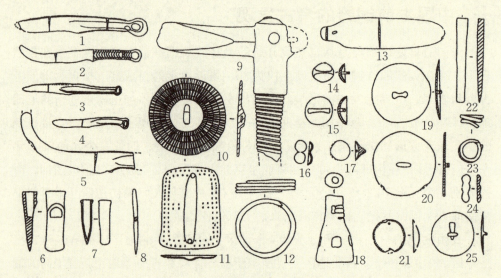

(1～8、10、11、13～17、19～22、24、25. 天山北路　9、12、18、23. 南湾(1～5. 刀　6、7. 锛　8. 锥　9. 管銎斧　10、19、20. 镜　11. 牌　12、23. 耳环　13. 矛　14、15、17、25. 扣　16、21、24. 泡　18. 铃　22. 凿）

图1.1　新疆天山北路文化出土铜器

（引自《新疆的青铜时代和早期铁器时代文化》，2007年）

甘肃地区的早期青铜器发现较多，从考古学文化上分别属于马家窑文化、齐家文化和四坝文化。1975年甘肃东乡林家遗址出土1件铜刀，属马家窑文化

---

① 北京科技大学冶金与材料史研究所，新疆文物考古研究所，哈密地区文物管理所. 新疆哈密天山北路墓地出土铜器的初步研究[J]. 文物, 2001(6).

早期类型（马家窑类型），经碳十四测定其年代为公元前2900年至公元前2740年，可能是我国目前发现时代最早的青铜器，经检测其主要成分为铜和锡，属锡青铜，由单范法铸造①。同年在甘肃永登蒋家坪遗址又出土1件铜刀，属马家窑文化马厂类型，亦为锡青铜，年代为公元前2250年至公元前1950年②。齐家文化出土铜器较多，在武威皇娘娘台等8个地点发现60多件铜器，器类包括凿、钻头、刀、锥、斧、环、匕及条形铜器和饰品等，经鉴定的26件铜器中，红铜器22件，青铜器仅4件。这些铜器均出土于齐家文化的第三期7、8段③，属齐家文化晚期，绝对年代在公元前2144年至公元前1529年，也就是和中原王朝的商代早期基本相当。在这些铜器中，最引人瞩目的是贵南尕马台M25中出土的铜镜，镜钮外围和镜缘内侧各有一周凸弦纹，弦纹之间饰有不规则的七角星图案和斜线纹。镜缘有2个梨形穿孔，直径8.9厘米（图1.2）。两孔之间有一道系沟，可能是用于悬挂。它是目前已知年代最早的铜镜，经鉴定为锡青铜④。由于铜镜在中国古代社会具有特殊的地位，在汉唐时期是墓葬中最为常见的随葬品之一，因此这个发现具有重要的意义，根据学界研究，齐家文化的铜镜应为宗教仪式用品⑤。四坝文化是甘肃河西走廊地区略晚于齐家文化的一支考古学文化，发现铜器的地点较多，种类和数量均比较丰富，在玉门火烧沟、民乐东灰山以及酒泉干骨崖等遗址均有较多发现，其中火烧沟遗址清理墓葬312座，随葬铜器的墓就有106座，所出铜器超过200件⑥。学者们对四坝文化出土的270余件铜器进行了系统研究⑦，其种类包括工具类、武器类和装饰品3种，工具类有刀、削、锥、斧等，武器类有矛、匕首和箭镞，装饰品有耳环、指环、手镯、扣、泡、圆牌饰、连珠饰等。

---

① 甘肃省文物工作队.甘肃东乡林家遗址发掘报告考古学集刊[M].北京：中国社会科学出版社，1984.
② 文物编辑委员会.文物考古工作三十年[M].北京：文物出版社，1979：141-145.
③ 张忠培.齐家文化研究下[J].考古学报，1987(2).
④ 青海省文物考古研究所，北京大学考古文博学院.贵南尕马台[M].北京：科学出版社，2016.
⑤ 白云翔.中国的早期铜器与青铜器的起源[J].东南文化，2002(7).
⑥ 甘肃省博物馆.甘肃省文物考古工作三十年[M]//文物编辑委员会.文物考古工作三十年.北京：文物出版社，1979.
⑦ 李水城，水涛.四坝文化铜器研究[J].文物，2000(3).

图 1.2 贵南尕马台出土的铜镜

（引自《贵南尕马台》，2016年）

北方地区指内蒙古中南部、燕山南北以及辽宁的南部。该地区早期青铜器主要发现于朱开沟文化的第三、四期（绝对年代为公元前1735年至公元前1565年或稍早时期）和夏家店下层文化（公元前1900年至公元前1600年），目前还未发现早于公元前2000年的铜器。其中朱开沟遗址出土有凿、锥、针、镞、钏、指环、环等铜器18件[①]，经检测的13件标本中，青铜8件，红铜5件，青铜铸造占据优势地位。夏家店下层文化的铜器共发现有100多件，器类有指环、耳饰、穿孔垂饰、刀、锥、镞、冒、杖首等，其中以内蒙古敖汉旗大甸子墓地出土的铜器最为丰富，共57件，耳环和指环数量最多，形制具有一定的特色，经检测其成分均为青铜[②]。近年来，陕西石峁遗址有一系列的重大发现，其中在皇城台附近出土了铜刀、铜镞各1件，铸铜的石范3件，并在附近收集了11件铜环等制品，经分析包括砷铜和青铜两类，石峁遗址的时代在公元前2200年至

---

① 内蒙古文物考古研究所. 朱开沟：青铜时代早期遗址发掘报告[M]. 北京：文物出版社，2000.
② 中国社会科学院考古研究所. 大甸子：夏家店下层文化遗址与墓地发掘报告[M]. 北京：科学出版社，1998：189.

公元前1780年①。

海岱地区主要指今山东省和河南省东部地区。最早的铜器发现于大汶口文化时期，年代为公元前3000年至公元前2600年，大汶口遗址发现的一件小骨凿上附着有铜绿②。该地区的早期铜器主要发现于山东龙山文化和岳石文化中，年代为公元前2400年至公元前1600年，岳石文化的时代基本与中原王朝的夏商时期有一定的重叠。胶县三里河遗址发现2件残铜锥，经检测为黄铜制品③。属岳石文化的泗水尹家城遗址发现了14件铜器，其中9件尹家城铜器中有青铜6件、红铜3件。铜器主要是镞、刀、锥、环等小工具以及装饰品等④。总体来说，海岱地区目前发现的早期青铜器数量相对较少，且器类多为小件工具和装饰品，整体特征不明显。

中原地区是中国早期文明的主要发源地和夏商王朝的统治腹地，大体以豫西晋南为中心，向西可延伸至关中地区东部，向北可达河北南部。陕西临潼姜寨的第一期文化遗址第29号房址中出土1块残铜片，这是我国目前发现最早的铜器，经鉴定为黄铜制品，年代为公元前4500年左右⑤。此外，在山西榆次源涡镇仰韶文化晚期遗址中出土的一块陶片上发现了铜渣，时代在公元前3000年左右。仰韶文化发现的早期铜器在学界曾引起巨大的轰动，安志敏⑥、严文明⑦、张忠培⑧、华泉⑨等先生均对这一问题进行过探讨，从中国铜文化的发展和冶金史的角度看，仰韶时代可视作中原铜器的发生阶段，但由于发现的数量较少，且同后期有较大的时间断层，因此还无法断定该时期已有冶炼、浇筑铜器的技术。

到了龙山时期，中原地区的铜器也有一定的发现，特别是在龙山文化偏晚阶段正处于文明起源的最关键时期，该时期铜器的发现具有重要的意义。河南

---

① 张鹏程，邵晶."早期石城和文明化进程：中国陕西神木石峁遗址国际学术研讨会"纪要[N].中国文物报，2016-9-13.
② 山东省文物管理处，等.大汶口：新石器时代墓葬发掘报告[M].北京：文物出版社，1974.
③ 中国社会科学院考古研究所.胶县三里河[M].北京：文物出版社，1988.
④ 山东大学历史系考古教研室.泗水尹家城[M].北京：文物出版社，1990：203.
⑤ 半坡博物馆，等.姜寨：新石器时代遗址发掘报告[M].北京：文物出版社，1988：148.
⑥ 安志敏.试论中国的早期铜器[J].考古，1993(12).
⑦ 严文明.论中国的铜石并用时代[J].史前研究，1984(1).
⑧ 张忠培.中国北方考古文集[M].北京：文物出版社，1999.
⑨ 华泉.中国早期铜器的发现与研究[J].史学集刊，1985(3).

临汝煤山遗址H28、H40中发现有炼铜的坩埚残块，其中最大的一块长5.3厘米，宽4.1厘米，厚2厘米，上面保存有6层冶铜的痕迹，经检验H40中所出冶铜坩埚残片上的铜液的铜含量约为95%，属于红铜[①]。登封王城岗四期遗存H617内出土1件铜容器残片，器表锈蚀严重，可能为铜鬶的腹与袋状足的部分残片，经检验属于锡青铜铸件，时间在公元前1900年左右或略早。新密新砦遗址已进入夏代纪年，该遗址地层中出土1件铜制品，推测应是鬶或盉的流部，流中间部位有一小豁口，残长8.4厘米，经检验为红铜制品[②]。陶寺遗址为"尧都平阳"的所在处，时代为龙山文化晚期，绝对年代为公元前2000年左右。陶寺遗址已有文明社会的曙光，突出反映在墓葬等级分明，且高等级墓葬中有陶礼器的存在。该遗址出土青铜器4件，2件为青铜，2件为红铜。1983年发掘的M3296中发现了铜铃1件，经检验系纯度较高的红铜[③]。2000年至2001年，在中期城址北城墙Q1北侧M11的墓主人手臂上发现一件铜齿轮形器，经金相分析属于砷青铜[④]（图1.3）。

图1.3　陶寺遗址出土的铜铃和玉铜手镯

（引自《中国考古学·新石器时代卷》，2010年）

---

① 中国社会科学院考古研究所河南二队.河南临汝煤山遗址发掘报告[J].考古学报，1982(4).
② 北京大学震旦古代文明研究中心，郑州市文物考古研究院.新密新砦：1999—2000年田野考古发掘报告[M].北京：文物出版社，2008.
③ 中国社会科学院考古研究所山西工作队，临汾地区文化局.山西襄汾陶寺遗址首次发现铜器[J].考古，1984(12).
④ 梁星彭，严志斌.山西襄汾陶寺文化城址[M]//国家文物局.2001年中国重要考古发现.北京：文物出版社，2002.

除了以上几个主要地区，长江流域也有少量史前铜器的发现，如长江中游的湖北天门罗家柏岭遗址，属石家河文化二期的遗存中发现有5件铜器残片和一些铜绿石、铜渣等，时代在距今4400年左右[①]。安徽含山大城墩遗址的第二期文化发现了1件青铜刀，时代相当于龙山文化时期[②]。

通过以上的考古发现，我们可知，史前时期发现的铜器主要集中于北方地区，除了姜寨遗址发现有公元前4000年以上的铜器外，其余均是在公元前2000年左右逐渐出现的；在器类方面，史前铜器多为装饰品和小型工具，还有一定数量的兵器，西北和北方地区还发现有铜镜、杖首等少量宗教类器物，史前社会的生产工具主要为石器；铜质类别则较为复杂，有红铜、黄铜、砷铜以及锡青铜等，青铜所占的比例较小，特别是在文明起源腹地的中原地区，青铜的地位还远没有建立。但不可忽视的是，铜器已经开始应用于社会生产，这必将促进生产力的发展，而公元前2000年左右正是中国文明起源的关键阶段，随着早期国家的出现，战争与祭祀活动逐渐增多，青铜器的地位自然就得到提升。

二、冶铜术的起源

从世界范围内看，伊朗叶海亚地区发现的人工冶炼含有少量砷的铜器，是中东地区目前所知的最为古老的人工冶铜制品；伊拉克发现的公元前2800年前后的含锡青铜器，是西亚地区年代最早的锡青铜。

至于中国冶铜术的起源和发展，国内外学者持有多种见解，一种观点是西来说，认为欧亚大陆的冶铜术起源于西亚，然后传播至中亚草原和中国；另一种观点是本土说，认为中国冶铜术是独立起源和发展的，这种观点在我国长期处于主流观点；近年来随着考古资料的增多和对古代中西文化交流的重视，西来说的观点又得到了很多学者的认可。

1976年，英国学者R. F. Tylecote在《冶金史》一书中提出，中国的冶金技术源自西亚及邻近地区[③]，随后B. W. Roberts等人在《欧亚大陆冶金术的发展》一文中也重申了这一观点，其主要依据是西亚地区冶铜技术的产生时间要

---

① 湖北省文物考古研究所. 湖北石家河罗家柏岭新石器时代遗址[J]. 考古学报，1994(2).
② 安徽省文物考古研究所，含山县文物管理所. 安徽含山大城墩遗址第四次发掘报告[J]. 考古，1989(2).
③ 泰利柯特. 冶金史[M]. 华觉明，周曾雄，译. 北京：科学文献出版社，1985.

比中国至少早1000多年①。安志敏先生是我国较早提出中国冶铜术可能是外来的学者，他通过对西北地区和中原地区出土的早期铜器特征的梳理，认为中国铜器的起源很可能是通过"史前丝绸之路"传播而来的②。随后安先生在对新疆塔里木盆地的青铜文化遗存进行分析后，进一步肯定以上观点："我们可以设想，最初导源于西亚的青铜器和铁器，首先影响到新疆地区，然后到达黄河流域，这标志着新疆地区处于金属文化东传的中心环节。"③

到了20世纪90年代以后，随着西北地区和新疆地区考古工作的开展，一系列新的发现公布于世，人们开始重新思索中国铜器的起源问题。人们注意到中国铜器应存在两个不同的发展系统，即西北地区和中原地区。白云翔先生认为，"中国古代的青铜器分别起源于西北地区和中原地区。西北和中原地区的早期铜器在发展过程中是否有过相互的影响虽然不能完全否认，但主流是各自的独立发展。北方地区的早期铜器与西北地区大致属于同一传统，而海岱地区的早期铜器与中原地区显然属于同一系统。"④

2000年以后，随着古代中西文化交流和丝绸之路考古成为研究的热点，关于中国铜器起源的问题再次成为研究的焦点之一。李水城先生通过对新疆、西北和中原三大地区早期铜器特征的系统分析，勾勒出西北与中原地区冶铜术交流互动的基本状况，认为虽然西北地区在自然环境、资源和经济发展水平上落后于中原地区，但冶铜术却是领先的，指出讨论冶铜术起源的问题应纳入世界大背景中进行，中国西北地区早期冶铜业的发达是与中亚地区保持文化互动为前提的，中国西北地区对来自中、西亚地区的冶金术并非全盘被动地接受，而是主动加以改造和利用，并不断形成自身的特色⑤。梅建军先生通过对新疆东部地区出土的铜器进行分析，认为该地区发现的青铜器与广泛分布于欧亚草原的安德罗诺沃文化有一定的关系，至于该地区的砷铜器则是由西向东传播而来的，并认为新疆和甘肃地区的四坝文化也有广泛的交流⑥。安德罗诺沃文化主要分布于今俄罗斯境内，西起乌拉尔山，东至叶尼塞河，兴盛在公元前2000年左右，

---

① Roberts B W, Thornton C P, Pigott V C. Development of Metallurgy in Eurasia[J]. Antiquity, 2009, 83(2).
② 安志敏. 试论中国的早期铜器[J]. 考古, 1993(12).
③ 安志敏. 塔里木盆地及其周围的青铜文化遗存[J]. 考古, 1996(12).
④ 白云翔. 中国的早期铜器与青铜器的起源[J]. 东南文化, 2002(5).
⑤ 李水城. 西北与中原早期冶铜业的区域特征及交互作用[J]. 考古学报, 2005(3).
⑥ 梅建军. 新疆东部地区出土早期铜器的初步分析和研究[J]. 西域研究, 2002(2).

是该地区具有代表性的青铜文化。关于安德罗诺沃文化和新疆地区文化的交流，韩康信先生在研究孔雀河古墓沟墓地出土的人骨时，从体质人类学的角度也提出了相似的结论①。

近年来的一些重要的考古发现也表明了在公元前2000年左右，中西文化存在一个较大范围内的碰撞和交流。陕西神木石峁遗址便是处在传统意义上的农牧交错地带，是北方草原和中原地区文化互动的重要地区。该遗址发现的石范和铜器引起了学界的广泛关注。主持发掘该遗址的孙周勇先生便认为："青铜技术是由中东通过中亚从北方欧亚草原传入东亚地区的，这条线路是明确的，青铜技术经沿长城沿线这个区域传来，然后向南转，逐渐传到了华夏的中心区域夏的二里头遗址，然后逐渐扩散到商代，到西周最为繁荣。"②郭物先生通过对石峁遗址出土的石人像的分析，认为石峁遗址同北疆的切木尔切克文化以及南西伯利亚的奥库涅夫文化有一定的交流③。

史前丝绸之路的概念在最近几年多次被学界提及，王巍先生对此有精练的总结，在张骞通西域之前，中西文化已有了较为广泛的交流，包括冶金术、小麦、家马、玻璃器等是由中西亚地区传播而来的，中原地区的彩陶和丝绸也通过这条线路向西传播。其中关于冶铜术，王先生认为："我国西北地区出土的早期铜器都是小件铜工具、兵器和装饰品，与中亚和西亚的铜器从形制和种类都别无二致。有理由认为，冶铜术是通过丝绸之路传入我国的。"④

通过对各时期学者们观点的梳理，不难发现，西来说的观点在进入21世纪后逐渐成为主流，中国的学者也逐渐接受了这一文化现象。但有个重要的问题是，在进入夏代纪年后，特别是相当于夏代晚期的二里头文化的第三、四期，也就是公元前1600年前后，中原王朝的青铜文化突然崛起，开启了我国青铜文明的先河，突出表现在对复杂器物的铸造工艺方面，也就是使用块范法的技术，这种生产技艺在西亚和中亚地区较为少见。根据学界的研究，西方的青铜铸造技术多为锻造法，这在中国的新疆和西北地区较为常见，这和中原王朝在青铜时代肇始阶段就开始铸造礼器有较大的区别。从这一层面上讲，中国的早期冶

---

① 韩康信. 新疆孔雀河古墓沟墓地人骨研究[J]. 考古学报, 1986(3).
② http://www.sn.xinhuanet.com/snnews2/20160829/3409660_c.html.
③ 郭物. 从石峁遗址的石人看龙山时代中国北方同欧亚草原的交流[N]. 中国文物报, 2013-8-2.
④ 王巍. 汉代以前的丝绸之路：考古所见欧亚大陆早期文化交流[N]. 中国社会科学报, 2016-1-12.

铜术确实存在西北和中原两个系统，严文明①、白云翔②等先生较早地认识到这个问题。最近梅建军先生将这一问题更加具体化，他认为从出土的装饰品来看，长城沿线和西北地区连为一体，与中原地区形成鲜明的对比：西北地区以个人装饰品为主，工具、小型兵器为辅，基本上没有青铜容器，而中原地区则以青铜礼容器为主③。

因此，我们可以说中国在铜器生产的冶炼环节是受西方影响的，或者说是直接从西方传播而来的，但在铸造技术方面则逐渐形成自身的特色。这种特色的形成，也基本宣告了中国青铜时代的到来。那么以中原为中心产生的中国青铜时代又具备了哪些社会因素？中国社会发展的状况又如何？国家在制度层面上对铜器生产如何进行管理？这就要从国家和青铜时代的基本概念和内涵谈起。

第二节　国家与青铜时代的肇始

青铜器及其冶铸技术是根据社会的需要而逐步发展的，在国家诞生前后及礼仪制度的初创时期，正是中国青铜时代的肇始阶段。

对于国家的概念，学界有长达数十年的争论，不同研究背景的学者对"国家"的解释具有较大的差异。王巍先生认为"国家是凌驾于社会各个阶层之上的，强制性的公共权力。它是为统治阶级所掌控，主要为维护统治阶级利益服务的。国家的主要职能是社会的管理，是维持社会的正常秩序。其实现职能的手段有强制的暴力和非强制的暴力。前者依靠军队、法律等国家机器，后者包括宗教信仰、伦理规范等"④。陈星灿、刘莉先生认为"中国最早的国家，是以核心地区的庞大城市中心支配富有重要自然资源的边缘地区为特征。因此，二里头和二里冈时期的国家更接近'地域国家（territorial-states）'性质"⑤。而青铜器在先秦时期是"国之大事，在祀与戎"中最重要的物质载体，同时也是

---

① 严文明. 论中国的铜石并用时代[J]. 史前研究, 1984(1).
② 白云翔. 中国的早期铜器与青铜器的起源[J]. 东南文化, 2002(5).
③ 梅建军. 中国西北在冶铸术传播中的中介地位[J]. 中国社会科学报, 2013(1).
④ 中国社会科学院考古研究所. 中国考古学与瑞典考古学：第一届中瑞考古学论坛文集[M]. 北京：科学出版社, 2006：18-29.
⑤ 北京大学中国考古学研究中心, 北京大学古代文明研究中心. 古代文明：第1卷[M]. 北京：文物出版社, 2002：71-134.

国家极力控制和争夺的自然资源，这就使得中国的早期国家与青铜时代有着密不可分的关系。

关于中国青铜时代的问题，《中国大百科全书·考古学》的定义为"以青铜作为制造工具、用具和武器的重要原料的人类物质文化发展阶段"，并解释"中国的青铜时代最初源于黄河流域，从公元前21世纪开始，直到公元前5世纪止，经历了1500多年的历史。大体相当于文献记载的夏、商、周以至春秋时期，与中国的奴隶制国家的产生、发展和衰亡相始终"[①]。

郭宝钧先生认为："中国的青铜器时代，略当历史上的夏、商、两周下至春秋战国之时，也与中国奴隶制的发生、发展和瓦解相始终。"[②]

张光直先生认为："我们所谓中国青铜时代，是指青铜器在考古记录中有显著的重要性的时期而言的。"而"辨识那'显著的重要性'的根据，是我们所发现的器物和种类的数量，使我们对青铜器的制作和使用在中国人的生活中占有中心位置的事实，不容置疑"[③]。"金属器物（包括青铜器物）的初现远在青铜时代的开始以前，但到了二里头文化的时期，青铜器的显著重要性成为不疑的事实，而现在大家相信中国青铜时代的开始不会迟于公元前2000年。"

严文明先生认为，中国的青铜时代开始于公元前2000年左右，二里头文化时期是早期青铜时代[④]。

张忠培先生在《中国早期铜器的发现与研究》一文中，对中国早期铜器资料进行了全面梳理，在此基础上认为"黄河流域的仰韶时代已掌握了冶炼、浇铸铜器的技术……目前的材料尚不能肯定龙山时代已具备制作青铜合金的技术……夏代已掌握制作青铜的冶金技术，进入早期青铜时代"[⑤]。

朱凤瀚先生在《古代中国青铜器》一书中指出，中国的青铜时代开始于二里头文化的第三、四期，也就是公元前16世纪的前二三百年，主要标志是青铜礼器和兵器的使用，"青铜器在这一时期的物质文化（甚至于政治生活）中已起到了重要的作用。"[⑥]

---

① 中国大百科全书考古学编辑委员会. 中国大百科全书·考古学[M]. 北京：中国大百科全书出版社，2004：399-400.
② 郭宝钧. 中国青铜时代[M]. 北京：生活·读书·新知三联书店，1963：3.
③ 张光直. 中国青铜时代[M]. 北京：生活·读书·新知三联书店，1999：1.
④ 严文明. 论中国的铜石并用时代[J]. 史前研究，1984(1).
⑤ 张忠培. 中国北方考古文集[M]. 北京：文物出版社，1999.
⑥ 朱凤瀚. 古代中国青铜器[M]. 天津：南开大学出版社，1995.

何驽先生说:"我们认为所谓'青铜时代'是指一个文化或社会的生产和生活(包括物质生活和精神生活)明显地依赖于青铜制品,而不是偶然地使用和制造铜器。"①

白云翔先生认为从考古学上来说,中国青铜时代的到来大致是在公元前2000年左右,在此之前则经历了三个重要的阶段,即公元前4500年至公元前2501年的发生阶段,主要利用铜的氧化共生矿还原熔炼各种原始铜合金;公元前2500年至公元前2001年的发展阶段,主要以冶炼红铜为主,并逐渐向冶炼青铜发展;公元前2000至公元前1600年的成熟阶段,以冶炼青铜为主,青铜冶铸技术形成②。

蒋晓春先生系统地梳理了学者们对中国青铜时代的阐释,认为青铜时代必须具备这样一个特点③:青铜器在人们的生产、生活中占据重要地位,偶然地制造和使用青铜器的时代不能认定为青铜时代。中国青铜时代的开始年代各地时间有一定的差异,齐家文化为夏代晚期至商代早期,四坝文化为夏代中期至商代早期,林雅墓地为公元前19世纪至公元前13世纪,夏家店下层文化为夏代晚期至商代,朱开沟文化为商代早期,二里头文化为公元前16世纪。

从以上各家观点来看,大家对于中国青铜时代的年代多以中原地区的夏商王朝为主要讨论对象,虽然讨论的侧重点或研究角度有一定的差别,但基本都承认中国的青铜时代所必须具备的特点,就是青铜器的生产在社会生活中占据了重要的地位,并成为国家或区域性古国十分重视的内容。

我们在此所讨论的重点还是要放到中华文明的发源地——中原地区,因为只有该地区才是"中国"最早的代名词,中华民族无断裂的文明也正是在中原地区得以产生、发展,而青铜器是中华文明最早的物质符号之一。从前文所述的考古发现可知,在公元前2000年左右的中原地区,青铜器的发现数量还是比较少的,器类也相对单一,陶寺、煤山和王城岗等重要遗址出土的铜器还有一定数量的红铜器,虽然在铸造技术上可能已经出现了范铸法,但总体上看还不能说是已经进入了青铜时代。但需要注意的是,龙山晚期的社会等级划分已十分分明,这在陶寺遗址的墓地中已表现得十分明显,蟠龙盘、鼍鼓、石磬、土鼓等成套礼器已在大型墓中出现(图1.4),但铜器并没有出现在最高等级的墓

---

① 何驽. 青铜时代和青铜文明概念管锥[J]. 考古与文物, 2001(3).
② 白云翔. 中国的早期铜器与青铜器的起源[J]. 东南文化, 2002(5).
③ 蒋晓春. 中国青铜时代起始年代考[J]. 考古, 2010(6).

葬中,这就说明该时期铜器还未被最高首领或统治者们认可。

1. 彩绘木器痕迹　2. 石钺　3. 玉瑗　4. 骨器　5. 彩绘木器痕迹　6、7. 木豆　8. 石镞　9. 石镞
10. 彩绘木器痕迹　11. 骨镞　12. 石镞　13. 陶罐　14. 石镞　15、16. 木腔鳄皮鼍鼓　17. 石磬
18. 猪骨　19、20. 石锛　21、22. 彩绘木器痕迹　23. 木匣　24. 石刀　25. 猪骨　26. 陶斝　27. 陶罐　28. 陶灶　29. 陶罐　30. 陶斝　31. 陶罐　32. 木盘　33、34. 木豆　35. 木斗　36. 陶斝　37. 彩绘木器痕迹　38. 陶罐　39、40. 石刀　41、42. 陶壶　43. 木豆　44. 猪骨　45. 陶罐　46、47. 石镞　48. 骨器　49. 石刀　50. 骨器　51. 玉器　52～54. 骨器　55～57. 石钺　58、59. 陶罐　60～62. 石镞　63. 石碾磨盘　64. 石磨棒　65～68. 石锛　69. 骨器　70～73. 木豆　74～77. "仓形"木器　78. 彩绘木器痕迹　79. 木俎　80. 彩绘木器痕迹

图1.4　陶寺遗址M3015平面图

(引自《中国考古学·新石器时代卷》,2010年)

这种现象一直持续至二里头文化的第三期，青铜器的数量开始增多，虽然这具有突然性，但也有一定的必然性。二里头文化青铜器种类、成分以及铸造技术均处在不断的发展过程中。从种类上看，二里头文化的第一期有刀、锥；第二期发现了铜铃；第三期种类增多，数量有了大幅度提升，工具类有刀、锥、凿、锛等，兵器类有镞、戈、斧，容器类有爵（图1.5）；第四期各种类均有见到，容器类增加了鼎、斝和盉，还有数件绿松石铜牌饰[①]。第三期出现的爵有着特殊的意义，爵是一种酒器，先秦时期宴饮是一项重要的礼仪活动，《礼记·乡饮酒义》载："乡饮酒之礼，六十者坐，五十者立侍以听政役，所以明尊长也。六十者三豆，七十者四豆，八十者五豆，九十者六豆，所以明养老也。民知尊长养老，而后乃能入孝弟。民入孝弟，出尊长养老，而后成教，成教而后国可安也。君子之所谓孝者，非家至而日见之也，合诸乡射，教之乡饮酒之礼，而孝弟之行立矣。"另外，作为二里头遗址最流行的"铜器化"酒礼器——爵在中国古代文献中的含义除了器物名称之外，还有"爵位"的含义[②]。《尚书·武成》

图1.5　二里头遗址出土的铜爵
（引自《偃师二里头》，1999年）

---

① 中国社会科学院考古研究所. 偃师二里头：1959—1978年考古发掘报告[M]. 北京：中国大百科全书出版社，1999.
② 李宏飞. 铜器对早期中国社会变迁的作用试析[J]. 南方文物，2011(4).

载:"列爵惟五,分土惟三。建官惟贤,位事惟能。"《礼记·王制》载:"王者之制禄爵:公、侯、伯、子、男凡五等。"这就说明在二里头文化的第三期,青铜器很可能已经作为一种重要的礼器,用以维持国家的秩序。第四期出现的铜鼎更是具有重大的意义,"铜鼎"至少从商周时期开始就成为国家的象征。二里头遗址出土的铜鼎已初具这层含义,这是我国迄今发现的最早的铜鼎(图1.6),属于三足圆形鼎,双环状立耳,平底,有三个四棱锥形足,腹饰带状网格纹,通高约20厘米[①]。

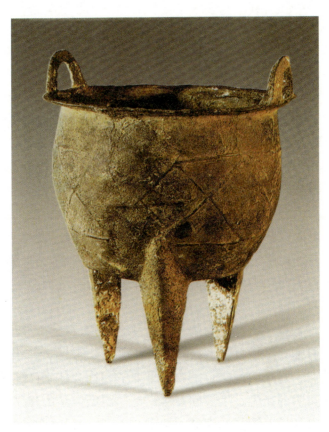

图1.6 二里头遗址出土的铜鼎

(引自《中国考古学·夏商卷》,2003年)

[①] 中国社会科学院考古研究所二里头工作队.河南偃师二里头遗址发现新的铜器[J].考古,1991(12).

在制作技术改进方面，二里头遗址出土的铜器也体现了这一过程。学者们对近年来二里头各时期出土铜器的成分进行了检测，从二里头第二期到二里冈晚期存在纯铜比例下降、青铜合金比例上升的趋势，锡青铜和铅锡青铜逐渐占据主要的地位①。在青铜铸造方面最大的技术进步是块范法的使用和改进，其中组合块范的定位技术十分合理，陶范之间定位方法有两种：范外侧用画线法定位和分范面之间用圆柱定位。这两种方法至今在铸造工艺中仍普遍应用，前者简便，后者精确，商周陶范中常见的榫卯定位法尚未发现②。

最重要的现象是，二里头遗址的宫城南部的围垣作坊区内发现了铸铜作坊③，面积约1万平方米，发现了包括浇铸工场、陶范烘烤工坊和陶窑等遗迹，出土的与青铜冶铸有关的遗物有陶范、石范、坩埚、铜渣、矿石、木炭和小件铜器，铜器多属器形不明的小件废品，也有成品戈、镞等。从残范的内壁看，所铸铜器绝大多数是圆形的，也有方形的，直径大者可达30厘米以上，陶范内壁上有的刻画有兽面纹等纹饰。二里头遗址的铸铜作坊规模相当大，主要用来铸造较大的青铜礼器、兵器、工具等，使用时间从二里头文化早期一直延续至末期（相当于夏代中晚期），是迄今所知中国最早的青铜器铸造作坊。

通过以上的梳理，我们可知在龙山时代晚期，原始礼制已经出现，只是青铜器还未成为礼器，随着生产技术的改进，特别是块炼法的出现，使得中原地区的人们可以生产技艺复杂的器物，随之青铜器便成为重要的礼器之一，国家在都城内设置规模宏大的铸铜作坊，体现了对青铜器铸造的重视程度。

因此，青铜文明和国家出现的影响是双向的，一方面是生产技艺的进步使得青铜文明有了显著的发展；另一方面则是国家的出现以及相关制度的逐渐完善，促使了青铜生产技艺的进一步发展。从这层意义上看，中国的青铜时代，更准确的称呼是华夏的青铜时代应开始于公元前1600年左右的二里头文化第三、四期，这个时间点也是中国早期王朝社会体系已经基本成熟的时期，中国青铜文明的产生、发展和衰落，都与国家体系的建立和发展有着密切的关系，国家开始对铜料和铜器的开采、生产、流通的控制和管理也是由此开始的。

---

① 中国社会科学院考古研究所. 二里头：1999～2006[M]. 北京：文物出版社，2014.
② 廉海萍，谭德睿，郑光. 二里头遗址铸铜遗址研究[J]. 考古学报，2011(4).
③ 中国社会科学院考古研究所. 二里头：1999～2006[M]. 北京：文物出版社，2014.

第三节　古铜陵发现的夏代铜器及意义

从前文的论述可知，自国家诞生之后，上层阶级为了维护其统治基础，一方面是建立相应的礼仪秩序，另一方面是建立军队等暴力机关，这些均需要对铜料资源进行严格的控制。古铜陵地区便发现有二里头时期的铜器和相关的冶炼遗迹，具有重要的意义。

一、古铜陵地区发现的夏代铜器

古铜陵地区（含今池州、铜陵、青阳、泾县、繁昌、当涂等市县）地处安徽南部，是长江中下游平原与皖南山区的交接地带。现代地质研究资料表明，铜陵目前所展示的基本格局，整体上呈现向东北展开的扇形，这种格局是印支晚期—燕山期以来的历次构造变动形成的特殊轮廓，属下扬子凹陷区，也称为"二级断陷"。在整个下扬子区从古生代（特别是晚古生代以后）至中生代早期存在着南北拉张的趋势，出现一系列东西向断裂，断裂形成后，为当时的含金属热液海底喷出活动及同时代"层状"铜、铁、硫、金、铅、锌、银矿床的堆积，提供了有利的场所①。

铜陵地区的古代铜矿遗址主要分布在东南部丘陵山地的北麓，遗址一般都坐落在山腰或山坳中。其中钟鸣镇东部的师姑墩遗址T8第10层、T9第11层和灰坑H9内出土了3件炉壁（图1.7），研究者用金相显微观察及扫描电镜能谱对3件炉壁进行分析②，在T8⑩：1样本发现与金属铅相关的合金熔炼活动现象；在H9：4样本发现有锡、铜，推测应为熔炼铅锡青铜的炉壁；在T9⑪：62样本发现有红铜、砷铜和少量冰铜颗粒，反映了配置砷铜合金的过程③。根据对陶器的分期研究可知3个遗迹单位为二里头文化第三、四期，经碳十四测定年代和树木年轮校正，可知其绝对年代为公元前1770年到公元前1610年，即夏代晚

---

① 王道华，傅德鑫，吴履秀.长江中下游区域铜、金、铁、硫矿床基本特征及成矿规律[M].北京：地质出版社，1987.
② 王开，陈建立，朔知.安徽铜陵县师姑墩遗址出土青铜冶铸遗物的相关问题[J].考古，2013(7).
③ 王开，陈建立，朔知.安徽铜陵县师姑墩遗址出土青铜冶铸遗物的相关问题[J].考古，2013(7).

期，由此可推论铜陵地区早在夏代已开始青铜冶铸活动，如何能够更深层次地认识该遗址出土的二里头文化时期炉壁的意义，需要做更深入的田野考古工作。

T8⑩:1炉壁

T9⑪层:1炉壁

H9:4

图1.7　铜陵师姑墩遗址出土的炉壁及背散射电子像
（引自《安徽铜陵县师姑墩遗址出土青铜冶铸遗物的相关问题》，《考古》2013年第7期）

此外，安徽肥西县馆驿大墩孜遗址出土有属于二里头文化晚期的单扉棱铜铃和弦纹斝①，单扉铃作圆筒状，上大下小，有顶，腹中空，顶上铸系钮，侧有一扉，通体素面。弦纹斝作喇叭口，颈内收，鼓腹，三棱形空锥足，口沿有一对三棱钉状柱，颈下部饰两周凸弦纹夹一周乳钉纹，腹饰圆形凸饼。单扉铃与二里头遗址出土的铜铃形制相同，弦纹斝器身和二里头四期六区M9出土的斝相似，顶部的立柱与二里头四期五区M1出土的斝立柱相似，表明该地区的铜器受到二里头文化的强烈影响。两件铜器的铸造地尚不明确，但从师姑墩遗址发现的青铜冶铸遗存来看，在当地进行铸造也很有可能。对于这两件器物的铜料问题，很可能便是来源于铜陵及附近地区，这需要用微量元素检测等科技手段进一步确认。

二、铜陵发现夏代铜器的意义

我们在前文讨论了国家起源与中国青铜时代的关系，说明青铜器的蓬勃发展和国家的需求有直接的关系，那么铜何时成为国家必不可少的战略资源呢？学界对于先秦时期铜料的来源地有颇多论述②，但基本都是针对商周时期，那么夏代的状况又如何？铜陵及周边地区的考古发现较好地回答了这一问题。

《尚书·禹贡》是我国最早的地理学著作，其中记载了中国早期各地向中央王朝进贡的重要物产，司马迁的《世纪·夏本纪》对该篇也做了转载。《禹贡》将天下分为九州，其中铜陵属于古扬州。"淮海惟扬州。彭蠡既猪，阳鸟攸居。三江既入，震泽底定。筱簜既敷，厥草惟夭，厥木惟乔。厥土惟涂泥。厥田惟下下，厥赋下上，上错。厥贡惟金三品，瑶、琨筱、簜、齿、革、羽、毛惟木。岛夷卉服。厥篚织贝，厥包橘柚，锡贡。沿于江、海，达于淮、泗。"其中的"惟金三品"，郑玄注："金三品者，铜三色也。"关于《禹贡》的成书年代，学界大多认为是在战国时期，顾颉刚先生所著的《禹贡注释》便是其中的代表③。邵望平先生通过梳理相关的考古发现，认为《禹贡》所记载的风物状况是周代

---

① 李治益. 安徽省博物馆藏先秦青铜器简述[M]//安徽省博物馆. 安徽省博物馆40年论文选集. 合肥：黄山书社，1996.
② 黎海超. 长江中下游地区商周时期采矿遗址研究[J]. 考古，2016(10).
③ 顾颉刚. 禹贡注释[M]//中国科学院地理研究. 中国古代地理名著选读：第1辑. 北京：科学出版社，1959：1-48.

以前的面貌,其中所记载的生态环境大致是公元前2000年间的情况[①]。由此来看,《禹贡》的记载基本是可以反映夏商周三代的历史风貌的。

古铜陵地区发现的夏代铜器及冶铜遗存对《禹贡》的记载也是一种证实,说明在青铜时代诞生之初,该地区有可能成为国家重要资源的战略要地,古铜陵地区在中国国家礼制形成和文明初步发展的过程中起到了一定的作用。

[①] 邵望平.《禹贡》"九州"的考古学研究[M]//邵望平.邵望平史学、考古学文选.济南:山东大学出版社,2013:3-27.

第二章

"铜"济天下
青铜冶铸与吴地铜矿的繁荣

冶铜术在中国经历了长时间的发展后，最终在夏代后期，中国的青铜文明正式诞生，到了商周时期迎来了发展的高峰。此时，铜陵及周边地区以其丰富而优质的铜料资源成为天下瞩目的地方。

第一节 商至西周时期铜器的地位

商至西周时期,是中国早期国家机制逐步成熟的历史阶段,早期王朝建立起一整套维持国家运营的暴力机构、礼仪秩序等,那么商周时期的国家是如何进行统治的?青铜器在国家的运营中起到了什么作用?这需要从商至西周时期的国家体制谈起。

一、商至西周时期的国家体制

从商代开始,国家的统治体制由夏代的内外服制度逐渐向分封制过渡。关于内外服制度,《尚书·酒诰》中载:"自成汤咸至于帝乙,……不敢自暇自逸,矧曰其敢崇饮。越在外服,侯、甸、男、卫、邦伯;越在内服,百僚、庶尹、惟亚、惟服、宗工。越百姓、里居,罔敢湎于酒。"所谓的"内"与"外",是以王畿为限。金景芳先生认为,王畿以内为内服,王畿以外为外服,内服为百官,指的是国家的管理机构,外服为方国(邦国)①。在国家形成之初,中央王朝对不同地域实行不同的治理措施,中央王朝虽有较强大的力量,但尚不具有直接控制广大地域能力的一种国家管理形式。其形成条件包括三点:一是一个强有力的中心政权,二是有归附于中心政权的周边方国,三是中央王朝的中心地位虽然得到了周围方国的承认,但中央王朝尚无力控制地方势力②。

内外服制度在夏代表现得较为明显,即中央王朝无力直接干涉地方事务,从表面上看是上下级的服从关系,但方国具有很强的独立性,保持自身的政权和习俗,这种现象是根据方国距离都城的远近而逐渐明显的。根据文献记载,大禹"行山表木,定高山大川","左准绳,右规矩,载四时,以开九州,通九道,陂九泽,度九山……乃行相地宜所有以贡,及山川之便利"③。由此大禹从冀州开始行遍九州,最终形成明确的甸服和纳贡制度。这在考古资料上表现得更为明显,二里头文化的分布中心是河南省中、西部的郑州、洛阳地区和山西

---

① 金景芳.中国奴隶社会史[M].上海:上海人民出版社,1983.
② 宋镇豪,王宇信,徐义华.商代国家与社会[M].北京:中国社会科学出版社,2011:309.
③ 司马迁.史记:夏本纪[M].北京:中华书局,1959:51.

省西南部的运城、临汾地区，向西突入了陕西关中东部、丹江上游的商州地区，南及豫鄂交界地带，往东至少分布到豫东开封地区，北抵沁河岸旁①。那么在此之外，又在九州之内的地区便是"外服"之地，铜陵地区所发现的二里头时期的铜器遗存，就说明了该地区已受夏文化影响，但其地的文化风貌则与二里头文化有较大差别，属于最典型的"外服"地区。

商汤灭夏之后，继承了夏代以往的权力，将天下方国收纳到商王朝的统治之下，以郑州、安阳、洛阳和商丘为中心区，其政治和文化势力逐步向周边扩散。《逸周书·殷祝解》载："汤放桀而复薄，三千诸侯大会，汤取天子之玺，置之天子之坐左，退而再拜，从诸侯之位……汤以此三让，三千诸侯莫敢即位，然后汤即天子之位。""诸多方国、部落纷纷臣服于商王朝，但商王朝并未派人对这些方国、部落进行直接统治，而是让这些方国、部落实行'自治'。这些方国部落只要向商王朝称臣、纳贡，商王朝似乎就心满意足了，并不苛求与商王朝在文化上的统一性。"②这就说明商王朝初期对外服的管理是比较松散的，最为典型的例子便是海岱地区的东夷族，此时与商文化相对峙的是岳石文化，是一脉十分独立的考古学文化，同商王朝时有冲突。根据张国硕先生研究，东夷族的势力一度发展到商王朝的王畿之地，达到了郑州地区③。自大戊开始，商王朝开始向东方拓展，至河亶甲时，至此商王朝基本控制了山东的中西部地区，将之纳入外服④。《竹书记年》载："外壬元年，……邳人姺人叛。河亶甲三年，彭伯克邳。四年征蓝夷。五年姺人入于班方，彭伯、韦伯伐班方，姺人来宾。"

外服地区随着商王朝的征伐，其文化面貌逐渐同中原地区有一定的相似性，这与夏王朝有一定的不同。根据《中国考古学·夏商卷》的研究资料表明，早商时期的考古学文化类型有腹心地带的二里冈类型、豫北地区的琉璃阁类型、河北地区的台西类型、东方山东海岱地区的大辛庄类型、晋西南地区的东下冯类型和关中一带的北村类型、南方湖北地区的盘龙城类型、东南方皖南地区的大城墩类型⑤。考古学所揭示的核心主体类型与地方类型文化同早商时期的内外

---

① 中国社会科学院考古研究所.中国考古学：夏商卷[M].北京：中国社会科学出版社，2003：82.
② 张国硕.从商文化的东渐看商族起源"东方说"的不合理性[J].中原文物，1997(4).
③ 张国硕.论夏末早商的商夷联盟[J].郑州：郑州大学学报(哲学社会科学版)，2002(2).
④ 宋新潮.殷商文化区域研究[M].西安：陕西人民出版社，1991.
⑤ 中国社会科学院考古研究所.中国考古学：夏商卷[M].北京：中国社会科学出版社，2003：188.

服制度遥相呼应。其中大城墩类型是以安徽含山大城墩遗址为代表，其主体文化因素是商文化，另外吸纳了一些山东岳石文化和本地斗鸡台文化的因素，但处于附属地位。这种现象说明，商王朝对该地区十分重视，很可能有较多商人移民至此，带来了中原地区的文化因素，这种现象同湖北盘龙城文化类型相似，一方面是为了控制商王朝的南土，另一方面则是为了更好地控制两地区的铜料资源。商王朝对外的征伐大约在武丁时期达到了高峰，根据甲骨文统计的结果，仅记载武丁对外战争的内容便有81条[①]。《易·既济》："高宗伐鬼方，三年克之。"《竹书纪年》载：（武丁）"四十三年，王师灭大彭"，"五十年，征豕韦，克之。"武丁之后，甲骨文中便很少有关于商王对外战争的信息。由此可知，商王朝对外服地控制在很大程度上是属于武力征服，或者是依靠武力的间接威服。

至于内服的统治政策，商王朝实施直接管理，建立了商王为首的王朝百官体系，并设置有基层的行政单位和家族长进行管理，实施措施便是建立一套刑法与礼法并存的法律制度，特别是注重制定政令和刑法对礼俗进行矫正和制衡。最典型的例子便是"桐宫放太甲"，太甲为商汤之孙，一度"不遵汤法，乱德"，被伊尹放于桐宫三年使之悔过，此后"太甲修德，诸侯咸归殷，百姓以宁"。文献中还有关于武丁"修政行德"的相关记载，《大戴礼记·少闲》载："成汤既崩，殷德小破，二十有二世乃有武丁即位，开先祖之府，取其明法，以为君臣上下之节，殷民更服，近者说，远者至，粒食之民昭然明视。"对于基层行政单位的管理，应该是以家族为基础来进行的。殷墟族墓地的分布随着殷墟范围的不断扩大而扩展，在孝民屯以南、白家坟以西的族墓地，根据考古资料至少可以分为10个墓区，各墓区之间有明显的界线，葬俗也各有特色，同一墓区的铜器铭文相似，不同墓群间有所区别，应代表10个不同氏族的墓地[②]（图2.1）。各墓区内的墓葬等级有较大的差别，少数墓葬带有两条或一条墓道，并附带有车马坑、殉人和大量的随葬品，墓主人可能为家族的族长之类的人物，其余多数为竖穴土坑墓，出土器物多为陶器，且数量较少甚至无随葬品，代表了一般平民的墓葬。

---

① 王宇信，杨升南. 甲骨学一百年[M]. 北京：社会科学文献出版社，1999：498-500.
② 中国社会科学院考古研究所. 殷墟的发现与研究[M]. 北京：科学出版社，1994：121-138.

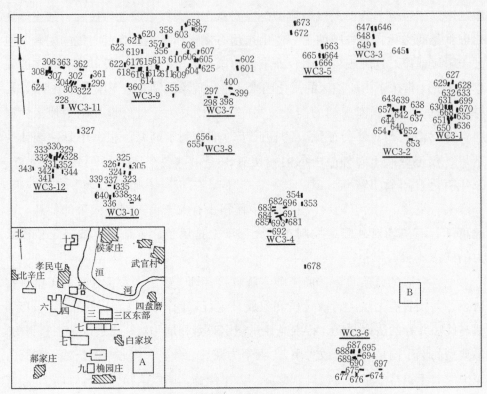

A. 殷墟西区墓地分区图（一至十为墓区编号）

B. 三区东部墓葬分组图（WC3-1～WC3-12为分组编号）

图2.1 殷墟的族墓地分布示意图

（引自《中国考古学·夏商卷》，2003年）

商代的礼法还有一大特色便是饱含着神判鬼断的神权意识，甲骨文中大量的卜辞便是这种特色最大的体现。《礼记》载："殷人尊神，率民以事神。"《越绝书》云："汤行仁义，敬鬼神，天下皆一心归之。"商王朝贵族统治阶级正是凭借着神权系统调整其国家政治体制下的社会行为规范，并用相关的礼制整合其政治等级秩序[1]。这些都说明了商王朝对内服的主要统治方式是建立一整套相应的礼法秩序，并借用鬼神观念来进行的。而具体的实施活动，从一系列考古发现可以得知是各种类型的祭祀活动，如占卜祭祀的甲骨文、各类性质的祭祀坑等，包含着对上天、神鬼、祖先的敬畏。其中对祖先的祭祀主要是在宗庙中，

---

[1] 宋镇豪.商代社会生活与礼俗[M].北京：中国社会科学出版社，2010：5.

偃师商城、殷墟遗址均已明确了宗庙遗址的位置所在。殷墟遗址发现了数以千计的祭祀坑，其中王陵区最多，经考古钻探有2200多座，连成一片形成一个庞大的祭祀场，面积达10万平方米以上①，其类别可分为人祭坑、动物祭祀坑和器物坑三类。殷墟宫殿区的乙组建筑基址的附近也发现了数量较多、排列密集的小型祭祀坑，祭祀坑的种类也很丰富，有殉人坑、殉马坑、车坑、器物坑等②（图2.2）。有学者据此推测乙组建筑基址的性质可能与宗庙有关。这些祭祀活动是维持商王朝特别是内服地区的礼仪秩序和政权稳定的基础。

关于商王朝的分封制度，由于文献资料相对缺乏，学界对这一问题有一定的争论。但比较明确的是，在王畿之地存在王室宗亲和商王亲信的封邑，这种分封制度比周代相对松散，体系性和制度性也远远不如周代。根据学界研究，商代的一般封邑，大约78平方千米，而大的封邑则可达300多平方千米。采邑和封地的具体规模有所不同，人口稀疏地区可能较大，人口稠密地区则较小。由于畿内之地文化发达，人口稠密，封邑的大小差别不会很大，受封贵族在封邑内建立自己的邑落，行使对这一地区的行政权③。殷墟遗址的布局便可看成是以小屯宗庙宫殿区为中心，周围分布着众多族邑居址的大型邑聚。同时殷墟的墓葬分布也是以氏族和家族为单位成片分布的，孝民屯以南、白家坟以西的族墓地，可划分为相对独立的10个墓区④。那么这些邑聚和族墓地便有可能是商王朝畿内"诸侯"的物质体现。

公元前11世纪，周人经过牧野之战，以蕞尔小邦取代了商王朝，建立了中国古代历史上具有重大影响的西周王朝。为了能够在更加广阔的区域内迅速建立并维持自己的统治，便施行了分封制的国家统治体制。周王朝能够统治中国数百年，与这种统治机制是密不可分的⑤。周代的分封制比商代更加明确化和彻底化，其影响也是极其深远的，甚至到了中央集权制的两汉时期也施行了诸侯分封的政治举措。分封制的实施奠定了历代中原王朝统治版图的基础，周代通过分封诸侯，其疆域北达今内蒙古、辽宁南部，西至甘肃地区，南部已越过汉

---

① 杨宝成. 殷墟文化研究[M]. 武汉：武汉大学出版社，2002：97-118.
② 中国社会科学院考古研究所. 殷墟的发现与研究[M]. 北京：方志出版社，2007：58.
③ 王宇信，徐义华. 商代国家与社会[M]. 北京：中国社会科学出版社，2011：331.
④ 中国社会科学院考古研究所. 殷墟的考古发现与研究[M]. 北京：科学出版社，1994：121-138.
⑤ 任伟. 西周封国考疑[M]. 北京：社会科学文献出版社，2004：1.

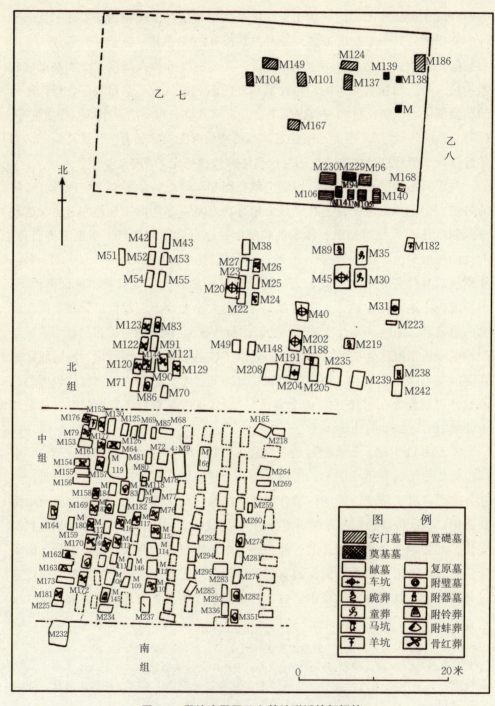

图 2.2 殷墟宫殿区乙七基址附近的祭祀坑

(引自《殷墟的发现与研究》,2007 年)

水、长江,东边到了大海之滨,可谓《诗经·小雅》所记载的"普天之下,莫非王土,率土之滨,莫非王臣"。根据多处文献记载,周代分封始于周公。据《左传·僖公二十四年》载:"昔周公吊二叔之不咸,故封建亲戚以蕃屏周。管、蔡、郕、霍、鲁、卫、毛、聃、郜、雍、曹、滕、毕、原、酆、郇,文之昭也;邗、晋、应、韩,武之穆也;凡、蒋、邢、茅、胙、祭,周公之胤也。"《荀子·儒效》载:"(周公)兼制天下,立七十一国,姬姓独居五十三。"这两段记载说明周初大分封的目的是建立"家天下"的统治模式,目的便是"以蕃屏周"。除了姬姓之外,被分封的还有一些周王的亲信大族,如姜姓被封至齐国,以稳定东方的统治。除了《左传》记载的周初封国之外,还有一个重要的封国便是吴国,吴国始建于商代末年的太伯,太伯是古公长子,由于古公传位于少子季历,太伯和古公次子虞仲便"亡如(人)荆蛮,以让季历",太伯随后建立吴国。

分封制的推行,直接造就了西周礼乐制度的出现。礼乐制度由周公所制,用于处理等级社会上下、贵贱之间的人际关系的伦理规范。《尚书》曰:"周公摄政,一年救乱,二年克殷,三年践奄,四年建候卫,五年营成周,六年制礼作乐,七年致政成王。"周公制礼乐的目的是要用周人的标准来规范各族和各代礼乐的内容,并通过制度的形式推行到各个不同等级的统治阶级中去;其意义在于扩大周文化的影响,加强周人血亲联系和维护宗法等级秩序;其本质是"经国家,定社稷,序民人,利后嗣"(《左传·隐公十一年》)[①]。礼乐制度涉及周人生活的各个方面,据《仪礼》记载,周初的礼,内容有十七项,包括士冠礼、婚礼、相见礼、乡饮酒礼、乡射礼、聘礼、朝觐礼、丧礼、祭礼、凶礼、军礼、宾礼等。其中祭礼是最为重要的内容,《礼记·祭统》云:"礼有五经,莫重于祭。"

礼乐制度主要是从制度和精神层面上对国家实施的统治方式,国家的具体管理方面,还是依托一系列的管理机构来完成的。文职方面主要有宰、司徒、司空、司工、司土、太史、卿士、膳夫、内史等,武职有司马、师、师氏、虎臣等[②]。其中军队方面,有西六师、成周八师、殷八师等。军队起到了开疆拓土、抵御外侵、稳定社会的重要作用,西周时期除了著名的牧野之战外,还有周公平定管和蔡的叛乱、昭王南征、穆王伐犬戎等。

---

① 薛艺兵. 论礼乐文化[J]. 文艺研究, 1997(2).
② 许倬云. 西周史[M]. 北京:生活·读书·新知三联书店, 2001.

二、商至西周时期青铜器的主要功能

从以上分析可知，从夏代到商，再发展至西周时期，国家的统治机制发生了一定的变化，至少从夏代晚期开始，建立维持社会秩序的礼制和国家安定的军队便成为国家统治的基础，其中礼制的最主要内容为祭祀，这便是"国之大事，在祀与戎"，在考古学上是体现礼制和战争的各类物化载体，具体来讲则是各种性质的青铜器，可以说青铜器是商周时期社会秩序和制度的物化载体，是政权的象征、等级关系的标志。

青铜礼器首先被用在祭祀这种重大的礼仪活动上。祭祀祖先及神祇是统治阶层维护政权稳固的重要手段，青铜礼器广泛参与各种祭祀活动，故又被称为祭器。《周礼·地官司徒》载"闾共祭器"，祭器即青铜礼器。在祭祀时青铜礼器作为祭祀盛牲体的器具，《周礼·天官冢宰》载"外饔：掌外祭祀之割亨，共其脯、脩、刑、膴，陈其鼎俎、实之，牲体、鱼、腊"，《周礼·地官司徒》载"凡祭祀共箪筥"，《礼记·曾子问》载"大夫之祭，鼎俎既陈，笾豆既设"。此外，祭祀的时候也需要演奏青铜乐器，如《周礼·地官司徒》载"凡祭祀奏缦乐"即指此。

考古发现的祭祀遗存及出土的大量青铜礼器也是文献记载的真实反映。郑州商城内发现的张寨南街、南顺城街、向阳回族食品厂三座青铜器窖藏坑[①]，坑内铜器放置有序，出土了饕餮纹大鼎、牛首尊、羊首罍、斝、鬲、提梁卣等青铜礼器及钺、戈等青铜兵器，总数近30件。在这三处铜器窖藏中，虽然铜器组合有一定的区别，但只有铜鼎是共有的器类。其中张寨南街出土了两件形制相同的青铜方鼎，其中一件高87厘米，口长67厘米，口宽61厘米，饰兽面纹和乳钉纹。两件铜鼎的大小略有差别，较大一件鼎的垫土部位下挖，使得两件铜鼎口部保持平齐，这种特意的做法使之具有浓厚的仪式成分，发掘者认为应是商王室进行"郊""禘"之类的大型祭祀活动后，将祭祀用过的青铜礼器窖藏于地下的遗存，这两件铜鼎可视为早商王朝的象征。南顺城街出土的铜器组合中，有4件大小不一的兽面乳钉纹方鼎（图2.3）。

---

① 河南省文物考古研究所，郑州市文物考古研究所.郑州商代青铜器窖藏[M].北京：科学出版社，1999.

图2.3　郑州南顺城街窖藏坑出土的铜器组合

(引自《中国考古学·夏商卷》,2003年)

到了两周时期,瘞埋青铜礼器的现象更为普遍。据不完全统计,周原遗址发现的青铜器窖藏已有百余次,其中出土铜器数量较多而且多有长篇铭文的重要发现便有十几起[①],如扶风庄白发现的微氏家族铜器103件[②](图2.4)、扶风齐家发现的几父壶、柞钟等39件[③]、岐山董家发现的裘卫诸器37件[④]等。这些集中于西周晚期的青铜器窖藏坑的发现,很多学者认为是西周末年犬戎入侵,使得周原地区的贵族仓促出逃而将其宝器埋于地下[⑤]。丁乙先生认为这些窖藏所在之处正是器主居住之地[⑥],但是否与祭祀活动能够建立起联系目前还不能确定。郑韩故城内的中行遗址发现了属于春秋时期的18座青铜礼乐器坑、40余座殉马

---

① 北京大学考古文博学院,北京大学古代文明研究中心.吉金铸国史:周原出土西周青铜器精粹[M].北京:文物出版社,2002.
② 陕西周原考古队.西周微氏家族青铜器群研究[M].北京:文物出版社,1992.
③ 陕西省博物馆,陕西省文物管理委员会.扶风齐家村青铜器群[M].北京:文物出版社,1963.
④ 岐山县文化馆,陕西省文管会.陕西省岐山县董家村西周铜器窖穴发掘简报[J].文物,1975(8).
⑤ 中国社会科学院考古研究所.中国考古学·两周卷[M].北京:中国社会科学出版社,2004:62.
⑥ 丁乙.周原的建筑遗存和铜器窖藏[J].考古,1982(4).

A. 上层
1. 丰尊 2、3、18. 觚
4、7. 釜 5. 墙盘
6、13、14. 㝬簋 8～
10、16. 钟 11. 商尊
12、15. 㝬盨 17. 陵
方罍 19～22. 㝬壶

B. 中层
1～5. 㝬簋盖 23. 旅
斝 24. 方彝和盖
25. 方鼎 26. 㝬簋
27. 㝬豆 28～33. 钟
34. 圆鼎 35. 37～
40. 鬲 36. 贯耳壶
41. 旅觥

C. 下层
6～8. 㝬簋盖 9. 旅
斝盖 42. 商卣 43.
旅尊 44. 丰卣 45、
46、48～52、54、55、
68、70. 鬲 47、53、
56、69. 㝬簋 57～
67. 钟

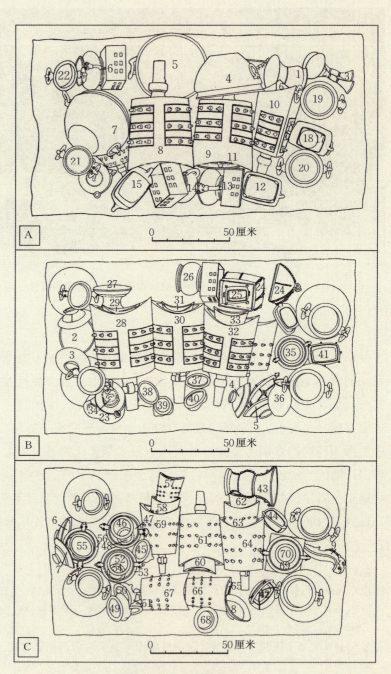

图 2.4　陕西扶风庄白铜器窖藏

(引自《中国考古学·两周卷》, 2004 年)

坑①，出土了鼎、簋、壶、编钟等300多件青铜礼乐器，这些遗迹布局有序，铜礼器组合完备，发掘者推测为郑国的社稷遗存，虽然其时代为东周时期，但其礼仪规制是源自于西周，因此可推测西周时期应该有类似的祭祀遗存。

除祭祀外，青铜礼器也被用于贵族间的会盟、婚媾、朝聘、燕飨、乡射等礼仪活动。如《周礼·天官冢宰》载"王日一举，鼎十有二，物皆有俎"；《仪礼·士昏礼》载"期初昏，陈三鼎于寝门外"；《仪礼·聘礼》载"宰夫朝服设飧。饪一牢。在西，鼎九，羞鼎三。腥一牢，在东，鼎七。堂上之馔八，西夹六。门外米禾皆二十车。薪刍倍禾。上介，饪一牢，在西，鼎七，羞鼎三"；《左传·昭公五年》载"宴有好货，飧有陪鼎"；《周礼·秋官司寇》"凡诸侯之礼……飧五牢，食四十，簋十，豆四十，铏四十有二，壶四十，鼎簋十有二，牲三十有六皆陈"。此外，也有在铜礼器上刻铭文以宣扬祖先功德的，《礼记·祭统》载"夫鼎有铭。铭者，自名也，自名以称扬其先祖之美，而明著之后世者也。"

青铜礼器是贵族身份等级的象征，各级贵族在使用礼器的种类、数量上有严格规定。在进入阶级社会后，墓内随葬品尤其是随葬的青铜礼乐器是判断墓主生前身份地位的重要标志。在夏代，贵族墓葬中就已开始随葬铜礼器，其中以酒器最多，主要是爵、斝、盉等，也有少数墓葬随葬铜鼎及戈、刀等铜兵器。如二里头遗址75YLVIKM3②，墓长2.3米，宽1.26米，深0.36米，葬具为1棺，墓底铺有朱砂，随葬有铜器、玉器、陶器等，其中铜器有钺1、爵1、戈1、嵌绿松石圆形铜器2、泡形铜器1；玉器有戈1、戚1、圭1、柄形饰1；二里头遗址84YLVIM9③，墓长2.4米，宽0.9米，深0.9米，随葬有铜器、玉器、陶器、漆器等，其中铜器有斝1、爵1。

到了商代，高等级墓葬随葬铜礼器的种类和数量均增多，铜器组合仍以酒器为主，尤其是以铜爵最为重要，同时食器也有所增加，鬲、簋开始出现。商早期，随葬铜器器形有爵、斝、盉、鼎、觚、鬲、甗、簋、戈等，铜礼器组合有单爵、单斝、爵、斝、爵、盉及爵、斝、鼎等形式。如湖北盘龙城李家咀墓

---

① 河南省文物考古研究所. 新郑郑国祭祀遗址[M]. 郑州：大象出版社，2009.
② 中国社会科学院考古研究所. 偃师二里头：1959-1978年考古发掘报告[M]. 北京：中国大百科全书出版社，1999.
③ 中国社会科学院考古研究所. 偃师二里头：1959-1978年考古发掘报告[M]. 北京：中国大百科全书出版社，1999.

地M2①，墓主应为统领军队的高等级贵族，墓葬形制为长方形竖穴土坑墓，墓口长3.67米，宽3.24米，深1.41米，葬具为一棺一椁，随葬有铜器、陶器、玉器、漆木器等大量遗物，铜器共63件，其中铜容器23件，包括鼎4、鬲1、甗1、簋1、觚1、斝3、爵4、盉1、罍1、圈足盘1、小盘5；铜兵器共34件，包括钺2、戈5、矛2、刀7、镞18；铜工具6件，包括斧2、锛1、凿1、锯1、镦1（图2.5）。山西垣曲商城M1②，长方形竖穴土坑墓，墓口长2.76米，宽0.96米，深0.3～0.4米，随葬有铜器、陶器、玉器等，其中随葬青铜器共4件，有鼎1、爵1、斝1、残铜片1，墓主应为等级较低的小贵族。

商中期，酒器继续为铜器组合的核心，以觚、爵为主，且二者开始出现配对关系，铜斝出现频率相对降低。常见组合有觚、爵，觚、爵、斝，觚、爵、斝、鼎，觚、爵、斝、鼎、尊，觚、爵、斝、鼎、瓿等。如湖北盘龙城李家咀墓地M1③，墓内随葬有铜器、陶器、原始瓷器、玉器等，其中青铜容器22件，有鼎2、鬲2、簋1、斝5、爵5、觚3、尊2、卣1、盘1，墓主也为等级较高的贵族。郑州商城白家庄M3④，墓口长2.9米，残宽1.17米，深2.13米，葬具为一棺一椁，墓底平铺朱砂。随葬有铜器、陶器、玉器、石器等，其中铜器有铜鼎3、斝2、罍1、觚2、爵1、簪1，墓主也为高等级贵族。

商晚期，铜觚和铜爵仍是随葬铜器组合的核心，常见器形有觚、爵、鼎、甗、簋、斝、卣、瓿、罍和方彝等。除铜礼器外，还随葬有青铜兵器、工具等。安阳殷墟妇好墓⑤，墓主的身份为商王配偶，形制为长方形竖穴土坑墓，墓口长5.6米，宽4米，深7.5米，墓底有腰坑，葬具为一棺一椁，随葬器物共计1928件，其中青铜礼器210件，以酒器数量最多，器形有鼎、甗、甑、簋、偶方彝、方彝、尊、觥、壶、瓿、卣、罍、缶、斝、盉、觯、觚、爵、盂、盘、罐等；青铜乐器有编铙一套共5件；青铜兵器有134件，器形有钺、戈、镞等；青铜工

---

① 湖北省博物馆，北京大学考古专业盘龙城发掘队.盘龙城一九七四年度田野考古纪要[J].文物，1976(2).
② 中国历史博物馆考古部，山西省考古研究所，垣曲县博物馆.垣曲商城[M].北京：科学出版社，1996.
③ 湖北省博物馆.盘龙城商代二里冈期的青铜器[J].文物，1976(2).
④ 河南文物工作队第一队.郑州市白家庄商代墓葬发掘简报[J].文物参考资料，1955(10).
⑤ 中国社会科学院考古研究所.殷墟妇好墓[M].北京：文物出版社，1980.

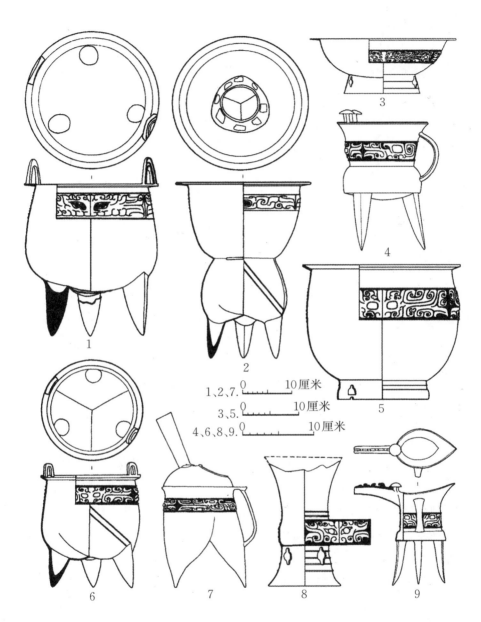

1. 鼎(M2:55) 2. 甗(M2:45) 3. 盘(M2:1) 4. 斝(M2:19) 5. 簋(M2:2) 6. 鬲(M2:38) 7. 盉(M2:20) 8. 觚(M2:5) 9. 爵(M2:12)

图2.5 湖北黄陂盘龙城李家咀M2出土的部分青铜器

（引自《中国考古学·夏商卷》，2003年）

具有41件，器形有锛、凿、刀、铲等（图2.6）。郭家庄M160①，墓主为身份较高的贵族，长方形竖穴土坑墓，墓口长4.5米，宽2.9米，深5.7米，墓底中部有长方形腰坑，葬具为一棺一椁，墓内出土随葬品353件，包括铜器、陶器、石器、骨器、玉器、漆器等，以青铜器最多，其中44件铜礼器、291件铜兵器。铜礼器中以酒器数量最多，食器、水器、乐器均较少，器形有鼎、甗、簋、尊、罍、卣、盉、斝、觯、觚、角、斗、盘、铙等；铜兵器有钺、大刀、戈、矛、镞等。

周王朝以"小邦周"取代"大邑商"后，在借鉴夏、商两代的基础上，在政治上实行分封制和宗法制，并建立了新的礼乐制度，从而巩固了自己的统治。青铜礼器在国家政治及社会生活中的作用进一步强化，成为统治阶层维系政权的重要工具。

周初在实行大分封的时候，除了赐土授民外，颁赐礼器也是其中的一项重要内容，《左传·定公四年》载"分鲁公以大路、大旂，夏后氏之璜……分之土田倍敦，祝、宗、卜、史，备物，典策，官司，彝器"，文中的彝器即为青铜礼器。颁赐礼器是为了维护统治，非姬姓贵族及有功之臣不得受赐，楚国后世国君就曾抱怨祖先和姬姓诸侯及异姓功臣一起侍奉周康王的时候独独未受赐宝器，《左传·昭公十二年》载"昔我先王熊绎，与吕级、王孙牟、燮父、禽父，并事康王，四国皆有分，我独无有"，可见礼器对统治阶层的重要性。

周公制礼作乐后，周代逐渐形成了新的铜礼器使用制度，如用鼎制度、粢盛器制度、盛酒器制度、盥洗器制度等，其中以用鼎制度最为重要。周代铜礼器使用制度最主要的特点就是从夏商时期的"重酒组合"到周代的"重食组合"的转变，食器尤其是鼎、簋等地位的显著提高，夏商时期占主要地位的酒器则降至次要地位。

用鼎制度是周代礼乐制度的核心，不同身份等级的贵族使用鼎、簋的数量不同，一般来说天子九鼎八簋，诸侯七鼎六簋，卿大夫五鼎四簋，士三鼎二簋或一鼎②。列鼎制度形成于西周中晚期，各鼎形制、纹饰相近，大小相次，故称列鼎，西周时期大中型贵族墓葬一般只随葬一套列鼎。如北赵晋侯墓地的

---

① 中国社会科学院考古研究所. 安阳殷墟郭家庄商代墓葬[M]. 北京：中国大百科全书出版社，1998.
② 印群. 论周代列鼎制度的嬗变：质疑"春秋礼制崩坏说"[J]. 辽宁大学学报，1999(4).

1. 妇好大方斝(752)　2. 小方斝(845)　3. 妇好大型爵(1579)　4. 妇好平底爵(664)　5. 妇好觚(605)　6. 妇好方罍(856)　7. 妇好瓿(830)　8. 卣(765)　9. 妇好大方尊(792)　10. 后娒大圆尊(867)

图2.6　殷墟妇好墓出土的部分青铜器

（引自《古代中国青铜器》，1995年）

M91①，墓主为周厉王时的一代晋侯，随葬有七鼎五簋；河南三门峡虢国墓地M2001墓主为虢国国君虢季之墓，时代为两周之际，墓主随葬有七鼎六簋（图2.7），墓主为虢国太子的M1052也随葬有七鼎六簋②。

图2.7　河南三门峡虢国墓地M2001出土的七鼎六簋
（引自《三门峡虢国墓》，1999年）

周平王东迁后，周王室实力逐渐下降，列国开始崛起。政治的分裂、社会的变革导致礼制的崩坏，先后出现了"礼乐征伐自诸侯出""礼乐征伐自大夫出"的局面，用鼎制度遭到破坏，僭越现象日益严重，"大夫僭诸侯，诸侯僭天子"。如湖北随州曾侯乙墓③，时代为战国早期，墓主为曾国国君乙，随葬有九鼎八簋，使用的是周天子之制；山西太原金胜村M251④，墓主为战国初年晋国赵卿墓，随葬有列鼎7件。此外，随着东周时期社会等级体系的扩张，用鼎制度也日趋复杂化，在楚国及齐鲁地区出现了随葬两套列鼎的"偶鼎制"⑤。如淅川下寺M2为楚国令尹墓，随葬的折沿鼎共三套6件，墓主为令尹夫人的M1随葬有两套4件的折沿鼎⑥。

青铜鼎在商周时期除作为贵族身份等级的标志外，也逐渐成为国家政权的

---

① 北京大学考古学系，山西省考古研究所. 天马：曲村遗址北赵晋侯墓地第五次发掘[J]. 文物，1995(7).
② 河南省文物考古研究所，三门峡市文物工作队. 三门峡虢国墓：第一卷[M]. 北京：文物出版社，1999.
③ 湖北省博物馆. 曾侯乙墓[M]. 北京：文物出版社，1989.
④ 山西省考古研究所，太原市文物管理委员会. 太原金胜村251号春秋大墓及车马坑发掘简报[J]. 文物，1989(9).
⑤ 张闻捷. 周代用鼎制度疏证[J]. 考古学报，2012(2).
⑥ 河南省文物研究所，河南省丹江库区考古发掘队，淅川县博物馆. 淅川下寺春秋楚墓[M]. 北京：文物出版社，1991.

象征。九鼎的归属成为政权更迭的代名词，灭国也已由"毁其宗庙，迁其重器"来代称。《史记·封禅书》载"禹收九牧之金，铸九鼎"，《左传·桓公二年》载"武王克商，迁九鼎于雒邑"，《史记·周本纪》载"周公复卜申视，卒营筑，居九鼎焉"。东周时期楚国强盛，楚王想取周天子而代之，也是以问鼎之轻重来表达自己的野心，《左传·宣公三年》载"楚观兵于周疆，楚子问鼎之大小轻重焉"。

粢盛器，指古代宗庙祭祀时盛放谷物之器，粢盛器是与列鼎搭配的最主要的青铜礼器类别，西周时期主要为铜簋，到东周时期，粢盛器制度发生了较大转变，中原地区以铜簠、敦、盖豆为主，楚国则以簋、簠、盏为主①。如长治分水岭M12随葬铜器组合为鼎、甗、簋、簠、敦、壶、钫、盘、匜等②，粢盛器有簋3件、簠2件、敦2件；分水岭M25随葬的粢盛器有敦2件③；随州曾侯乙墓随葬的粢盛器有簋8件、簠4件；淅川下寺M2随葬有簋2件、簠1件、盏1件。

夏商时期，酒器是青铜礼器的核心，以觚、爵为主。到了周代，统治者鉴于商代亡于酒的教训，颁布了"禁酒令"，如《尚书·酒诰》即是实例，饮酒、盛酒器逐渐退出了历史舞台。西周早中期一些大型墓葬尚随葬有爵、觯、觚、尊等青铜酒器，到西周晚期以后，就只剩下方壶、圆壶为主了④。陕西花园村M17⑤，年代为西周中期，随葬食器有鼎3、簋2，酒器有爵2、觯2、觚1、壶1。到了两周之际的三门峡虢国墓地M2001，随葬酒器组合为方壶、圆壶各2件。东周时期，中原地区的酒器仍以方壶、圆壶为主，而楚地除方壶、圆壶外，还有尊缶。长治分水岭M269、M270，年代为春秋晚期，随葬的酒器均为铜方壶2；淅川下寺M1、M2均随葬有铜方壶2、尊缶2；曾侯乙墓随葬有方壶2、圆壶2、尊缶2。

青铜乐器制度是夏商周三代礼乐制度的重要组成部分。夏代的青铜乐器尚不发达，目前仅发现有铜铃等小件青铜乐器，如二里头遗址84YLVIM11出土

---

① 张闻捷. 楚国青铜礼器制度研究[M]. 厦门：厦门大学出版社，2015.
② 山西省文物管理委员会. 山西长治市分水岭古墓的清理[J]. 考古学报，1957(1).
③ 山西省文物管理委员会，山西省考古研究所. 山西长治分水岭战国墓第二次发掘[J]. 考古，1964(3).
④ 张闻捷. 楚国青铜礼器制度研究[M]. 厦门：厦门大学出版社，2015.
⑤ 陕西省文物管理委员会. 西周镐京附近部分墓葬发掘简报[J]. 文物，1986(1).

有1件铜铃①。到了商代，青铜乐器有了一定的发展，铜铙开始出现并且逐渐成为最主要的青铜乐器。铜铙常成套出现，有3件一套、4件一套、5件一套的组合，依身份等级的不同而使用不同的组合。如殷墟妇好墓出土的铜铙就是5件一套。周代是青铜乐器发展的高峰，钟、镈、钲、铎等青铜乐器均于此时开始出现，最重要的特点是形成了以青铜编钟为核心的乐悬制度。所谓"乐悬"是有关钟、磬乐器在乐队中使用的数量和设置方位的等级规定，即对不同等级的乐队在其编制上的规定不同，乐悬制度是整个音乐制度的基础，并作为政治制度范畴制约着整个周代社会的音乐生活②。西周早期，青铜乐器组合常见单钟的组合，西周中晚期以后，开始多件铜乐器成套出现，组合有甬钟3件或8件一套，镈钟3件一套等。如北赵晋侯墓地M64③，墓主为西周晚期的晋侯邦父，随葬的铜乐器为编钟一套8件；三门峡虢国墓地M2001"虢季"墓，也随葬有编钟一套8件。东周时期，青铜乐器制度更加复杂化，铜乐器数量大增，组合有甬钟、镈钟配套，甬钟、钮钟配套，钮钟、镈钟配套，甬钟、镈钟、钮钟配套等多种组合形式，如随州曾侯乙墓出土乐器计125件，其中青铜编钟65件，包含有甬钟、镈钟、钮钟，出土时依形状大小和音质，分三层有序地悬挂在铜木结构的曲尺形钟架上（图2.8）。

青铜兵器在夏代已经出现，商周时期曾大量铸造，是当时国家机器——军队必不可少的装备，是统治阶级维护政权稳固及征伐扩张的重要工具。夏代发现的青铜兵器较少，仅个别墓葬随葬有单件戈。商代，铜兵器的形制及数量猛增，形制有钺、戈、戣、矛、刀、镞、胄、镦等，以戈为主。依据墓主生前地位的不同，随葬青铜兵器的种类、数量、质地有明显的差别④。当时的统帅和较高级武将，拥有钺、戈、镞；钺、戈、矛、镞或钺、大刀、戈、矛、镞等兵器，数量从数十件至数百件甚至上千件不等，钺和大刀是其统帅权的显著特征。中、低级武官，可拥有戈、矛、镞或戈、镞，矛、镞，戈、矛等成套兵器，数量有10多件。基层的指挥官或小贵族，可配备戈、矛、镞中的两种，但数量一般只

---

① 中国社会科学院考古研究所二里头工作队.1984年秋河南偃师二里头遗址发现的几座墓葬[J].考古,1986(4).
② 张翔.周代乐器组合之观察[J].黄钟（武汉音乐学院学报）,1998(3).
③ 山西省考古研究所,北京大学考古学系.天马—曲村遗址北赵晋侯墓地第四次发掘[J].文物,1994(8).
④ 中国社会科学院考古研究所.中国考古学：夏商卷[M].北京：中国社会科学出版社,2003.

有几件。至于普通的士卒,只配备戈、矛、镞中的一种兵器,如果是戈或矛,最多不超过2件。两周时期,青铜兵器器形有戈、矛、戟、钺、短剑、镞、胄等,仍以戈为主。总体来看,与商代相比,周代墓葬随葬铜兵器的数量大为减少。大中型墓葬随葬兵器有数件至十几件,组合有戈、矛、镞、剑、刀等器形;小型墓葬仅有单戈、单镞或单剑等。

图2.8 曾侯乙墓出土的编钟

(引自《中国大百科全书·考古学》,2002年)

第二节 商至西周时期的铜工业

从夏代晚期开始,我国生产青铜器的技术已基本成熟,青铜器的生产大致可分为两个步骤,第一步是进行选矿、采矿和冶炼,生产出铜锭;第二步是将铜锭运送至铸造之处,进一步加工成各种器类。另外,商至西周时期中原王朝对铜料的控制和运输也可视作铜工业的一部分。

一、铜料的开采和冶炼

目前国内已发现的先秦铜矿遗址按其地理分布,大致可以分为南北两片。

北方地区时代明确的仅见内蒙古林西大井一处，距今约2900年，即西周晚期，另外中条山一带在文献中也有记载，李延祥先生对该地区进行了调查，取得了一定的收获①。南方地区发现的先秦铜矿遗址，可集中划分为三块地区，一是皖南的古铜陵地区，包括今南陵、铜陵两县，计发现铜矿遗址近20处；二是湖南麻阳地区，考古调查发现有古矿井14处；三是位于长江中游大冶—九江地区，包括今湖北大冶铜绿山、阳新港下、瑞昌铜岭等地。除此之外，在宁镇区以及广西北流、浙江绍兴等地也发现有零星的铜矿遗址，但其规模远逊于上述三处。

在先秦史籍记载中，铜料来源最为丰富的地区便是荆、扬二州，《禹贡》称："荆及衡阳惟荆州，……厥贡惟金三品"，郑玄注："金三品者，铜三色也。"这与目前的考古发现基本吻合，以下结合相关的考古发现对商周时期的青铜冶炼进行阐述。

湖南麻阳的古铜矿遗址②共发现13处古矿井，开采面积为32351平方米。除1901号古矿井为露天开采外，其余12处均为矿井式地下开采。其中2202号"老窿"保存较好，"老窿"是沿着矿脉的倾向采矿而形成的，矿井内设置有两排对称的木支柱，井底有的位置上设置有地栿。出土的遗物多为采矿工具，还有一些矿工的生活用器。木器有木槌、木撬棍、木楔、木撮瓢等，铁器有铁锤、铁錾等，另外还有一定数量的生活陶器，如陶罐、陶豆等。根据出土器物的特征，发掘者推测该遗址的年代为战国时期。

湖北大冶铜绿山遗址③，面积约1平方千米，在12个矿体中，至少有9个已被古人开采。已发掘的有地下采区7处，井巷近500条，炼铜遗址3处，冶炼炉多座，出土井巷构件、天然铜块以及各类质料的采矿工具和生活用具等。遗址的年代为西周早期至汉代。近年来，在铜绿山遗址范围内发现一批从事矿业活动人员的墓葬，墓葬的规模和随葬品展现了矿业活动群体的等级及分工的不同，墓地时代始于春秋早期，以春秋中期为主，持续至春秋晚期，具有极高的研究价值④。

---

① 李延祥. 中条山古铜矿冶遗址初步考察研究[J]. 文物（季刊），1993（2）.
② 湖南省博物馆，麻阳铜矿：湖南麻阳战国时期古铜矿清理简报[J]. 考古，1985（2）.
③ 黄石市博物馆. 铜绿山：古矿冶遗址[M]. 北京：文物出版社，1999.
④ 湖北省文物考古研究所，大冶市铜绿山古铜矿遗址保护管理委员会. 大冶铜绿山四方塘墓地第一次考古主要收获[J]. 江汉考古，2015（5）.

铜岭遗址位于江西省九江瑞昌夏畈镇幕阜山东北角①，该遗址的时代从商代早期开始，一直延续到战国时期，是我国目前发现时代明确的最早的矿冶遗址。铜岭矿为铜铁共生矿，埋藏浅，便于开采。遗址分采矿区、冶炼区两部分，采矿区面积7万平方米，冶炼区在矿山脚下，分布范围20万平方米，炼渣堆积厚0.6~3.4米。曾发掘揭露采矿区1800平方米，冶炼区600平方米，共发现矿井108口、巷道19条、露天采坑3处、探矿槽坑2处、工棚6处、选矿场1处、斫木场1处，还有用于矿山管理的围栅设施等。出土各种工具和生活用具400多件。

古铜陵地区大致包括今池州、青阳、铜陵、泾县、繁昌、当涂等市县，是长江中下游平原与皖南山区的交接地带。这一地区的古铜矿遗址十分密集，主要分布在东南部丘陵山地的北麓，遗址一般都坐落在山腰或山坳中。木鱼山遗址为商周时期的一处炼铜遗址②，位于铜陵县朱村乡新民行政村木鱼山自然村村北。遗址西、北两面傍河，南距鸡冠山铁矿约2.5千米，总面积约10万平方米，其文化堆积厚度2~3米，夹杂有灰层、炼渣、陶片等，地表散落有大量的炼渣、红烧土、炼铜炉壁残块等。1974年，当地群众取土时曾发现有100多公斤的铜锭，伴有铜鼎等出土。在遗址北侧的河道内，20世纪70年代当地群众在改田中发现有古代采矿坑，遗址西侧的河道内也常有古代矿井的木支护出土，表明木鱼山遗址冶铜的矿石就来自附近，就地取材。该遗址及附近地区先后发现了20多件古代冶炼的铜锭，经北京大学、中国科学技术大学、中山大学采用科学检测手段进行检测，发现这批铜锭是硫化铜冶炼的遗物——冰铜锭（图2.9），表明了铜陵一带是目前我国发现的最早使用冶炼硫化铜的地区。以往文献记载我国硫化铜使用年代为宋代，这个发现改写了国内使用硫化铜矿炼矿的历史，为研究我国古代硫化铜采冶历史和冶炼先进工艺提供了宝贵的资料。对比国外的考古资料，奥地利阿尔卑斯山的硫化铜矿在公元前1200年左右得以开采，爱尔兰的硫化铜矿开采大约是在公元前1300年，时代基本上与古铜陵地区相当。

---

① 江西省文物考古研究所铜岭遗址发掘队. 江西瑞昌铜岭商周矿冶遗址第一期发掘简报[J]. 江西文物，1990(3).
② 安徽省文物考古研究所，铜陵市文物管理所. 安徽铜陵市古代铜矿遗址调查[J]. 考古，1993(6).

图2.9 铜陵木鱼山遗址出土西周时期的冰铜锭
(引自《铜陵博物馆文物集萃》,2012年)

两周时期古铜陵地区铜的开采进入较快发展期,已经有了成熟配套的采矿、冶炼流程。铜陵、南陵、繁昌、贵池、青阳、泾县等地分布的古铜矿遗址,总面积达2000多平方千米,炼铜遗址内废渣总数达百万吨以上。其中铜陵市周围发现有周代铜矿遗址7处,南陵县发现周代采矿及炼铜遗迹12处。

铜陵市周代炼铜遗址主要集中分布在金山、曹山南侧凤凰山一带,除了木鱼山以外,还有西湖乡的大冲和小冲、凤凰山的万迎山、金榔乡金山盛、金山北坡、岗巴垅6处遗址,遗址面积一般为1万~2万平方米,地表散布大量的炼铜废渣、红烧土块、残炉壁以及各类陶片和原始瓷等[①]。其中木鱼山、大冲、小冲3处遗址集中分布,隔河相望,炼铜废渣散布,范围近1平方千米,是古代一处较大的冶炼场所。

师姑墩遗址的冶铸遗存在西周时期显著增多[②],出土有矿石、支座和较多黏有铜锈的炉壁、炉渣、陶范和石范,其中铜渣、炉壁数量最多,还出土了少量铸造铜器的铅块等,基本涵盖了青铜冶铸的各个环节,如原料、冶铸设施、冶铸废物、浇铸工具、成品等,其中炉渣可分为冶炼渣和熔炼渣两类,证明这个

---

① 安徽省文物考古研究所,铜陵市文物管理所.安徽铜陵市古代铜矿遗址调查[J].考古,1993(6).
② 安徽省文物考古研究所.安徽铜陵县师姑墩遗址发掘简报[J].考古,2013(6).

普通的遗址存在青铜冶炼与铸造，特别是带刻纹的鼎类陶范证实还可铸造工艺较复杂的容器（图2.10）。通过检测可知，西周早中期，师姑墩遗址冶铸活动逐渐增多，出土样品近60件，出现红铜原料，硫化矿—冰铜—铜冶炼工艺基本成熟。随着铅、锡的加入，此时的合金类型发展到6种，西周早中期之际以铅锡合金为主要类型，西周中期含砷铜合金占主要地位，出现了砷、铅、锡、铜四元合金。铜器、铜块、炉渣和炉壁反映的冶铸工艺相互呼应，系统完整。从西周晚期到春秋早中期，出土相关样品的数量仅为西周早中期的三分之一左右，砷铜与锡青铜、铅青铜继续共存，春秋早中期砷铜样品数量更少，说明此时冰铜冶炼技术已经十分成熟。

图2.10　铜陵师姑墩遗址出土的铸铜遗物
（引自《安徽铜陵县师姑墩遗址发掘简报》，《考古》2013年第6期）

南陵县周代矿冶遗址有三个较为集中的分布区域，一是以桂山乡西湖村为中心的大工山北部地区，是古铜矿采冶遗址分布最密集的地区，在约20平方千米的范围内，经调查发现的古铜矿遗址就有16处，其中周代遗址4处，有冷水冲、半边冲、刘家井、水龙湖遗址；二是以戴镇乡江木冲为中心的大工山东南地区，发现有古矿井和冶炼遗址6处，其中周代遗址有江木冲、铁丝岭、炉塘冲、冲口、乔村5处；三是以丫山镇大元岭为中心的大工山西部地区，发现有7处古铜矿遗址，两周遗址有崔家涝、夏家坝、钱村3处，该地区西与铜陵凤凰山矿区相邻[①]。南陵县发现的周代矿冶遗址分布集中，在冶炼遗址附近均未发现采矿点，可推测出当时的铜矿是异地采矿，集中冶炼。冶炼出的铜锭属铜铁合金，从技术上说仍是使用硫化铜矿石冶炼的初级产品，还需要再进行深冶炼才能得到纯度较高的粗铜。

江木冲遗址位于大工山南区，地属戴镇乡。遗址坐落在一条狭长的岗垅上，自马家冲村延至江木冲村，面积约1.5平方千米。遗址西侧有漳河的支流峨岭河流过，南、东两面均为周代土墩墓分布区。遗址上遍布炼渣和红烧土块，堆积最厚处达2米。在此遗址的多处地点发现了炼炉遗迹，应为地面竖炉。发现的炼渣重量多在20公斤左右，最重达41公斤。此类渣块应为一炉一次性排渣形成的堆积，可知当时的炼炉容积并不大。江木冲遗址发现炼铜弃渣共计50多吨，估计当时出铜在5万吨以上。炼出的铜产品为铜锭，多呈菱形，表面粗糙，气孔较多。采集到的铜锭标本最大者重达3.7公斤，最小的重1.1公斤。除冶铜相关遗物外，遗址还采集有铜器、石器、陶器及原始瓷器等。

从以上对各遗址的梳理可知，南方的三个地区以湖南麻阳年代较晚，规模最小。大冶—九江地区铜矿遗址的开采时代与皖南地区相近，时代最早均可追溯到夏代。在遗址规模上两地区也大体相当，但皖南地区的铜矿开采量应大于大冶—九江地区。皖南地区仅南陵江木冲、铜陵凤凰山、木鱼山炼铜遗址内废渣总数至少在50万吨以上，加上其他地点总数至少在百万吨以上，而大冶—九江区的铜绿山遗址，废渣量估计在三四十万吨，加上瑞昌铜岭、阳新港下等处，若增加一倍，即有60万～80万吨。此外，皖南地区与大冶—九江地区的不同之处是后者在商至西周时期是冶铸分离的，如铜绿山矿生产的红铜并不在当地铸

---

① 安徽省文物考古研究所，南陵县文物管理所. 安徽南陵县古铜矿采冶遗址调查与试掘[J]. 考古，2002(2).

造青铜器，而是分运各地的，到了东周时期才发现在铜绿山不远的一些地点有青铜铸造遗址[①]。而皖南地区的铜陵县发现的一些遗址是冶铸并存的，如万迎山、师姑墩遗址，反映了该地区不仅采铜与冶铜技术先进，青铜冶铸技术同样很发达，其重要性应比其他两个地区更大。从以上论述中可以看出皖南地区先秦铜矿的规模之大与地位之重，该地区是我国先秦时期最重要的铜产地之一，为三代青铜文化的繁荣与发达提供了原料支撑。

二、商至西周时期的铜器铸造

商周时期的铸铜遗址，基本分布在政治中心及周边地区，距离铜矿资源较远，功能明确，性质普遍为官营作坊。这种分布特征始于夏代，二里头遗址的铸铜遗址便位于宫城南部不远处。

商王朝建立后，在继承夏代的青铜工艺的基础上继续发展，使中国青铜手工业从发展走向成熟。商代早中期的铸铜作坊主要有郑州商城的南关外铸铜遗址、紫荆山北铸铜遗址，分别位于内城外的南部和北部中部位置[②]。此外，在偃师商城、东下冯商城、盘龙城商城、小双桥遗址及南阳十里铺等地亦发现有与铸铜有关的遗迹、遗物。

南关外铸铜基址位于郑州商城内城外的正南部，南北长约100米，东西宽约80米。烘范窑设在东北隅，铸造场地位于西南隅，二者相距约60米。基址内发现有铜矿石、"坩埚"、炼渣、木炭屑、陶范及铜器、陶器、石器、骨器和蚌器等。南关外铸铜基址"二里冈下层"器形明确的陶范共有36件，其中生产工具镢、斧、刀范32件，约占89%；武器镞范1件，约占3%；容器鬲、斝、爵范3件，约占8%。该基址"二里冈上层"器形明确的陶范共有104件，其中生产工具镢、斧、刀、锥刀范61件，约占59%；武器镞、戈范20件，约占19%；容器鬲、鼎、爵、觚、斝、盆范23件，约占22%。

紫荆山北铸铜基址里发现有6座铸铜工房的房基，出土的有铜矿石、铅块、熔炉残块、炼渣、木炭、陶范和铜、陶、石、骨、蚌器等遗物。紫荆山北基址器形明确的陶范共有46件，其中生产工具刀范19件，约占41%；武器镞

---

① 夏鼐，殷玮璋.湖北铜绿山古铜矿[J].考古学报，1982(1).
② 河南省文物研究所.郑州商代二里冈期铸铜基址[M]//考古编辑部.考古学集刊(第6集).北京：中国社会科学出版社，1989.

范13件，约占28％；容器范12件，约占27％；车轴头范2件，约占4％。

从郑州商城两处铸铜遗址的统计数据来看，商代早中期的青铜器是以生产工具为主，武器和容器数量较少。但从早期到中期，青铜容器的数量在逐渐增多，器类增多，有爵、斝、盉、鼎、觚、鬲、甗、簋、盘、罍、戈、刀、镞等，反映了铸铜工艺水平在不断提高。

商代晚期的铸铜遗址主要分布在殷墟，目前已发现5处铸铜作坊，分布在苗圃北地、孝民屯、薛家庄、小屯村东北地和大司空村南地[①]。苗圃北地铸铜作坊位于小屯宫殿宗庙区的东南约1公里处，从商代迁都殷墟一直使用到商代晚期，发现有制模、制范、浇铸用的场地或房舍遗迹、熔炉遗迹、各式陶范及制范的工具等。出土大量与铸铜有关的遗物，有熔炉、熔铜工具、铸铜工具、制范工具和修饰铜器的工具等类别。熔铜工具主要有熔炉和鼓风嘴等；铸铜工具包括陶范、陶模两大类，出土总数在2万件以上。按出土的外范观察统计，大多数为礼器范，有方鼎、圆鼎、簋、方彝、卣、觯、角、觚、爵等，只有少量的工具范和武器范。用于制范和修饰铜器的工具有铜刀、铜锥、骨锥、骨刮刀、磨石等。遗址中还发现1块方形铜锭，应是在矿场冶铸之后作为铸铜原料运至殷墟的。

孝民屯村西铸铜作坊出土了一批陶范、熔炉残块、铜渣、木炭等，是一处以生产武器和工具为主的作坊。孝民屯村东是一处以铸造青铜礼器为主的作坊，有铸造工作面、大型熔炉残块和数以万计的陶范出土。薛家庄铸铜作坊出土的铸铜遗物有陶范数千块；小屯东北地铸铜作坊出土陶范有觚、爵、簋、盉、鼎、卣、壶、戈、镞、矛、车饰等，并有一些陶模和内范。

殷墟宗庙宫殿区和都城范围内诸处铸铜遗址，都应是商王室直辖的作坊。它们充分展示了商代晚期青铜手工业中冶、铸分离，各作坊间产品已有较明确的专业分工和庞大的规模。大型熔炉和大型陶范的出土，则表明制作大型青铜重器的熔铸技术已经得到解决[②]。商代晚期青铜器种类已相当复杂，包括容器、兵器、乐器、车马器、工具及生活用具、装饰品与艺术品等种类。其中容器有方鼎、圆鼎、鬲、甗、簋、觚、爵、斝、盉、尊、卣、壶、罍、方彝、觯、觥、盆、盂、瓿、缶等；兵器有钺、戈、殳、矛、刀、镞、胄、镈等；乐器主要为铙

---

① 石璋如.小屯·殷墟建筑遗存[M].台北：历史语言研究所，1959.
② 中国社会科学院考古研究所.中国考古学：夏商卷[M].北京：中国社会科学出版社，2003.

和铃；车马器有马衔、马镳、节约、弓形器、各类兽形饰、铜泡、辖、軎、轭、策、辕、轵、辕端饰、踵饰等；工具及生活用具有各式刀、削、斧、锛、凿、锥、锯、钻、铲、舌、鱼钩、镜、杖首、匕、勺、角形器、器座、器柄等。

  近年类似商代方国性质的遗址也发现有铸铜遗址的存在。安徽阜新台家寺遗址①发现了完整的方形围沟、大型建筑、铸铜遗存、奠基坑、祭祀坑、贵族墓葬等重要遗迹，铸铜手工业的相关遗存均在贵族居住区内。发现了一批商代铸铜废弃物填埋坑，坑内堆积有大量的炉壁、陶范和炼渣，出土了1174块铸铜陶范，其中接近700块可以确定为铸造铜容器的陶范，可以辨识出的铜器器类涵盖了铜觚、爵、斝、鬲、圆鼎、方鼎、尊、罍等这一时期主要的商代铜容器器类。湖北黄陂盘龙城是商王朝南部的一处方国都城所在，2013年考古工作者在调查过程中发现城址西侧的台地上有铸铜迹象，发现了一些制作小型生产工具的石范②。

  西周时期是中国青铜时代的重要发展阶段，前期是青铜铸造业的鼎盛时期，青铜器种类繁多，特别是礼乐器，制作精美；后期有了一些新的变化，器形、纹饰都有所发展，出现了很多带有长篇铭文的器物。整个西周，青铜器的数量之多，远超于前代，铸造技术也有新的发展，并趋于规范，反映了代表当时最高技术水平的青铜冶铸业不断发展的状况。目前发现的西周时期最大铸铜作坊遗址是洛阳北窑遗址③，位于洛阳东北郊北窑村西南，面积约十余万平方米，发现有房址及柱基、地下管道、烧窑等遗迹及各类遗物，其中陶范数以万计，大部分是铸铜的外范，以礼器范居多，陶范器形有容器、车马、兵器等类，其中容器居多，车马、兵器少。容器器类有鼎、簋、卣、尊、觚、爵、觯、罍、钟，车马器有辖、軎、銮铃、泡饰。此外，还发现数以千计的熔炉炉壁残块，最大一块炉壁下缘有3处鼓风口，推测当时已用皮囊鼓风。根据对炉壁内壁的岩相鉴定表明当时已广泛使用耐火材料，经测定分析当时熔炉温度达到1200～1250℃。发掘者推测该遗址可能是西周早期官营的宗室铸铜作坊，展现了当时高超的青铜铸造工艺。

  从北窑等地遗址可以看出，西周青铜冶铸技术较以前有了新的发展。熔炉有大、中、小型，器物陶范的种类繁多，冶铸作坊面积大，可同时进行礼器、

---

① 陈冰白，何晓琳.安徽阜南台家寺遗址发现商代高等级聚落[J].中国文物报，2017(4).
② 韩用祥.盘龙城遗址首次发现铸造遗物及遗迹[J].江汉考古，2016(2).
③ 洛阳市文物工作队.1975～1979年洛阳北窑西周铸铜遗址的发掘[J].考古，1983(5).

工具、兵器等各种器类的铸造。特别是大中型熔炉多，并存在多个鼓风口的熔炉，可大大提高铸造效率。范的制作更为精细，外范面料的使用使青铜器表面更为平滑，并可以做出多层次的纤细精美的花纹。

需要注意的是，目前我国商周时期发现的铸铜遗址大多分布在王都或者与王都有密切关系的方国性质的大型聚落，而铜陵地区在夏商时期并未有大型聚落存在，但在二里头文化晚期就发现有铸造铜器的迹象，说明该地区的铜器生产具有特殊的地位。如果说铜陵的师姑墩遗址在夏代就开始铸造铜器是一种推测，而汤家墩遗址就明确地证明了该地区至少在商代晚期就有了铸造活动，该遗址位于枞阳县周潭乡七井行政村菊山自然村南，现存面积约6700平方米，发现有灰炕、灰沟、柱洞等遗迹，出土了铜器、石器、陶器、原始瓷器和印纹硬陶等遗物①。铜器多为小型工具及兵器，器形有凿、锥、镰、镞等。除此之外，还出土有多块绿色铜矿石和铸铜陶范。陶范残片共7块，均为铸造铜容器的范模，可分为两种类型，一种为夹砂红陶，内侧光滑，有弦纹和云雷纹；另一种为泥质灰褐陶，背面不平，内面光滑，呈弧形，并有1~2道弦纹。从铜陵出土的铜器风格也可看出与中原的不同之处，铜墩村出土的爵（图2.11）和斝（图2.12）②在外观和纹饰刻画上近似中原地区的同类器具，但两件器物的腹中内壁有4个对称舌形支钉，这些特征明显不同于中原地区。另外从青铜爵和斝含铁量明显偏高可知，这两件器物是就地铸造的。

三、商周王朝对铜料的控制和运输

商周时期，青铜器是政治权力、社会地位和财富的象征，是获取和维持政治权利的主要工具③。"国之大事，在祀与戎"，统治阶级为了维护统治，必然要铸造大量的青铜礼器和兵器，从而需要大量的铜矿资源。因此，对铜矿资源的争夺与控制是三代统治者关注的重点，有学者认为，夏商周三代都城的屡迁，一个重要目的"便是对三代历史上的主要政治资本亦即铜矿与锡矿的追求"④。

---

① 安徽省文物考古研究所.安徽枞阳县汤家墩遗址发掘简报[J].中原文物，2004(4).
② 张国茂.安徽铜陵地区青铜文化简论[J].东南文化，1991(2).
③ 夏鼐.中国文明的起源[M].北京：文物出版社，1985.
④ 张光直.中国青铜时代[M].北京：生活·读书·新知三联书店，1990.

图2.11　铜墩村出土的铜爵　　　　图2.12　铜墩村出土的铜斝

(引自《皖南商周青铜器》,2006年)

有研究者采用改进的微量元素示踪法探讨了辽西地区,安徽境内的滁州何郢遗址、淮北地区及皖南沿江的铜陵、南陵、繁昌等市县,山西侯马的上马、柳泉东周墓地以及陕西扶风李家西周铸铜遗址等地青铜器样品的矿料来源。研究发现,安徽境内的青铜器所用铜矿料主要来自长江中下游的古铜矿,辽西地区的青铜器矿料主要来自大井铜矿或其周边铜矿,同时侯马青铜器与大井铜矿微量元素特征具有很大的相似性,暗示着大井铜矿有可能曾经输入到中原地区,并进一步指出,中原王都附近,作为先秦时期的青铜器铸造中心,其所用矿料可能主要来自南方的长江中下游铜矿、山西中条山铜矿以及内蒙古林西境内的大井铜锡矿床[①]。

夏商两代分别在二里头、郑州商城与偃师商城建都,从地理位置看,三个都城均位于利于农业生产的冲积平原。但夏商王朝建都地点也有共同缺陷,就是缺少自然矿产资源如铜、锡、铅等,这些都是在中心城市中进行青铜器制造并供养大量生产人口所必不可少的战略物资。为了保障自然资源的供给,早期国家必然会在周边寻找资源丰富的地区,并将其政治军事力量延伸过去。在这

---

① 魏国峰. 古代青铜器矿料来源与产地研究的新进展[D]. 合肥:中国科学技术大学,2007.

些资源丰富的地区建城是早期国家为控制和获取资源以保障中心都城而建立供给网络中的重要部分①。夏代向晋南地区扩张，形成了二里头文化的东下冯类型，很有可能是为了占有该地区的铜料资源。

商王朝代夏后，继续经营晋南地区，在当地筑有垣曲商城，中条山地区仍为商王朝的铜料来源地。但商王朝在早期已经开始向南方扩张，为获取更丰富而优质的铜料资源，其中在湖北黄陂筑有盘龙城城址，就有对长江流域的铜矿资源开采和利用的因素在内。有学者对淮北地区的青铜器样品进行分析，发现所用铜料主要来自长江中下游铜矿，其中有两件是商代的器物，说明长江中下游铜矿在商代就已输出到淮河以北，到达商王朝的疆域之内，表明商王朝对长江中下游铜矿已有一定的控制，完全有可能将其进一步输入到中原王都②。湖北铜绿山、江西瑞昌铜岭及皖南的铜陵、南陵极可能已被商人控制，长江中下游铜矿在先秦时期已输出到淮河、黄河流域，是中原青铜器铸造中心所需铜料的主要来源之一。

西周建国后，青铜礼器在国家政治及礼仪活动中的重要性增强，周代青铜礼器从制作到流动至各级贵族手中，均有严格规定③。周代贵族获得铜礼器的来源，除了周王赏赐外，大多数青铜器需要贵族个人出资向王室工房购买。此外，通过战争获得他国青铜器，诸侯国间势力不均衡导致的贿器现象也较常见，贵族嫁女陪嫁的媵器等行为，这些均是青铜器的流通方式。由于青铜礼器在国家政治活动中的重要地位，使得铜矿的开采到器物的生产与管理，都受到国家更严密的控制。据文献记载，周代的铜矿资源有专人看守。《周礼·卝人》记载卝人的职责是"掌金玉锡石之地，而为之厉禁以守之"。青铜器的流动与周代的贡制密不可分，诸侯根据自己的物产向周王朝缴纳铜料等贡物④。各地的铜矿石被开采出来之后，多被冶炼成铜锭作为贡赋，经过有组织的运输，到达国家控制的青铜器作坊。《尚书·禹贡》载"厥贡惟金三品"，说的就是荆州、扬州向中央王朝进贡铜等资源，铜陵地区在夏、商、周三代时即属于荆州地域，是周王室重要的铜料来源之地。铜陵已出土了20多件古代冶炼的铜锭，可能就是外运的遗留。

---

① 刘莉，陈星灿. 城：夏商时期对自然资源的控制问题[J]. 东南文化，2000(3).
② 魏国锋. 古代青铜器矿料来源与产地研究的新进展[D]. 合肥：中国科学技术大学，2007.
③ 袁艳玲. 周代青铜礼器的生产与流动[J]. 考古，2009(10).
④ 袁艳玲. 周代青铜礼器的生产与流动[J]. 考古，2009(10).

周初大分封，大部分封国均集中分布在中原地区。周王朝在偏居一隅的江淮之地分封有吴国，除了考虑到加强东南边疆地区的统治外，对当地的铜矿资源的控制和利用应该也是重要的原因。

周代是古铜陵地区铜料北输中原最集中的时期，考古发现，西周时期铜陵地区采矿冶炼遗址的大量增加，产铜量剧增，当地尚未发现大型的铸铜作坊，但有一些铜锭的出土说明当地铜资源并不是本地使用，应主要北运至王朝统治中心。到了西周中晚期，周王室衰微，对边疆地区的控制力减弱，金锡之贡往往得不到保证，周王室为了获取南方的铜资源，曾采取大规模的军事行动打击淮夷和荆蛮，或者是向吴国征收铜的纳贡，西周至春秋时期的铜器铭文中常见有相关的记载：

《过伯簋》铭曰："过伯从王伐反荆，俘金，用作宗室宝尊彝。"（图2.13）记载了周昭王南征事宜。

《翏生盨》铭曰："王南征淮夷，伐角津……翏生从，执讯折首，孚（俘）金，用作旅盨。"记载了周厉王伐淮夷的战争。

《师衮簋》铭曰："左右虎臣征淮夷……殴孚（俘）士女牛羊，孚（俘）吉金。"（图2.14）记载了周宣王伐淮夷的战争。

图2.13 过伯簋及其铭文

图2.14 师衮簋及其铭文

《曾伯簠》铭曰:"克狄淮夷,印燮繁汤,金道锡行,具既卑方。"(图2.15)这是春秋时期的器物,其中的"金道锡行"是指以金(铜)锡入贡或交易之路。

图2.15 "金道锡行"铭文

古人称铜为金,"俘厥金""俘吉金""俘金"均指通过战争掠夺到的铜料。地处淮河下游的"淮夷"与古铜陵地区隔江相望,中原地区的周王朝不断向江淮地区用兵,其目的不仅仅是掠地,更重要目的是征服淮夷人,为掠取江南古铜陵地区的铜料打通"金道"。"金道锡行"说明了商周时代地方向朝廷进贡物品和商人的铜料交易之路已经畅通。江淮地区至今尚未发现夏商周至战国时期的矿冶遗址,而一江之隔的古铜陵地区却发现数十处先秦矿冶遗址,因此,古人所称"南金""吉金"有可能是专指淮夷对江的古铜陵地区所产铜料,相传先秦时期中原地区通吴越,是从江淮之地的枞阳过江,经过古铜陵地区,沿河经陵阳,越黄山,由皖南歙县运钱塘江而抵会稽山。古铜陵地区是江淮通吴越的古代长江渡口,地区铜资源又比较丰富,铜产量在商周两代规模最大,商周两代统治者多次征伐江淮地区的淮夷,其目的是为打造运输铜料的通道,保障北输中原的南方铜料源源不断地运往京都铸造青铜器。商周两代,古铜陵地区同荆州地区一直是我国重要的产铜之地,尤其是古铜陵矿区规模较大,加之铜料到中原大地的通道又十分便捷,成为商周特别是周王朝"伐南淮夷"的目的地和纳贡铜料的主要基地。

有学者通过对商代青铜器铅同位素比值的分析,并结合商周时期相关的文献记载、青铜器铭文等资料,推断出商代的主要道路网,其中通往长江中、下游地区的道路可称之为"铜路"[1],主要有三条:① 沿熊耳山东麓,通过南阳盆地,穿越随枣走廊,抵达长江中游,再顺江到下游;② 基本与现在的京广铁路线平行,越过大别山、桐柏山隘口,然后沿溠水、㵐水抵达长江中游,再顺江到下游;③ 到皖南的道路也可以走:安阳—原阳—商丘—永城、宿州—淮河流域—皖南。

实际上商代的"铜路"是结合较多周代的文献和考古资料进行恢复的,这条道路在周代也应大体如此。

第三节 铜陵——西周王朝的重要封地

西周王朝建立后,进行了大分封,实施家天下的统治模式。在诸多的封国中,吴国是其中较为重要的封国,铜陵处于吴国疆域之内,正是该地区丰富的铜资源使得吴国在两周时期的地位十分超然。

以往学界对于西周分封诸国的讨论较多,主要集中在制度方面的探讨,实际上周初的分封既有"以蕃屏周"的作用,另外还有政治、经济等方面的考虑,特别是在资源的获取方面。对于西周分封诸侯到各地的意图,杨宽[2]、许倬云[3]等先生均有一定的论述,本书结合学界的研究成果对这一问题进行探讨。我们在此挑选齐、管、燕、晋、吴这几个国家进行对比分析。

齐国是西周王朝分封在东方的异姓大国,《史记·周本纪》载:"武王……于是封功臣谋士,而师尚父为首封。封尚父于营丘,曰齐。"实际上,周初王天下,是以武王伐纣为标志的,此时的分封大多是名义上的"册封",因为在克殷

---

[1] 孙亚兵,林欢.商代地理与方国[M].北京:中国社会科学出版社,2010:253.
[2] 杨宽.西周史[M].上海:上海人民出版社,2000.
[3] 许倬云.西周史[M].北京:生活·读书·新知三联书店,1994.

之后，天下并没有完全安宁。许倬云先生就认为，这种分封的策略意义大于拓疆建国的政治意义。武王对姜尚的分封之地在当时还为薄姑氏的居住之地，《左传·昭公二十年》载："昔爽鸠氏始居此地，季则因之，有逢伯陵因之，薄姑氏因之，而后，太公因之。"姜太公一族的就国时间应在成王时期，《汉书·地理志》载："至周成王时，薄姑氏与四国作乱，成王灭之，以封师尚父，是为太公。"①齐国之地在商代为东夷族的核心分布区，东夷族的势力强大，与商王朝有长时间的相互征伐，周王朝将姜尚封于此处正是出于战略布局的考虑，使齐、鲁两国能够形成掎角之势，牢牢控制东方，并继续向东拓展疆域，直至海滨②。《左传·僖公四年》载管仲语："昔召康公命我先君大公曰：'五伯九侯，女实征之，以夹辅周室。赐我先君履，东至于海，西至于河，南至于穆陵，北至于无棣。'"在这片广阔的区域内，其重要的资源是盐。姜太公就国后，便"通商工之业，便鱼盐之利"，《管子·轻重篇》载："孟春既至，农事且起。大夫无得缮冢墓，理宫室，立台榭，筑墙垣。北海之众无得聚庸而煮盐。"这些都说明了齐地盐业的兴盛。目前相关的盐业遗址也得以被大量调查和发掘③，证明了该地区自龙山时期开始便成为"煮盐为业"的重要基地，其中发现了大量煮盐用的"盔形器"的时代多为晚商至西周时期。

管、蔡、卫等国处于中原腹地，为商代统治核心地带。《史记·管蔡世家》载："武王已克殷纣，平天下，封功臣昆弟。于是封叔鲜于管，封叔度于蔡；二人相纣子武庚禄父，治殷遗民。"④《逸周书·作洛解》云："武王克殷，乃立王子禄父傅守商祀，建管叔于东，建蔡叔、霍叔于殷，傅监殷臣。"殷都在安阳一带，管城应在南边，而非文中的东边。《汉书·地理志》云："河内本殷之旧都，周既灭殷，分其畿内为三国，诗风邶、庸、卫国是也。邶，以封纣子武庚；庸，管叔尹之；卫，蔡叔尹之；以监殷民，谓之三监。"⑤这些文献记载均说明了一个问题，那便是商的内服之地所封的诸侯，其目的便是监视殷代遗民。

燕国在周王朝的最北边，都城在今北京市西南的琉璃河遗址。关于燕国的

---

① 班固.汉书：卷二十八下[M].中华书局，1962：1659.
② 任伟.西周封国考疑[M].北京：社会科学文献出版社，2004：59.
③ 山东大学盐业考古队.山东北部小清河下游2010年盐业考古调查报告[J].华夏考古，2012(3).
④ 司马迁.史记：卷三十五(管蔡世家)[M].北京：中华书局，1959：1564.
⑤ 班固.汉书：卷二十八下(地理志下)[M].北京：中华书局，1962：1647.

分封，最明确的记载见于《史记·燕召公世家》："召公奭与周同姓，姓姬氏。周武王之灭纣，封召公于北燕。"①但召公就国的情况和姜尚一样，均是先有名义上的分封。西周初建时，召公为三公，"自陕以西，召公主之，自陕以东，周公主之"。召公就国应该是在成王即位以后，《尚书序》曰："武王薨，三监及淮夷叛。""三监"指的是管叔、蔡叔和霍叔，这场叛乱把殷王子禄父也卷入进去，《逸周书·作雒解》云："殷大震，溃降。辟三叔，王子禄父北奔。"成王即位后，派召公北伐，由此其政治势力到达了"北燕"之地。西周铜器"小臣𧊒鼎"上的金文有相关的记载："召公往燕，休于小臣𧊒贝五朋，用作宝尊彝。"②所以，周王朝封召公于燕地的目的是为了征伐殷商后裔，并稳定北境。

晋国的始祖为唐叔虞，《史记·晋世家》云："晋唐叔虞者，周武王子而成王弟。""封叔虞于唐，唐在河汾之东，方百里，故曰唐叔虞。姓姬氏，字子于。"③对于唐叔虞的地位和分封于晋的原因，《左传·定公四年》载："分唐叔以大路，密须之鼓，阙巩，沽洗，怀姓九宗，职官五正。命以《唐诰》而封于夏墟，启以夏政，疆以戎索。""唐叔受之，以处参虚，匡有戎狄。"由此可知，唐叔受封的不仅有大量的礼乐重器，而且还有"怀姓九宗"以及国家的职官，唐叔受封至唐的重要使命是"匡有戎狄"，足见周王室对其的重视④。

最后我们来分析一下吴国的分封及其地位。吴国始于太伯，《史记·吴太伯世家》载："吴太伯，太伯弟仲雍，皆周太王之子，而王季历之兄也。季历贤，而有圣子昌，太王欲立季历以及昌，於是太伯、仲雍二人乃奔荆蛮，文身断发，示不可用，以避季历。季历果立，是为王季，而昌为文王。太伯之奔荆蛮，自号句吴。荆蛮义之，从而归之千余家，立为吴太伯。"⑤太伯并不是周初分封的诸侯，到了周武王克殷之后，"求太伯、仲雍之后，得周章。周章已君吴，因而封之。"根据《史记》的记载，太伯无后，周章乃仲雍的曾孙。从表面上看，太伯奔吴是在周王朝平定天下之前，其分封与其他诸侯的"以蕃屏周"的职能也有很大不同。实际上却有密切的联系，根据徐中舒先生的研究，他认为"周人初盛之时，决不能与殷商有正面的冲突。于是周人派太伯、仲雍首先征服江汉

---

① 司马迁. 史记：卷三十四（燕召公世家）[M]. 北京：中华书局，1959：1549.
② 陈梦家. 西周铜器断代（二）[J]. 考古学报，1955：10.
③ 司马迁. 史记：卷三十九（晋世家）[M]. 北京：中华书局，1959：1635.
④ 任伟. 西周封国考疑[M]. 北京：社会科学文献出版社，2004：82.
⑤ 司马迁. 史记：卷三十一（吴太伯世家）[M]. 北京：中华书局，1959：1445.

流域之小国，以培养周人的国力，以图日后再克大邑商。"①那么太伯奔吴的地望在何处？徐先生认为最初是在江汉地区，后来向东迁徙于吴。不过学界多数认为吴国建国之处应在长江下游的江苏一带。李伯谦先生根据该地区发现的湖熟文化以及土墩墓的基本特征，认为吴文化的发源地在皖南、宁镇一带②。综合以上的信息，我们不难发现，太伯最初立国于皖南、宁镇一带有一定的目的性。相比较于中原、海岱一带，吴地称不上富庶之地，《吴越春秋·阖闾内传》载吴王光对伍子胥言："吾国僻远，险阻润湿，又有江海之害，君无守御，民无所依，仓库不设，田畴不垦。"那么吴太伯到了此地，培养周人的国力，只有依靠本地丰富的铜资源了，前文我们已经谈到，商代时期中原王朝已经开辟了连通此处的"铜路"，那么太伯奔吴的主要动因便十分明朗了。

前文我们谈过，江淮地区的铜料产地主要有安徽铜陵、江西瑞昌以及湖北大冶铜绿山，值得注意的是，除了铜陵一带是属于太伯最初建立的吴国外，其他地区在周初的大分封中均没有建立相应的封国，这就充分展现了周王室对皖南一带铜矿的重视，另外汉代的铜镜铭文中的"善铜出丹阳"充分阐释了该地区铜料的优质。这些均说明了吴国在西周时期虽然偏居于东南之隅，并被认为有"江海之害""田畴不垦"，但拥有铜陵地区的铜矿资源则使其本身的地位十分超然，是西周王朝最为重视的封国之一，也为后来东周时期吴国的崛起和争霸中原奠定了基础。

---

① 徐中舒.殷周之际史迹之检讨[M]//历史语言研究所集刊.北京：中华书局，2009.
② 李伯谦.吴文化及其渊源[J].考古与文物，1982(3).

第三章

方兴未艾

吴国争霸与铜资源的利用

东周时期，政治分裂，列国实力上升，诸侯、卿大夫等贵族竞相铸造青铜器，以此显示权力和财富。随着礼乐制度被破坏，青铜器的使用更为广泛，已深入社会生活的各个领域，地方色彩也日渐浓厚[①]。大量的考古资料表明，东周时期的青铜器较西周时期的青铜器，无论是在铸造技术，还是在装饰工艺上，都有明显的创新和进步。尤其值得注意的是，东周时期江南地区的青铜冶铸业发展迅猛，吴、楚等国凭借铜陵等地的铜资源称霸一方，发展出了较高水平的青铜文化。

---

① 中国社会科学院考古研究所. 中国考古学：夏商卷[M]. 北京：中国社会科学出版社，2003.

第一节　东周时期的吴国概况

吴国于商末周初立国，自立国以来一直僻居荆蛮，统治区域主要在今天的江苏南部宁镇地区，与中原地区联系并不十分密切，相关的文献记载也仅有寥寥数语。西周时期吴国的文化相对较落后，《左传》记载周太伯曾以周礼治国难以为继，卒后，其弟仲雍继位，改弦易张，开始从俗而治，取得巨大成功[①]，吴国在当时与楚国一样，被中原列国视为蛮夷之地。

平王东迁，周室衰落，中国大地上出现了一个长达数百年的大国争霸局面，有学者将其称为霸主政治，认为整个春秋时代就是一个霸权迭兴的时代[②]。而在春秋早中期，争霸的国家主要为地处中原及南方的齐、晋、楚等国，僻居东南的吴国一直游离在霸主争夺圈之外，这与吴国的地缘位置及其自身政治、经济、文化的落后有很大关系。至春秋中期偏晚吴王寿梦时，吴国才开始渐渐兴盛起来，"吴于是始通于中国"，并与中原地区联系逐渐增多。《史记·吴太伯世家》载"寿梦立，而吴始益大，成王"，寿梦即位的时候，正是中原大国激烈争霸的时期，寿梦敢于同中原诸侯抗衡称王，正显示了吴国的实力。吴王寿梦二年，楚国流亡在外的大夫申公巫臣怨恨楚国大将子反，逃到晋国，由晋出使吴国，"教吴乘车，教之战阵，教之叛楚"，教给吴国用兵和车战之法，吴国的军事力量迅速发展，并开始对外用兵，与楚国相抗衡。《左传·成公七年》载"吴始伐楚、伐巢、伐徐……蛮夷属于楚者，吴尽取之"。到吴王僚时，吴屡败楚君，以致楚国大臣伍子胥来投归。吴国与各国联系开始加强，文献也有记载，史载寿梦之子季札曾至中原各国进行聘问，对各国的礼乐文化进行考察，结交各国的贤士能臣，并对各国国势的兴衰做出了精准的预测。季札因其贤明及美德备受孔子推崇，从侧面反映了吴国在春秋中晚期礼乐文化上有了较大的发展，其文化之发达足以与中原诸国媲美。

吴王阖闾网罗了伍子胥、孙武等一批卓越人才，"任贤使能，施恩行惠"，对吴国政治、经济、军事、文化进行革新。阖闾任用伍子胥为"行人"并与其"共谋朝政"，采用伍子胥提出的"兴霸成王，从近制者必先立城郭，设守备，

[①] 张志鹏.吴越史新探[D].开封：河南大学，2012.
[②] 赵鼎新.霸权迭兴的神话：东周时期战争和政治发展[J].学术月刊，2006(2).

实仓廪，治兵库"的治国方略，在军事上任用军事谋略家孙武，国力大为增强，在与楚国的争霸中逐渐占据上风，取得了柏举之战的胜利，攻占楚都，楚国几乎灭亡。吴国"西破强楚，北威齐晋，南服越人"，成为霸国之一。

吴国打败楚国后，就开始转向攻打南边邻国越国。越国在吴国攻打楚国时趁机伐吴，吴国已开始与越国交战。在吴越争霸战争中，吴王阖闾因伤而亡。夫差继位后，继承其父遗志，继续采用富国强兵的策略。吴王夫差二年（公元前494年），吴军在夫椒大败越军，越国请和，与吴国签订盟约，作为吴国的奴仆之国。吴国在连续打败楚、越，称霸南方后，开始北上与中原诸国争雄，多次打败强齐及鲁国，在公元前482年，吴王夫差与诸侯在黄池会盟，欲霸中国以全周室，吴国的争霸事业达到了巅峰。

越国在吴国北上争霸之际休养生息，趁吴王在黄池的机会，猛然伐吴，分兵两路而进，大败吴军，斩获吴太子友等，攻入了吴都，吴王急忙回国，与越讲和。公元前478年，越人又乘吴国荒年伐吴，吴王起兵抵御，越王创制"左右句卒"，吴人分兵抵敌，越王暗领大军渡水，突犯吴的中军，吴兵大乱，越兵乘势大败吴军。公元前475年，越王突然大举攻吴，把吴都围困了三年，吴王夫差自缢而死，吴国最终被越国灭掉。

西周时期，吴国的疆域较小，主要在今天江苏的苏州、无锡一带。到春秋中期，吴国逐渐强盛，开始向外扩张，从吴楚交战的文献记载来看，吴国主要是向西扩展，向西已达今河南永城、安徽亳县、河南新蔡和固始、安徽芜湖一线，其西部边界主要维持在安徽以西。春秋晚期，吴国疆域达到最大规模，除继续向西扩展外，主要向南北两翼扩张，其西部疆界可达安徽中部以西、与河南交界一线，向南一度维持在今钱塘江一线，北部疆域已至淮水以北，与齐鲁接壤①。

吴王余祭时（公元前545年），"齐相庆封有罪，自齐来奔吴。吴予庆封朱方之县，以为奉邑"，这是吴国设县的开始。《史记·吴太伯世家》记载庆封奔吴后"富于在齐"，说明吴国的县也不小。至少在吴王阖闾时期，吴国已开始设郡，《艺文类聚·吴郡志》引《吴越春秋》记载"阖闾死，葬于国西北……积壤为邱。发五郡之士，十万人共治"，《左传》也记载鲁哀公十一年，吴王夫差发九郡的兵伐齐。根据吴国"发五郡之士，十万人共治"等记载来看，吴国的郡

---

① 曾惟华.试论先秦时期的吴国文化[J].学术月刊，1989(11).

所辖面积应该很大，郡大于县已是不可否认的事实，郡的地位已明显超出其县的地位，不仅具有军事意义，而且它还是不同于采邑制的广泛的新型地方组织，极大地加强了中央集权[①]。吴国的县郡制一般认为是模仿晋、楚而来[②]，但也有学者认为吴国创立郡制的年代早于晋国，吴国郡制普及程度更高，奠定了战国郡县制的基础[③]。

从继承制度上看，吴国和中原诸国也有很大不同，中原列国中普遍采用周礼治国，实行周人传统的嫡长子继承制。而吴国"断发文身，裸以为饰，岂礼也哉"，在西周至春秋中期以前应该主要采用的是兄终弟及的继承制度。吴国的历史有年代可考是从吴王寿梦开始的，有学者将吴国世袭分为三个阶段，第一阶段自太伯建国至寿梦之立，计19传，约500年。除太伯传仲雍为兄传弟外，其余均为传子，经过分析，学者提出了质疑，认为文献记载可能并不可信；第二阶段自寿梦自立至王僚之卒，共70年，先后有寿梦、余祭、余昧、王僚4传，仍采用兄传弟的继承制度，并传后立弟之子；第三阶段是阖闾杀王僚自立至越灭吴，2传，即有阖闾及夫差二人，随着经济的发展和与中原诸国频繁的经济文化交流，吴国逐渐缩小了在上层建筑领域内与中原诸国的差距，由弟及为主制到采用嫡长子继承制[④]。

吴国在春秋中晚期军事实力很强，除了兵器精良外，吴国军队的种类、数量都较为众多。吴国积极向中原地区学习其军阵战术，并任用大军事家孙武。除陆军外，吴国结合地处水乡的地理环境，创建了一支船军即水军部队[⑤]。吴国的船军成为当时列国最强大的水军，在破楚伐齐的各大战役中，发挥重大作用。它不但行驶于江湖，而且行驶于海上，吴王夫差派徐承"帅舟师将自海入齐"，可谓中国海军的鼻祖。在黄池之会时，夫差"为带甲三万以势攻"，家中尚留部分兵力由大子友、王子地、王孙弥庸、寿於姚防守越国，王孙弥庸有"属徒五千"，大子友、王子地所属队伍也不会少于此数，那么四人合计所率留守部队在两万人左右，合计吴国约有士兵五万人。吴国此时实力略超过晋国。按三百士

---

① 张晓芳. 春秋吴国郡县制考论[J]. 边疆经济与文化, 2008(9).
② 童书业. 春秋史[M]. 北京: 商务印书馆, 2010.
③ 张晓芳. 春秋吴国郡县制考论[J]. 边疆经济与文化, 2008(9).
④ 王恩田. 吴国继承制度剖析[J]. 东南文化, 1992(2).
⑤ 肖梦龙. 论吴楚文化的交融[J]. 苏州科技学院学报(社会科学版), 2005(2).

兵与五千民众之比，此时吴国应有八十五万人口[①]。

汉代杨雄的《方言》，将吴越划分为同一语言区，且吴越的语言与中原是不相通的。吴国的习俗与中原地区也大有异处，《谷梁传·哀公十三年》载"吴，夷狄之国，祝发文身"[②]。

吴国的手工业和经济较为繁荣，史书记载"吴国甚富而财有余"。吴国的青铜冶铸业十分发达，尤其以青铜兵器的铸造闻名全国。吴国在吸收中原诸国及楚国的青铜器铸造技术及风格的基础上，结合本地土著文化，生产出了独具特色的青铜器皿，并创造性地发明了薄胎刻纹铜器。吴国的几何印纹硬陶和原始瓷器也较中原地区发达。吴国盛行土墩墓及墓葬中普遍随葬的有印纹硬陶器和原始青瓷器的丧葬习俗，这也与中原地区迥异。

第二节　吴国青铜业的繁荣

东周时期，群雄逐鹿。青铜器仍是社会政治、军事和礼仪的重要内容，各国都城内或附近基本都设有青铜铸造场所，并不断提高自身的生产技艺。其中吴国体现得较为明显，根据史书记载，吴越地区的兵器铸造最为发达，这也是吴国能够在春秋时期称霸的主要原因之一。

一、东周时期青铜业的基本概况

东周时期的铜矿冶遗址见于报道的地点，多分布在长江流域，基本上延续了商至西周时期的状况，包括湖北铜绿山、江西铜铃遗址等。古铜陵地区是吴国乃至全国最重要的铜矿资源地，众多商周时期的铜矿冶炼基地继续使用，如师姑墩遗址、江木冲遗址，春秋时期的冶铜遗址有万迎山遗址等多处。

万迎山遗址位于铜陵县新桥乡凤凰行政村北约100米处的万迎山的南坡，现存面积约5万平方米，遗址地表散落有大量的炼渣、红烧土及炼铜炉壁残块，炼渣厚的地方可达2~3米。在凤凰村附近曾出土一件舌形石范，遗址南部凤凰山西坡曾发现有春秋时期的青铜器窖藏坑，出土有菱形铜锭，形制与木鱼山出土的铜锭相同。由此可以推断，凤凰山遗址在周代可能为一处综合性的采矿、

---

① 于长青.浅析春秋时期的人口状况[J].河北青年管理干部学院学报，2003(3).
② 曾惟华.试论先秦时期的吴国文化[J].学术月刊，1989(11).

冶炼和铸造场所，结合原矿品位和渣量总吨位估计，仅万迎山一处冶炼提取的铜在万吨左右，按当时1米×0.7米规格的小炼铜炉的生产能力而言，可以想象当时生产规模之大，时间跨度之长。

先秦时期铸铜遗址，都分布在政治中心及周边地区，距离铜矿资源较远，功能明确，性质普遍为官营作坊。除官营作坊外，还存在一些小型的地区性作坊，如铜陵地区的师姑墩遗址，冶铸遗物特征为合金类型繁杂，合金配比无严格要求，小件铜器以铜镞等兵器为主，与三代时期的官营作坊有明显的区别。东周时期的铸铜遗址在山西晋都侯马、郑韩故城、曲阜鲁故城、临淄齐故城、楚国江陵纪南城等地均有发现。

侯马铸铜遗址位于侯马市西北牛村古城南[①]，面积4.7万多平方米。时代为春秋中期偏晚至战国早期，为晋国铸造铜器的主要地点。遗址内发现房址、水井、灰坑、窖穴、陶窑、烘范窑以及熔铜炉、鼓风管、坩埚、陶范、铜锭、铅锭等遗存。出土陶范的数量多达5万余块，其中完整或能配套的近千件。陶范铸件种类有礼器、乐器、兵器、工具、车马器、货币和生活用具等，可辨识的器形有鼎、鬲、壶、簠、豆、鉴、舟、匜、编钟、剑、戈、矛、镞、空首布、带钩、镜等。陶范的纹饰繁复，包括人形、蟠螭、兽面、龙、凤、虎、牛、花朵、垂叶、绚索、云纹、三角菱形纹等25种，其中蟠螭纹最为常见（图3.1）。侯马铸铜遗址面积大，内容丰富，不同产品在不同区域内铸造，反映了当

图3.1 侯马铸铜遗址出土的蟠螭纹陶范

（引自《侯马铸铜遗址》,1993年）

[①] 山西省考古研究所. 侯马铸铜遗址[M]. 北京：文物出版社，1993.

时在铸铜手工业内部已有较细的分工，铸铜工艺及技术也有显著进步。

郑韩故城发现的郑国冶铸遗存位于城址东部，在大吴楼、中行与城市信用社三地发现有铸铜遗址，出土遗物有大量铜炼渣、木炭、熔铜炉、鼓风管、陶范等。这三处遗址均始于春秋中期，但铸造的产品有明显的区别，其中大吴楼铸铜遗址以铸造青铜工具和兵器为主，也有少量的青铜礼器和钱币；中行铸铜遗址则主要铸造青铜礼器，兼有少量的工具、钱币及兵器（图3.2）。韩国冶铸遗址在大小城内均有发现，主要分布在大吴楼、中行、仓城和梳妆台等地，大吴楼和中行遗址沿用郑国的铸铜遗址，以铸铁为主，兼铸铜钱；仓城冶铸遗址主要铸造铁制工具和兵器，农具占多数；梳妆台铸铜遗址位于宫城内，主要铸造青铜礼乐器[1]。

曲阜鲁故城的冶铜遗址位于城北盛果寺村的西北部（图3.3），遗址东西约350米，南北约250米，出土有铜渣、红烧土和砂质陶范，遗址的时代从西周一直延续到春秋时期[2]。

楚国江陵纪南城的铸铜遗址位于城内西南部新桥区的陈家台遗址，其西北边和东边各发现铸炉1座，发现有铜/锡炼渣、鼓风管、红烧土块等，时代属战国时期[3]。

青铜铸造方面，东周时期仍以泥范法为主，传统的浑铸、分铸技术进一步提高，多种方法综合利用。失蜡法、叠铸法以及模印范铸法的出现是东周时期青铜铸造工艺的重大进步[4]。范铸法是利用模和范作为主要工具来铸造青铜器。范铸法又称模铸法，首先制作范（可以模制范，也可直接制范），再熔化金属，将金属液浇铸入范腔里成型，冷却，脱范后再经清理、打磨加工，最后制成金属铸品[5]。根据制范的材质不同，中国古代青铜器的范铸法分为石范铸造、陶（泥）范铸造、金属范铸造。金属范铸造包括铜范铸造和铁范铸造。

中国青铜时代的青铜器成型技术主要是铸造，其主流又是陶范铸造。陶范铸造，也称为泥范铸造，是将金属熔炼成符合一定成分要求的液体并倾倒入预

---

[1] 陈钦龙.东周郑韩文化的考古学研究：以郑州地区都城和墓葬材料为中心[D].郑州：郑州大学，2016.

[2] 山东省文物考古研究所，山东省博物馆，济宁地区文物组，曲阜县文管会.曲阜鲁国故城[M].济南：齐鲁书社，1982.

[3] 湖北省博物馆.楚都纪南城的勘查与发掘：上，下[J].考古学报，1982(3—4).

[4] 中国社会科学院考古研究所.中国考古学·夏商卷[M].北京：中国社会科学出版社，2003.

[5] 万红，熊博文，卢百平.论中国古代青铜器的范铸法[J].铸造技术，2015(9).

先制好的陶质铸型中，经冷却凝固、清整处理后得到有预定几何形状和物理化学性能的器件的铸造工艺过程[①]。

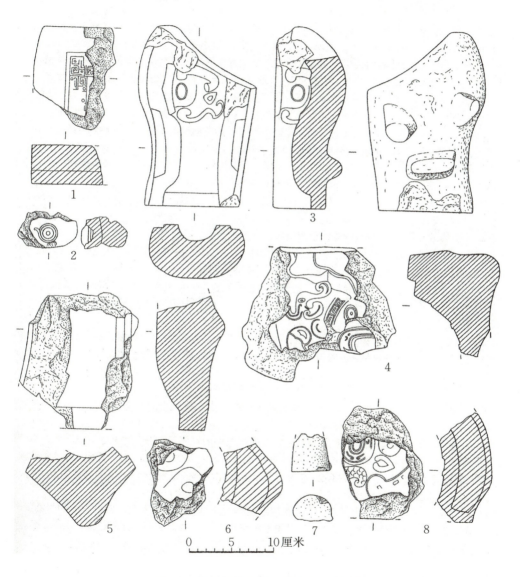

图3.2　河南新郑中行铸铜遗址出土陶范

（引自《郑国祭祀遗址》，2007年）

---

① 陈建东，刘煜. 商周青铜器的陶范铸造技术研究[M]. 北京：文物出版社，2011.

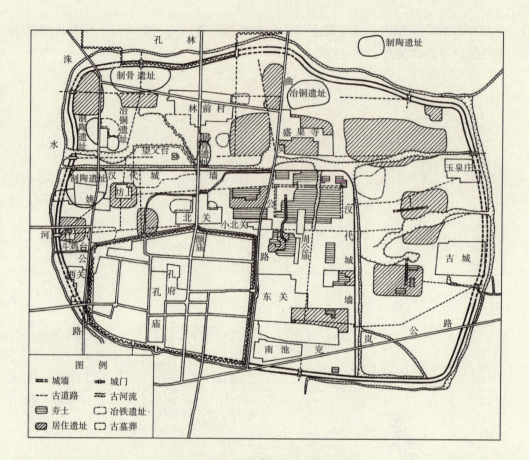

图 3.3 曲阜鲁城冶铜遗址位置示意图
（引自《中国考古学·两周卷》，2004 年）

根据青铜器的各个部位是否一次铸就，范铸法又可分为浑铸法和分铸法，一次浇铸成完整器形的方法叫浑铸法，又称一次浑铸、整体浇铸；通过多次浇铸拼接才能得到完整器形的方法叫分铸法，比较复杂的器形一般都是先铸附件，后铸器身；或先铸器身，然后将附件铸接上去。东周时期的青铜器广泛采用传统的分铸法，但在技术上有所进步，突出表现在先铸法的发展[①]。先铸法在商代已经产生，即先铸附件再放入陶范和器体铸接的分铸方法。一般采用榫卯式的铸接，多用于斝、樽的柱帽与器体的连接。自春秋时期开始，鼎等大型器物的铸造也采用先铸法。鼎足先铸，将鼎足的泥芯挖去一部分，在和鼎体铸接时形

① 中国社会科学院考古研究所. 中国考古学：夏商卷[M]. 北京：中国社会科学出版社，2003.

成机械连接。采取这种连接方式，由于鼎底壁薄而凸块较厚大，又被泥芯和鼎足紧固，断裂部位是在鼎足与鼎腹的结合部。这种连接相当牢固，因而被长期沿用。战国时期，耳、足先铸已成定式。寿县蔡侯鼎即以此法铸造。

分铸焊接法和分铸销接法是东周出现的新技术。分铸焊接法有铜焊、铅锡合金焊接等多种，在曾侯乙墓铜器上皆有应用。铜焊是将熔融的铜合金浇铸于两个或多个部件的结合处，使被焊件局部加热，并与焊接合金连接起来，类似于后世所称的大焊。铜焊的熔点高，强度大。曾侯乙墓的铜焊技术已十分成熟。

多种方法的综合利用，是东周青铜器铸造的特色。曾侯乙墓出土的建鼓底座，以翻转腾跃的群龙穿插攀附构成，巧妙地运用分铸、铜焊和铅锡焊，经修正加工而成，是综合利用多种技术铸造的典型器物。

失蜡法的出现是范铸技术的一次重大突破，失蜡法指用容易熔化的材料，如黄蜡、动物油等制成欲铸器物的蜡模，然后在蜡模表面用细泥浆浇淋，在蜡模表面形成一层泥壳，再在泥壳表面涂上耐火材料，使之硬化即做成铸型，最后再烘烤此型模，使蜡油熔化流出，从而形成型腔，再向型腔内浇铸铜液，凝固冷却后即得没有范痕、光洁精密的铸件。根据加工方法的不同，失蜡法分为贴蜡法、剥蜡法、拔蜡法。根据熔模材料的不同，此法又可分为捏蜡和水蜡两种。

手工业组织方面，春秋战国时期的官营及私营手工业均有了较大的发展，虽然"工商食官"制度趋于解体，但鉴于铜器的在政治及礼仪活动中的重要作用，铜器的生产仍属于国家严格控制的官营手工业。东周时期的官营手工业，基本与西周相同，但制度更为完善，种类更为繁多，对工匠的技术要求以及对他们的各种管制也更加严格。

春秋战国时期的官营工业种类，包括了手工业生产的各个门类，分工细致，技术先进。据《周礼·考工记》记载，官营工业有30种，分金工、木工、皮工、设色之工、刮摩之工、搏埴之工6大类，金工就是指青铜的冶炼。官营手工业是为统治阶级服务的，为了满足统治阶层不断扩大的需要，官营手工业不断扩张，而具有专业技艺的工匠，基本均被网罗至官营手工业的各个部门，成为"在官之工"，《国语·晋语》就有"处工就官府"的记载。为了保证手工业生产的效率和产品质量，各国都有一套严格的管理制度，并设置有专门的职官管理百工，如工师即为管理百工之长，负责具体生产组织和技术工作。《荀子·王制》载"论百工，审时事，辨功苦，尚完利，便备用，使雕琢文采不敢专造于家，工师之事也"，《吕氏春秋·季春纪》载"是月也，命工师，令百工，审五库之量，金铁、皮革……无或不良，百工咸理，监工日号，无悖于时，无或作为淫巧以荡上"，《吕氏春秋·仲冬纪》载"是月也，工师效功，陈祭器……物勒工名，以考起诚，工有不当，必行其罪，以穷其情"。从上述记载不难看出，在生产过程中，统治阶层对产品的规格、质量都有严格的标准，对工作量的多少有明文规定，并对工作效率进行严格的考核。

官营工业的工匠成分比较复杂，有学者将之分三类，一是上文所说的有技术的工匠，他们虽有一定自由并有自己的财产或俸禄，但必须为官营工业效力，不能自行开业；二是奴隶；三是刑徒[1]。根据目前的考古发现，进行铜矿采集活动的生产者身份相对明确，湖北大冶铜绿山四方塘墓地便是这一现象的明证[2]（图3.4），该墓地的时代为春秋时期，属楚国所辖。目前清理了42座墓葬，其性质为冶铜活动人员的墓地，墓葬规模和随葬品差异显现出矿冶活动群体的等级及分工不同。墓主人大致可以分为三个等级：第一等级为中型墓葬，应为矿冶活动的组织管理者，其身份和地位属于中低级贵族。第二等级应为低层组织管理者或者高级矿师、冶师，其墓坑比中型墓小，普遍出土了组合陶器，有的甚至随葬了小铜鼎、铜削刀等铜器。第三等级的墓坑较第二等级狭小，一般没有随葬器物，应为下层工匠，身份为平民。此外，结合墓葬规模和随葬品类别，还可分辨出采冶生产的分工，除上述第一等级的管理者为官员外，有多座墓出土了青铜兵器，墓主人应为低级武官或兵士，担负着武装守卫职责；随葬1至2件陶器的墓葬或随葬矿石的墓葬应为采冶活动的主要技术人员；随葬铜削刀的墓主人可能为下级文书官或箴匠师；无任何随葬品的应为底层的采冶生产者。那么铜陵作为商周以来国家重要的铜料来源地，下一步便需要对相关的遗址进行综合的、系统的考古工作，相信会有类似的重大发现。

总体来说，从二里头时期开始，国家对铜器的生产和管理在逐步加强，随着社会分工的细化，铜器生产逐渐与其他行业分离，专业化的程度在战国时期已达到了较高的水平。另外，生产者的地位在日渐提高，这在铜器冶铸业方面体现得最为明显，这些情况都体现了国家对铜器生产的重视，为秦汉时期设立专门负责铜料开采和冶炼的"铜官"奠定了基础。

---

[1] 田昌五，臧知非. 周秦社会结构研究[M]. 西安：西北大学出版社，1996.
[2] 湖北省文物考古研究所，大冶市铜绿山古铜矿遗址保护管理委员会. 大冶铜绿山四方塘墓地第一次考古主要收获[J]. 江汉考古，2015(5).

图 3.4　湖北大冶铜绿山四方塘墓地
（引自《大冶铜绿山四方塘墓地第一次考古主要收获》,《江汉考古》2015 年第 5 期）

二、东周时期吴国青铜文化

　　吴国在春秋中晚期开始强盛，其突出表现就是青铜业的繁荣。进入东周时期，列国割据混战，对铜矿等矿产资源的争夺更加激烈。吴国的统治重心在长江以南的皖南东部和苏南西部，即芜铜（芜湖—铜陵）地区和宁镇（南京—镇江）地区。吴国境内最重要的产铜地就是古铜陵地区，因此，吴国的铜矿资源主要来源于此。中国的青铜时代到春秋时期已进入衰退阶段，到战国末期已完全被铁器所取代。在青铜时代逐步衰退的百年间，古铜陵地区采矿、冶炼不仅没有衰落下去，而且由于资源丰富、采冶铜频繁，战争对铜又有一定的需求量，使其仍保持了全国铜产品主要生产基地的地位，逐步成为长江流域采矿、冶炼、铸造三位一体的综合型铜业基地，使铜的冶炼、铸造进入繁荣期，如前文介绍古铜陵地区目前已发现了众多周代炼铜遗址，是这一历史史实的实物证明。

此外，在古铜陵地区也多次出土了春秋时期的菱形铜锭，这些铜锭应是在铜陵地区冶炼的，是在向吴国都城等地的青铜器铸造作坊运送时遗留所致。如在池州徽家冲青铜器窖藏坑出土了7件铜锭，时代为春秋晚期至战国初期，长约78厘米，宽约19厘米，呈菱形薄板状，中间厚，边缘薄，最厚处约1.5厘米，每块重约4.25公斤。铜陵木鱼山也出土有菱形铜锭百余公斤，时代为春秋时期，长40至50厘米，宽5至8厘米，重3.5至4公斤。在繁昌县炼铜遗址附近的春秋时期土墩墓中，也出土有3件铜锭。铜陵万迎山春秋青铜器窖藏坑出土铜锭1件，长45厘米，宽12厘米，重1.58公斤。这些发现都说明在春秋战国时期，古铜陵地区铜的开采冶铸进入了繁荣兴旺期，古铜陵地区是当时吴越境内规模最大的铜采冶铸基地，铜又是当时国家贵金属，大量铜的来源促进了吴越手工业的兴旺发达，增强了吴越争霸中原的实力。从这个意义上讲，古铜陵地区铜矿的大规模开发，铜料源源不断地输送至吴越，对吴越两国耕战的发展具有重要的助推作用，吴越青铜兵器质量好、冶铸技术海内闻名与古铜陵优质而又雄厚的铜资源密切相关。

据文献记载，鸠兹城、固城、朱方城、吴城、吴大城等城址可能为两周时期吴国的都城，有学者结合考古发现认为今江苏境内的葛城、阖闾城、姑苏城可能为两周时期吴国的都城[①]。目前对葛城、阖闾城所做的考古工作不多，其性质及结构布局尚不明晰。现对姑苏城即木渎古城已经进行了考古调查和局部发掘[②]（图3.5），城址时代为春秋晚期，发掘者推测其应为吴国都邑。已经发现了城墙、城门、护城河、建筑基址、手工业作坊遗址、一般居址、墓葬、窖藏等，

---

① 张敏.吴国都城初探[J].南方文物，2009(2).
② 中国社会科学院考古研究所，苏州市考古研究所联合考古队.江苏苏州市木渎春秋城址[J].考古，2011(7).

但暂未发现铸铜作坊,根据中原地区东周列国都城普遍发现有官营铸铜作坊的实例来看,木渎古城作为吴国都城,应该也存在有大型的铸铜作坊。相信随着考古发掘工作的深入开展,吴国精良青铜器的铸造地终将展现在世人面前。

五峰北城墙

新峰南城墙水门

五峰北城墙及护城河

图3.5 江苏木渎春秋城址

(引自《江苏苏州市木渎春秋城址》,《考古》2011年第7期)

商末周初周太王之子太伯、仲雍奔荆蛮,"断发文身",入乡随俗,与土著荆蛮族人民相结合,创建起"句吴",有学者根据历史时代考古学文化确定原则,将这一地区的青铜文化命名为吴国文化,简称吴文化,并指出西周早、中期,吴国青铜文化有了飞跃式的发展,到了西周晚期至春秋早期,吴国青铜文化形成了自己的体系,春秋中晚期吴国青铜文化达到了全盛时期[①]。

西周晚期至春秋早期,出土的吴国青铜器群的地点主要有丹阳司徒、江宁陶吴、南京浦口、丹徒磨盘墩、溧水宽广墩、安徽繁昌等地。从这些铜器的面

---

① 肖梦龙. 论吴文化的发展与特色[J]. 南方文物, 1992(1).

貌特征来看，这一时期吴国青铜器铸造完全进入自成风格和特色的臻熟时期。这一时期中原铸造的铜器已基本不见，仿造中原型的铜器虽然继续流行，但各种造型轻便灵巧，新奇别致的地方型铜器大批涌现，如此期开始流行的一种新式青铜鼎，宽大立耳外撇，盆形浅腹，三兽蹄高足聚敛，整个器形显得非常轻盈[1]。此外，繁昌和铜陵出土的鸟钮盖鼎的形制更为特殊。江南普遍出土形式丰富多彩的扁体青铜簠也是这一时期吴器的特色，如安徽繁昌县城关汤家山出土的扁体簠，时代为西周中晚期，口沿微外侈，束颈，扁体浅腹，圈足，腹有对称的镂空云形扉棱耳，器身饰蟠虺纹，通高7.8厘米，口径25.9厘米[2]。在装饰风格上，吴式青铜器在吸收中原地区纹样的基础上也有所创新，表现出浓厚的地方色彩。如以垂鳞纹为例，中原垂鳞纹片宽大，一般在器腹作三层装饰，而江南铜器如溧水宽广墩铜盉和高淳漆桥圆腹卣，除口径和圈足外，通体布满细小鳞纹片，与中原地区呆板的图案式垂鳞纹相比，江南的细鳞纹更富有形象化的写实性；此外，江南铜器也将中原纹饰与江南地方纹饰有机地结合并运用在同一器体上，如铜陵地区出土的Ⅶ式鼎，腹饰重环纹在一周连接处突然改为折线纹[3]。

春秋中晚期，吴国的青铜冶铸业发展到高峰，其以青铜兵器的铸造闻名于世。文献记载季札出使中原路过徐国的时候，徐国国君喜欢季札的宝剑，但嘴上没说，季札心里虽明白徐君之意，但因还要到中原各国去出使，所以没献宝剑给徐君，季札出使归来又经徐国，徐君已死。季札解下宝剑，挂在徐君坟墓前的树上后才离开。这则文献记载也从侧面说明吴国铸剑之精良，使他国国君也对其兵器艳羡不已。该时期出土的吴国铜器群主要有六合程桥及和仁东周墓、丹徒粮山、背山顶、王家山、青龙山春秋墓、苏州虎丘、吴县河山等地。春秋中晚期吴国青铜冶铸业发展跃居列国前茅，尤其是在以下几个方面居于领先地位，一是吴国铸造的青铜兵器，以剑、戈、矛为代表，无论文献记载还是出土实物所证，都表明其质精物美，驰名列国，被时人视之珍宝，各地曾多次出土的吴王夫差矛（剑），江陵马山5号墓出土一件吴王夫差矛，矛身表面铸有菱形暗纹（图3.6），这是利用硫化铜防锈的一种独特工艺打造，历经千年依然锋利无比。《周礼·考工记》说"先粤（越）之剑，肉试则断牛马，金试则断盘匜，

---

[1] 肖梦龙. 吴国青铜器的发展、特色、成就[J]. 苏州大学学报（哲学社会科学版），1997(1).
[2] 陈衍麟. 安徽繁昌征集的青铜器[J]. 东南文化，1988(6).
[3] 肖梦龙. 吴国青铜器的发展、特色、成就[J]. 苏州大学学报（哲学社会科学版），1997(1).

薄之柱上击之则为三，质以石上而击则碎为面"，这项记载反映了当时吴越地区高超的青铜铸造技术。二是青铜农具，不但数量多且种类齐全。三是薄胎刻纹铜器的新创造，迄今出土的该类器物几乎均出自吴墓中，吴国应是这种青铜器新器形的发明者，代表了吴国青铜铸造技术的高超水平。这一时期的吴国铜器形制具有以下特色：一是具有本地特点的造型，二是与中原系统同类器物具有共同特点或相似，三是具有典型的楚文化风格器。在纹饰上，除流行与中原列国相似的构图繁密华丽的蟠螭纹、螺旋纹以及羽状纹外，还流行江南地方特色的细密双线S纹及刻画图像等①。

图3.6 吴王夫差矛

(引自《中国青铜器全集》，1999年)

从文献记载及考古发现的青铜器来看，吴国自西周立国以来就一直向中原地区学习其先进的青铜铸造技术，尤其是春秋中期以后，吴国和中原地区交流更加频繁，依托铜陵地区优质的铜矿资源，吴国青铜文化发展迅猛，并结合本

① 肖梦龙.吴国青铜器的发展、特色、成就[J].苏州大学学报(哲学社会科学版)，1997(1).

地土著文化形成了自己独特的青铜文化。

三、皖南地区的青铜铸造

以铜陵地区为核心的皖南地区，不仅是吴国主要的产铜地，也是其重要的青铜器铸造地。皖南地区较为先进的青铜铸造技术，是吴国青铜文化的重要组成部分。

皖南地区所出土的大量青铜器，其冶铸以范铸技术为主，少量器物上也可见失绳法铸造工艺。范铸技术中又可见浑铸法和分铸法，尚未发现完全使用失蜡法制造的青铜器[①]。皖南地区尚未见到完好的陶范，铸范多为石质，在铜陵的凤凰山、木鱼山等处出土几件石质铜器铸范，类型有锸范、铜斧合范、鱼鳔范等（图3.7）。

图3.7　铜陵木鱼山、凤凰山出土铜范
（引自《铜陵博物馆文物精粹》，2012年）

青铜质地的范较为少见，其中安徽繁昌采集到2件蚁鼻钱铜范，保存完整，范呈扁长方形，一端有半筒状浇铸口，钱模作4排对称分布，每个钱模中有一个阴刻鬼脸形图案，一次分别可铸66枚钱和67枚钱（图3.8）。这表明在战国时期，已成为楚国领土的皖南地区是楚国重要的钱币出产地。

皖南地区采用浑铸法铸造的青铜器多是一些器形较为简单的物品，如铜镞

---

① 陆勤毅，宫希成. 皖南商周青铜器研究[M]. 北京：文物出版社，2016.

等。虽然尚未出土铜镞模范，但该地区出土的铜镞于铤部侧面中线处有铸缝，虽然没有见到完整的镞范，但据此可推知铜镞系用双面范铸成。如安徽铜陵金口岭春秋墓出土的青铜镞，双翼形，弧刃前聚成锋，铤断，残长3厘米①。中原地区出土过用一副范浇铸多个青铜镞的情况，皖南地区所出青铜镞与中原地区形制相似，其铸造方法应该相同。

图3.8　安徽繁昌出土的蚁鼻钱铜范

（引自《中国古钱币》，2001年）

皖南地区出土的体形较大较复杂的青铜礼器均采用了分铸法。如安徽铜陵市金口岭M2出土的铜鼎，时代为春秋晚期，是典型的南方"越式鼎"，绳耳，口沿平折，浅圆腹，圆底，三锥足外撇，腹饰一道弦纹，通高20.9厘米②。安徽铜陵谢垅铜器窖藏坑出土的弦纹分体甗，时代为春秋时期，鬲直口，可套入甑底，肩上有一对小绳纽，弧裆柱足，甑侈口，唇向外折，腹微鼓，腹饰弦纹，通高42.7厘米③。安徽铜陵谢垅铜器窖藏坑出土的曲柄盉，时代为春秋时期，上

---

① 张国茂.安徽铜陵市金口岭春秋墓[J].文物研究，1991(2).
② 张国茂.安徽铜陵市金口岭春秋墓[J].文物研究，1991(2).
③ 张国茂.安徽铜陵谢垅春秋铜器窖藏清理简报[J].东南文化，1990(4).

部盆形，敞口，下部鬲形，袋足，短流，卷曲鋬，有销孔，通高21厘米①（图3.9）。安徽铜陵市区出土的盉，时代为春秋时期，平盖立鸟钮，两环耳，腹饰夔纹，耳立面饰有角兽面，钮饰一周云纹，通高26.4厘米②（图3.10）。该件器物具有特殊的意义，1972年经周总理批示，我国正式发行一套文物精品邮票，该件器物同长信宫灯、马踏飞燕等青铜器一起成为了"国家名片"。繁昌汤家山出土的龙钮盖盉，时代为春秋时期，通高29.2厘米，口径17.6厘米，腹深17.6厘米，该器的器盖与器体连接在一起，连接部分显然也是通过分铸法连接在一起，其自身范线明显，也系单独先铸好，再与器盖和器耳的小圆环相连。

图3.9 铜陵出土的曲柄盉

（引自《皖南商周青铜器》，2006年）

---

① 张国茂.安徽铜陵谢垅春秋铜器窖藏清理简报[J].东南文化，1990(4).
② 安徽大学，安徽文物考古研究所.皖南商周青铜器[M].北京：文物出版社，2006：96.

图 3.10　铜陵出土的鸟盖兽耳盉

（引自《铜陵博物馆文物精粹》，2012 年）

商周时期皖南地区出现的失绳法是当地铸铜工艺的一种特殊技法，多见于器物的某个局部，多为器耳[1]。失绳法又称为焚失法、失模法，此种工艺是以绳状物为模，在用耐火材料包裹后，通过在外加温焚烧，使易燃的模料焚毁成灰状，清理掉耐火材料内的灰即可得到铸型，在中空的范中浇铸铜液即可成型，就可得到没有范线的器物附件。皖南地区在商代即已出现此种工艺，东周时期得到进一步发展，有学者认为失绳法是失蜡法的源头，处于范铸法向失蜡法的过渡阶段[2]，反映了皖南尤其是铜陵地区商周时期青铜器铸造工艺的高超。铜陵地区东周时期采用失绳法工艺铸造的青铜器有铜陵金口岭 M1 及 M2 出土的绳耳

---

[1] 陆勤毅，宫希成. 皖南商周青铜器研究[M]. 北京：文物出版社，2016.
[2] 谭德睿. 中国古代失蜡铸造起源问题的思考[J]. 文物保护与考古科学，1994(2).

弦纹鼎，铜陵县朱村乡龙坝村出土的绳耳云雷纹鼎，铜陵谢垅窖藏坑出土的弦纹分体甗，铜陵县西湖轮窑厂出土的弦纹分体甗，铜陵市区扫把沟出土的变形夔纹分体甗，铜陵市杨家山出土的夔龙纹分体甗等。铜陵县朱村乡龙坝村出土的绳耳云雷纹鼎，时代为春秋时期，口下饰一周云雷纹，其下又有一道凸弦纹，通高18.8厘米，口径22.2厘米，腹深8.6厘米。铜陵谢垅窖藏坑出土的铜甗，甑绳辫立耳外撇，器身饰三周弦纹，鬲肩附绳耳外撇，弧裆柱足，通高53厘米，口径25.4厘米（图3.11）。这些器物的共同特征就是器耳为绳索状，其纤维痕迹清晰可见，没有发现范缝，也不见范缝经过磨砺的痕迹。这类附件显然是用麻类、草类纤维制成的绳索做模，再将其弯成器耳状，用泥料包裹绳模，泥范经过高温烘烤后，绳索焚烧成灰，再从两端分范处将其中的灰烬吹除干净，再浇铸成型，制成的器耳再用铸接的方法连接到器体上[①]。

图3.11 安徽铜陵谢垅的绳耳甗
（引自《皖南商周青铜器》，2012年）

---

① 陆勤毅，宫希成. 皖南商周青铜器研究[M]. 北京：文物出版社，2016.

第三节　吴国争霸的历史考察

周平王东迁后，周王室实力一落千丈，列国开始割据混战，形成"礼乐征伐自诸侯出"的局面，大的诸侯国开始崛起，并走上争霸之路。据文献记载，春秋时期先后称霸的有齐、晋、楚、吴、越等国。

在春秋大国崛起、群雄争霸的背景下，吴国随着实力的不断壮大，开始走上争霸之路。吴国在北上与中原列国争雄前，首先面对的是近邻楚国的威胁，而铜陵正处于吴楚争霸的前沿阵地，多场著名的战役发生在铜陵及附近地区。

吴楚两国有相似的地缘政治①，两国的发展历程极为相似，吴楚两国的创始者都为周人，来自中原地区，都受过周王朝的册封，且两国都经过统治阶级的励精图治，后发展壮大，成为一方霸主。除发展历程相似外，吴国与楚国还有相似的地理环境和自然条件，同处于中纬度亚热带，气候温暖湿润，降水充沛，物产富饶。楚国处于长江中游，南有长江，北有淮河，汉水贯穿其间，云梦泽居于其中，可以说是湖河溪流交织的水乡，有长江与汉水冲积而成的江汉平原。吴国则位于长江下游，淮河从其北部穿过，三江五湖位于其间，境内河流交织，也是水泽之乡，拥有长江三角洲与江淮平原两大富饶的平原。因此，伍子胥曾总结吴、楚的地理环境为"陆人居陆，水人居水"。吴、楚两国的先君从中原而来，他们带来了中原地区先进的文化与生产技术，在与当地的土著居民杂居的过程中，逐渐实现了中原文化与当地土著文明的融合，开创了两地独具特色且极为相似的文明，形成了新的地域文化——吴楚文化；而吴、楚两国相似的发展历程与地理环境又孕育了相似的生产、生活习俗。这都为两者的交流与融合创造了充分的条件。正如有关学者指出的，"军事冲突与文化交流既是对立的，又是统一的，在当时的形势下，文化交流往往需要军事冲突作为先导"。地缘政治的相近，为两国的冲突交流埋下了伏笔。

吴、楚两国在春秋中期已经开始接触，《左传·宣公八年》记载楚国讨伐群舒，灭了舒蓼后"盟吴越而还"，在盟会上吴、楚、越三国订立了边界协议，同

---
① 王风利.论先秦吴楚关系[J].洛阳理工学院学报(社会科学版)，2016(4).

时这则文献也说明吴之西境已经扩大到了（今安徽巢湖市）巢邑一带。此外，吴楚相争与晋楚争霸也有很大的关系，为了削弱楚国，晋国采取"联吴制楚"的战术策略，派遣申公巫臣出使吴国，"教吴乘车，教之战阵，教之叛楚"，又叫他的儿子狐庸驻在吴国，做吴国的行人。在内因和外因的交织下，吴楚两国由此开启了长达百年的争霸战争，双方争夺焦点主要集中在淮水流域。吴国实力开始上升后，于吴王寿梦二年就开始了同楚国的战争，并伐巢、伐徐，又攻入了楚邑州（今安徽凤台县），闹得子重、子反在一年之中奔命七次。蛮夷本来属楚的，到这时都被吴国夺去，吴国大强，楚国受到牵制。《史记·吴太伯世家》记载："王寿梦二年……吴伐楚。"

吴王寿梦十六年，楚人北掠不利，又东向伐吴，攻克鸠兹（今安徽芜湖市），打到衡山（今安徽当涂县附近）地方，派勇将邓廖带领精兵深入吴境。吴兵截击，楚兵大败，邓廖被获，残众逃回的很少。楚兵回国，吴人跟着起兵伐楚，夺取了驾邑（今安徽无为县）。吴人因为楚国的进犯，就召集群舒中的舒鸠国（今安徽舒城县一带），让其背叛楚国。不久，舒鸠人终究背叛了楚国，楚人起兵讨伐舒鸠国。吴国派兵救援，两军开战，吴兵大败，楚兵将舒鸠灭掉。公元前560年，吴王诸樊即位，同年击败楚军，俘虏楚国公子宜谷。公元前548年，楚军攻打舒鸠，吴王诸樊派兵援救舒鸠，吴军兵败，舒鸠灭亡。公元前548年，诸樊又起兵伐楚，围攻巢邑（今安徽巢湖市）。楚人用了诱敌计把吴王射死。在楚吴交争史上，这次战争楚国取得大胜。

公元前538年，楚灵王在申地会见诸侯，并拘押了臣服吴国的徐国国君，起兵伐吴，攻破吴邑朱方（今江苏丹徒区），把齐国逃去的亡臣庆封捉住并杀害。次年冬天，吴人伐楚以报仇，攻取了楚国的棘、栎、麻三邑。公元前537年，楚灵王又会合诸侯和东夷的兵去伐吴，越人开始派兵攻打吴国，这是楚国和越国联合的开始。晋人用联吴制楚的策略得到效果后，楚国也开始模仿晋国，以越国来牵制吴人。吴人出兵抵御，在鹊岸（今安徽无为县附近）把楚的偏师打败。楚灵王亲统大兵渡过罗水，直到汝清地方，吴人处处设下防备，楚兵无法进攻，灵王就在坻箕山校阅了一次军队，班师回国。楚人因怕吴人再来报复，急派大将沈尹射驻在巢邑，薳启强驻在雩娄，以防备吴军入侵。不久，楚人伐徐，吴人来救，楚令尹子荡带领大兵袭击吴国，却被吴人打败了。

公元前530年，楚灵王在州来（今安徽凤台县）狩猎阅军，派兵围徐，借以威胁吴国，灵王亲自驻在乾谿（今安徽亳州市）以为援应。因为楚灵王残暴无道，楚国发生内乱，势力逐渐衰弱，吴人乘机占领州来。公元前525年，吴公子光起兵伐楚，在长岸开战，楚兵先胜，抢得吴国有名的大船余皇。吴人用计乘夜扰乱楚营，又把楚兵打败，抢回了余皇。

公元前513年，楚平王去世，楚昭王即位。吴人趁楚国国丧期间，派兵围困潜邑（今安徽霍山县），楚兵救潜，前后夹攻，吴兵不能退回。吴公子光乘此机会，发动兵变杀了王僚，自立为君，是为阖闾。楚国国内在这时也发生内乱，势力更加衰弱。吴前王僚的母弟公子掩余与公子烛庸从徐国和钟吾国奔楚，楚人把他们安置在养邑，给他们修筑城池，用来对付吴人。吴王阖闾大怒，起兵拘押了钟吾子，顺道伐灭徐国，徐君奔楚。楚兵救徐不及，就修筑了夷城，给徐君居住。吴国灭掉徐国后，楚国受到很大的打击。此时，伍子胥建议吴王阖闾分派三支军队，轮番侵扰楚边，声东击西，以疲乏楚人的兵力，然后以大军合力进攻。吴王采纳了建议，于是楚国大受其害。鲁昭公三十一年，吴人两次围攻楚邑，楚兵一来，吴兵即回。鲁定公二年，吴人又教舒鸠人引诱楚兵出来伐吴，设下计策，在豫章击败楚兵，攻破巢邑。

楚国在内外交困下仍非常贪暴，向周边小国索要无度，甚至把蔡国、唐国的国君关押了好几年，收取贿赂后才将他们放回。而吴王阖闾即位后，励精图治，"任贤使能，施恩行惠"，使吴国以"仁义闻于诸侯"，才能之士纷纷聚集吴国，在政治上任用伍子胥，采用其"立城郭，设守备，实仓廪，治兵库"的策略[①]，"治兵库"即大力发展铜铁冶铸业，铸造铜铁兵器，提高军队的战斗力，这大大提高了吴国青铜兵器铸造工艺，也为其争霸战争提供了重要的武力支撑。此外，在军事上还任用孙武等人，这都大大增强了吴国实力。公元前506年，蔡侯向吴国请兵伐楚，吴、蔡、唐三国就联军伐楚，在淮汭（即当时蔡国附近）舍舟登陆，从豫章一带与楚兵夹汉水相持。楚左司马戍向令尹子常献分兵夹攻之计，两人已经商议好了；不料左司马去后，子常又听信了别人的话，独自与吴开战。渡过汉水列阵，从小别山到大别山（小别山、大别山均在汉水附近）接战三次，楚兵接连失利。等到两军正式在柏举（在今湖北麻城市附近）交战

[①] 王风利. 论先秦吴楚关系[J]. 洛阳理工学院学报（社会科学版），2016(4).

时，吴王的弟弟夫㮣王统领属军五千先攻子常，子常败退，楚全军扰乱，吴军乘势掩击，楚军大败。令尹子常奔郑，左司马戌后在雍澨（今湖北京山县附近）战死。吴兵接连打败楚军数次，一直打到郢都，楚昭王带妹妹季芈等逃出城去。吴军最终攻入了楚国都城郢都，强盛一时的楚国几乎被灭，吴国成为南方的霸主。吴楚争霸主要争夺的就是淮水流域及淮南地区，由于春秋战国时期铜资源十分重要，因此二者争霸的战争在很大程度上与争夺铜矿资源有关。

在鲁襄公时，吴人开始攻越，并将一名俘获的越人砍断脚后命他看守船只。有一天吴王余祭去看船，越俘一刀把他杀死了。吴越开始结仇，二者的争霸战争就此开始。鲁昭公三十二年，吴人又征伐越国。当吴人破楚郢都的时候，越王允常也乘机侵袭吴国。鲁定公十四年，越王允常去世，勾践即位。吴人乘机伐越报仇，勾践起兵抵御，两国在槜李（今浙江嘉兴市）开战，越人派死士冲锋，吴阵不受动摇。他们想出一条妙计：陈列罪人三行，教他们各自把剑勒在颈上，向着吴军自刎。吴兵奇怪起来，一齐注目，越兵乘势攻击，吴军大败，吴王阖庐受了重伤去世。子夫差即位，派人每天站在庭中，让人在自己进出的时候，向着自己提醒道："夫差！你忘了越王杀你父亲的仇恨了吗？"他自己敬谨地答道："唉！我绝不敢忘。"这样过了三年，吴国积蓄力量，准备一雪前耻。

鲁哀公元年，吴王夫差带兵伐越，在夫椒（今江苏太湖洞庭山）大败越军，顺势攻破越都。越王勾践带了五千甲楯之士退守会稽山，派有名的大夫文种赴吴乞和。吴王忘了父仇，将要答应，伍子胥劝谏道："勾践这人很有才干，万万不可轻易放纵！况且越国和我们邻近，世为仇敌，不乘这次打胜的机会把它灭掉，将来你懊悔也来不及了！"吴王哪里肯听，竟答应了越人的和议，班师回国。

吴王夫差打胜越人之后，北上经营中原。鲁、宋、邾三国先与吴联结。鲁国因侵邾的事触犯了吴国，吴人伐鲁，攻破武城、东阳，进兵泗上；鲁人与吴讲和。同时齐人也来伐鲁，夺取讙、阐二邑；又派使者向吴请兵共伐鲁国。鲁人赶快与齐讲和结盟。齐人归还二邑，辞却吴兵。吴人对此很不高兴，就在邗江上筑了城，开沟接通江淮的水，以为粮道，邀合鲁、邾、郯三国的兵伐齐南鄙。齐人弑了悼公向吴人解说，吴人仍不肯罢兵，派偏将带领水军从海上攻齐，被齐人打败，吴兵方回，这也是中国海战的开端。

鲁哀公十一年，齐人伐鲁。吴、鲁再联军伐齐，齐人起兵抵御，在艾陵（今山东泰安市附近）开战，齐兵大败，主帅国书等被杀，将士和甲车损失严重。于是鲁、卫、宋诸国都归服了吴人。吴人征诸侯结会，拘押卫侯，因为鲁人的劝谏，才把卫侯释放。

吴国打败了齐兵，国势更强。鲁哀公十三年，吴国又续开新沟，通过宋、鲁的边界，北连沂水，西连济水，北上邀合晋、鲁等国会于黄池（今河南封丘县附近），想借这次盟会来争得中原盟主的地位。周室的大臣单平公也来监盟。当结盟的时候，吴、晋两国争起先来，吴王听到国都被越人攻破，太子被杀，后路也被越人截断的消息，颇觉踌躇，幸由大夫王孙雒献计，陈列军队，向晋挑战，晋人惧怕起来，只得让吴人占了先。吴人回国时，又顺便烧了宋国都城的外郭，以向诸侯示威。

鲁哀公十五年，楚人也乘吴国势力衰弱而伐吴报仇，打到桐汭（今安徽广德县桐水）。次年，吴兵伐楚，却被楚将白公杀败。鲁哀公十七年，越人又乘吴国荒年伐吴，吴王起兵抵御，在笠泽（今江苏吴江区平望湖）夹水列阵。越王创制"左右句卒"，在夜间或左或右，鼓噪着进扰吴营。吴人分兵抵敌，越王暗领大军渡水，突犯吴的中军，吴兵大乱，越兵乘势又把他们打得大败。鲁哀公十九年，越人有意去侵楚，借以安稳吴人的心，使他们不防备。次年，越王突然大举攻吴，把吴都围困了三年，终把吴国灭掉，吴王夫差自缢而死，吴国的争霸事业至此终结。

"国之大事，在祀与戎"，吴国不仅铸造了大量的青铜礼乐器，同时更是铸造了大量的青铜兵器以及众多青铜农具，其兵器制造技术更是甲于天下。

在吴国境内已经发现了各式青铜农具及工具，如钁、铲、锸、镰、斧等，这与《周礼·考工记》郑玄注记载"粤地而山出金锡，铸冶之业，田器尤多"相符，说明青铜农具在吴越地区的广泛使用对吴国的农业生产产生了巨大的促进作用。江苏镇江谏壁王家山东周墓出土了多件青铜农具，有锯镰、锛等，锯镰通长12.3厘米，近梯形，一面有平行斜向槽纹，至刃部形成锯齿，柄端尖凸，柄背铸有二尖状凸起[①]。安徽繁昌县出土数件铜锸，高9.8~11.4厘米，宽9.2~10.9厘米（图3.12）。到了战国时期，随着农耕技术的进步，农具的种类也逐渐

---

① 镇江博物馆. 江苏镇江谏壁王家山东周墓[J]. 文物, 1987(12).

丰富，虽然铁器已经开始逐渐推广，但皖南地区仍有一定数量的铜质农具，如池州市贵池区徽家冲出土的铜耨，是一种锄草农具（图3.13）；另外还有一件收割稻米用的铜铚刀（图3.14）。由此看出，该地区优质而丰富的铜料资源也直接促进了该地区农耕技术的发展。

图3.12　安徽繁昌出土铜锸

（引自《皖南商周青铜器》，2012年）

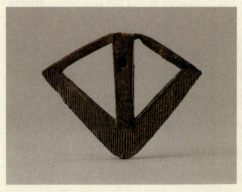 

图3.13　池州市贵池区徽家冲出土的铜耨

（引自《皖南商周青铜器》，2012年）

图3.14 池州市贵池区徽家冲出土的铜铚刀

（引自《皖南商周青铜器》，2012年）

春秋战国时期各地出土的各类铜兵器以吴越地区产的青铜兵器最为精良。吴地出土的青铜兵器种类数量众多，仅种类就有戈、矛、钺、戟、剑、镞等，与青铜容器一样，该地区的青铜兵器既受中原地区的深刻影响，又保留了自己的独创性。如吴国对青铜矛进行了改制，矛身变阔，叶为窄叶形，更为锐利，增强刺穿敌人护体铠甲的性能，缩短銎管，克服作战时易折断的缺陷，改圆骹为椭圆或断面呈菱形骹以提高抗折力[①]。铜陵出土两件此种风格的铜矛，一件装饰有对称的目纹，可能为族徽的标志，起棱形脊，中部有血槽（图3.15）；另一件为新桥镇附近出土，器身表面光亮，中部起脊，通体饰有双线网状菱形纹（图3.16）。

至春秋中晚期，吴国制作青铜兵器的科学技术水平已跃居列国之首，各类兵器的特点表现得更为明显且影响全国，如吴戈的援戈轻便，型瘦长，援穿的上方带翘尖鼻饰，内上流行用单线或双线勾边装饰，同时期的楚、蔡、许、宋等国的铜戈，可能就受吴文化的影响。江苏吴县（今苏州市吴中区）何山东周墓出土的Ⅰ式戈，长胡三川，援中部起脊，胡部有梯形穿孔三个，援顶有一孔，内上也有一长方形穿孔，饰单线划纹[②]。此期铜矛式样繁多，前锋尖利，

---

① 肖梦龙.吴国青铜兵器研究[J].考古学报，1991（2）.
② 吴县文物管理委员会.江苏吴县何山东周墓[J].文物，1984（5）.

中脊较高，脊中线突棱形贯通全身，或隆脊起三棱和脊中线作凹沟血槽形，銎口呈凹叉形或内弧缺口形，銎上常见附一兽首穿钮。全器中空壁薄，两刃锋利，铸造工艺高超①。江苏丹徒北山顶春秋墓出土的余眛矛，正锋呈三角形，截面为菱形，中有脊，脊两侧有血槽，骹的末端如燕尾，椭圆形銎，上有销孔②。

图3.15　目纹铜矛
（引自《铜陵博物馆文物精粹》，2012年）

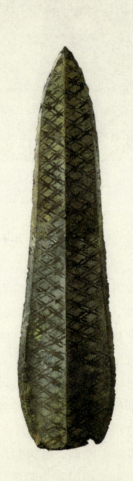
图3.16　菱形纹铜矛
（引自《铜陵博物馆文物精粹》，2012年）

铜剑铸造水平在此时期达到顶峰，史书多有记载，《周礼·考工记》载"先粤（越）之剑，肉试则断牛马，金试则断盘匜，薄之柱上击之则为三，质以石

---

① 肖梦龙.吴国青铜兵器研究[J].考古学报，1991(2).
② 江苏省丹徒考古队.江苏丹徒北山顶春秋墓发掘报告[J].东南文化，1988(Z1).

上而击则碎为面"，《战国策·赵策》云"夫吴干之剑，肉试则断牛马，金试则截盘匜"，《庄子》亦载"夫有干越之剑者，柙而藏之，不敢用也，宝之至也"。这些记载即是吴越地区高超铸剑技术的反映。

吴国拥有高超的铸剑技术，干将、莫邪是当时吴国著名的冶金专家，制作的剑代表着当时兵器冶金的最高水平，干将、莫邪铸剑的传说一直流传后世。《吴越春秋·阖闾内传》记载了干将为阖闾铸剑的经过，"干将者，吴人也。与欧冶子同师，俱能为剑。越前来献三枚，阖闾得而宝之，以故使剑匠作为二枚：一曰干将，二曰莫邪。莫邪，干将之妻也。干将作剑，采五山之铁精，六合之金英，候天伺地，阴阳同光，百神临观，天气下降，而金铁之精不销沦流。于是干将不知其由。莫邪曰：'子以善为剑闻于王，使子作剑，三月不成，其有意乎？'干将曰：'吾不知其理也。'莫邪曰：'夫神物之化，须人而成。今夫子作剑，得无得其人而后成乎？'干将曰：'昔吾师作冶，金铁之类不销，夫妻俱入冶炉中，然后成物。至今后世，即山作冶，麻服，然后敢铸金于山。今吾作剑不变化者，其若斯耶？'莫邪曰：'师知炼身以成物，吾何难哉？'于是干将妻乃断发剪爪，投于炉中，使童女童男三百人鼓橐装炭，金铁乃濡，遂以成剑，阳曰干将，阴曰莫邪，阳作龟文，阴作漫理。"早期的文献记载将干将莫邪称为天下名剑，后来逐渐将干将、欧冶称为剑匠冶工类名，虽然干将莫邪的传说不断虚饰演化，但该传说的出现有着真实的现实原因和历史背景[1]，并不是全然虚构，这和吴越地区在春秋时期有着极为先进的兵器铸造技术有关。无论有何争议，干将、莫邪、欧冶属于吴越人确是世所公认，干将、莫邪等逐渐成为名剑或名剑师的代名词，侧面说明吴越铸剑技艺闻名当时及后世，文献记载及考古发现也能证明这一点。

这一时期吴越的剑统一为空茎件和双箍剑，剑体较前期增宽加长，剑刃线多呈起伏的弧度变化，锋后束腰，前窄后宽，利于刺杀，吴越青铜匠师首创嵌铸剑，又称复合剑，即有些铜剑以不同成分的合金两次浇铸而成，第一次浇铸剑脊，第二次浇铸剑刃，剑脊含锡量低，加铅使其坚韧。铸铭兵器吴王剑、越王剑，剑身表面铸有菱形暗纹，这是利用硫化铜防锈的一种独特工艺打造的。以吴王夫差剑为例，该剑曾在多地出土，如湖北江陵马山、河南洛阳中州路、山东平度、安徽寿县西门、河南辉县琉璃阁、湖北襄阳蔡坡、山东邹县城关镇

---

[1] 李道和. 干将莫邪传说的演变[J]. 民族艺术研究，2006(2).

等。苏州博物馆曾征集到一把吴王夫差剑[1]，通长58.3厘米，身宽5厘米，格宽5.5厘米，茎长9.4厘米，剑身宽长，覆有蓝色薄锈，刃锋极犀利。近锋处明显收狭，双刃呈弧曲形，中起脊线，两从斜弧面，剑格作倒凹字形，饰兽面纹，镶嵌绿松石，一面已佚，圆茎实心，有缠缑痕迹（图3.17）。茎上有两道凸箍，箍上有纤细的凹槽，遗存少量绿松石，圆盘形首，铸有多圈精致峻深的同心圆凸棱，剑首以不同成分之合金青铜分铸后再衔接剑茎而成，剑身近格处铸有铭文两行十字。虽历经2000多年，该剑依然锋利无比。据苏州博物馆所做最新测试，在不施加外力的情况下，仅以剑体自身重量，即可轻松划断12层宣纸，其当年锋利程度可想而知。湖北江陵望山1号墓出土的"越王勾践剑"，整个剑身两面布满黑色菱形花纹，近剑格处有两行鸟篆铭文——"越王勾践，自作用剑"，时代为春秋晚期，长55.7厘米[2]（图3.18）。皖南地区出土的青铜剑数量较多、形式较全，约有60余件，主要分布在沿长江各市县，以沿江产铜区剑和屯溪剑为代表。该地区青铜剑发展序列较为明晰且造型特色鲜明，为了解吴越剑的源流提供了重要资料。安徽铜陵金口岭M1出土的青铜剑，格、首缺失，现存剑身部分，前端剑身较窄，往下逐渐增宽，最宽处4厘米，剑身中起突脊，锷锋利，剑身残长30厘米[3]。安徽南陵县发现的吴王光剑，通长约50厘米，茎为圆柱形，有两道箍棱，腊窄，无饰纹，有脊，近腊处有铭文两行共十二字[4]。吴越地区铸剑贵在工艺创新，吴越工匠发明了分铸技术，将剑柄、剑脊分开[5]。剑刃需要很高的硬度，但易折，剑脊就采用锡含量较低的合金，增加其韧性，再将几乎不含铅而高锡的刃部合铸在一起，就可以达到柔中带刚的效果。

吴地在春秋中期以后开始盛行戈和矛组合而成的多戈戟，这与中原戟的形制为刺、戈联体有明显的不同，吴戟同戈、矛一样，是吴国著名的长兵器，文献多有赞誉，如屈原《九歌·国殇》载"操吴戈兮被犀甲"，即将吴戈和犀甲相提并论，足以说明其铸造之精良。

---

[1] 程义."吴王夫差剑"八问[J].大众考古, 2014(11).
[2] 湖北省文物考古研究所.江陵望山沙冢楚墓[M].北京：文物出版社, 1996.
[3] 张国茂.安徽铜陵市金口岭春秋墓[J].文物研究, 1991(2).
[4] 刘平生.安徽南陵县发现吴王光剑[J].文物, 1982(5).
[5] 程义."吴王夫差剑"八问[J].大众考古, 2014(11).

图 3.17　吴王夫差剑
（台北古越阁藏）

图 3.18　湖北江陵望山楚墓出土的"越王勾践"剑

（引自《图说楚文化》，2006年）

　　大量青铜农工具的使用极大地促进了吴国农业的发展，奠定了吴国对外扩张的经济实力。而吴国大批铸造精良的青铜兵器，同时向中原地区学习先进的军事思想，确立了吴国的向外扩张的军事力量。吴国于柏举之战西破楚，于夫椒之战南服越，于艾陵之战北败齐，于黄池之会会盟晋，最终称霸中原。吴国先进的兵器制造与强大的水陆军队建制是其争霸中原的坚强后盾。

　　随着战争的胜利及霸主地位的确立，吴王夫差被冲昏了头脑，并听信谗言，杀害伍子胥等贤臣，吴国逐渐走向下坡路。其后由于越国的复国及越王的励精图治,越国最终灭掉吴国,吴国的霸业戛然而止。但是吴国繁荣的青铜文化却被越国、楚国等国家继承下去[①],越国先进的青铜铸造技术直接承袭吴国,而楚国更是向吴越学习铸剑技术,学习其尚武习俗,楚国无论贵族、平民,成年男子几乎人人佩剑,死后几乎都有青铜剑随葬。吴国灭亡后,铜陵地区丰富的铜矿资源也先后被越国、楚国所占据,为越国及楚国的强盛提供了重要的物质基础。

吴越地区的青铜文化,是各种历史元素和社会元素在时代的变革中积淀和发展起来的,作为这一文化物质载体的古铜陵,曾以独特的铜资源、先进的采冶铸铜技术和无私的奉献思想,创造了南方青铜历史上一个又一个的辉煌。古铜陵地区铜的开采、冶铸及其青铜产品,在我国先秦文明发展史中具有特殊地位,影响了秦汉、唐宋时代政治、经济和社会的发展。西汉在古铜陵设置的铜官,正是以这一历史渊源为前提,彰显了古铜陵在中国冶炼史上的独特性和不可替代的位置。

---

① 肖梦龙.论吴楚文化的交融[J].苏州科技学院学报(社会科学版),2005(2).

第四章 弃旧开新
帝国建立与铜功能的转型

公元前221年，秦统一六国，结束了500余年列国纷争的局面，建立了中央集权制的国家，中国进入了新的发展阶段——帝国时代。帝国时代的来临，标志着中国古代社会进入了一个新的阶段，相应的政治、经济、文化面貌均发生了巨大的变化。铜作为先秦时期国家最为核心的政治文化载体在这一时期也发生了重要的变化。

第一节　秦汉统一帝国的建立

秦始皇统一全国后，为巩固这一新生的王朝，实施了一系列相关的统一措施，对中国此后2200多年的历史产生了深远的影响，这些措施涉及政治、经济、文化以及社会思想等各个领域。

首先，加强和稳固皇权的地位，主要体现在"皇帝"称号的确定、"尊君"措施的实施和五德终始说的宣传[①]。东周时期，各国的诸侯均称"王"或"君"，嬴政平天下后，"自以为功过五帝，地广三王，而羞与之侔"，"名号不更，无以称成功，传后世"[②]。群臣和博士们经过商议后，认为"古有天皇，有地皇，有泰皇，泰皇最贵"，建议称"泰皇"，嬴政则去"泰"，著"皇"，采上古"帝"位号，号曰"皇帝"。"皇帝"称谓的出现，不仅仅是简单的名号变更，它反映了新的统治观念的产生。在古代"皇"有"大"的意思，人们对祖先和神明也称为"皇"；"帝"则是上古时期人们想象中的主宰万物的最高的天神。秦始皇将"皇"和"帝"两个字结合起来，说明他觉得仅仅做人间的最高统治者还不满足，还要当神。或者说他认为仅仅用人间统治者的权威还不足以震慑臣民，必须借助神的力量为他的权威再添上一层神秘的光圈，即将"君权神授"与人身隶属关系结合起来[③]。这种做法为后世的历代王朝所沿用，一直持续至明清时期。至于尊君措施，主要体现在取消了谥法，皇帝自称为"朕"，并正式规定"朕为始皇帝。后世以计数，二世三世至于万世，传之无穷"。另外还极力推行"五德终始说"，即金、木、水、火、土代表五德，相生相克，循环不已，一个朝代属于一德，历代王朝按照"五德"相生相克的次序替代，秦代便是以"水德"替代了周代的"火德"。这种五行思想在战国时期的各阶层均十分流行，这种统治思想起到了稳固皇权的重要作用。此外，嬴政为了掌控中央机构，设置左、右二丞相，进行相互制衡。

在政治领域方面，彻底废除了两周时期的分封制，打破了周代"家天下"的统治模式，在全国实行郡县制，分天下为三十六郡，其根本目的是加强中央

---

① 林剑鸣. 秦汉史[M]. 上海：上海人民出版社，2003：44-47.
② 司马迁. 史记：卷六[M]. 北京：中华书局，1959：236.
③ 林剑鸣. 秦汉史[M]. 上海：上海人民出版社，2003.

集权，突出皇帝至高无上的权力。廷尉李斯为秦始皇分析了分封制的弊端，认为："周文武所封子弟同姓甚众，然后属疏远，相攻击如仇雠，诸侯更相诛伐，周天子弗能禁止。今海内赖陛下神灵一统，皆为郡县，诸子功臣以公赋税重赏赐之，甚足易制。天下无异意，则安宁之术也。置诸侯不便。"①郡县制的推行，是对以往宗法社会的破坏，两周宗法制的社会管理主要是依托周天子分封的诸侯，并进行世袭的制度。对于帝国体系下的郡县制，"统治者必须确保行政机构和行政官吏，以一种使之能够为统治者及其在社会不同阶层之中的支持者履行各种功能的方式组织起来……为了实现这一目的，统治者力图垄断这些官位的铨选之权，尽可能地任命忠于一己并具备任事之能者。统治者总是强调官员是他的或他力图建立的政权的仆从。"②郡县制是中央设立于地方的政权机构，秦代分为郡、县、乡、里四级行政机构，郡的最高长官为郡守，下设丞对郡守进行辅佐，掌管军事和治安的为郡尉，并设有监御史，起到牵制郡守的作用。县的设置机构同郡类似，有县令（长）、丞、尉。县是秦代统治地方十分关键的一级组织，户籍管理、征发徭役等工作均是以县为单位来进行的。乡是隶属于县的基层行政组织，乡里设置有三老、啬夫和游徼，"三老掌教化；啬夫，职听讼、收赋税；游徼，循禁贼盗。"③乡以下为里，设里正或里典，其职能除了大体与乡政权职能相同外，还有组织生产的任务。亭与乡、里并无隶属关系，是治安管理系统的基层组织，是"都尉、县尉的派出机构"④。秦代的郡县制建立了一套从中央到地方的完整统治机构，所设置的官职具有明确的责任分工，相互配合、相互牵制，为后世的统治体系奠定了基础，根据《汉书·百官公卿表》记载，汉官基本沿袭秦制，有的只是在名称和具体职责上有一定的变动。

在经济制度方面，最为人们熟知的便是"使黔首自实田""一法度衡石丈尺"和统一钱币。"使黔首自实田"的本质是土地私有化，土地在中国几千年来的历史上一直是最为重要的财富。秦国的强大有很大一部分原因源自商鞅变法，其中便有"为田开阡陌"，废除了土地国有，宣布土地私有，并以法律条文的形式确定下来。秦始皇统一全国后，为了适应当时生产力发展的状况，在全国范围内实施了这项政策。这项变革产生了巨大的影响，直接促使了社会生产关系

---

① 司马迁. 史记：卷六[M]. 北京：中华书局，1959：239.
② 艾森斯塔得. 帝国的政治体系[M]. 阎步克，译. 贵阳：贵州人民出版社，1992：17.
③ 班固. 汉书：卷十九[M]. 北京：中华书局，1962：742.
④ 朱绍侯. 汉代乡、亭制度浅论[J]. 河南师范大学学报，1982(1).

发生了巨变,新兴的地主庄园经济在此后的历史长河中成为主流。"一法度衡石丈尺"指的是统一度量衡,包括尺度、权衡和容量三个内容。战国时期,各国长期割据,度量衡制各不相同,这就造成了社会经济的较大混乱,度量衡不仅是商品交换的工具,在当时更是同征收赋税有直接的关系。统一的办法是以秦国的度量衡为标准,淘汰六国原有的制度。根据目前的考古发现,尺度的相关遗存发现不多,秦权和秦量器则有较多发现,在陕西、山西、河北、山东、河南、湖北、江苏、辽宁、内蒙古等地均有出土,不少加刻带有秦始皇统一度量衡的诏书和秦二世元年诏书,如西安西郊秦阿房宫遗址北部出土的一件战国秦高奴铜石权①(图4.1),重30.75千克。正面铸凸起的阳文"三年,漆工㠭,丞诎造,工隶臣牟。禾石,高奴",另一面加刻始皇诏书、二世诏书及"高奴石"三字。高奴在今陕西延川县境,此权自始铸至秦二世元年,经三次刻铭,长期作为标准器使用,反映了自战国秦至秦代统一一直保持统一的衡制。秦代量器也发现较多,上海博物馆馆藏一件刻有秦始皇二十六年诏书的铜量,证明了秦统一量器是按照商鞅任大良时所制定的标准执行的(图4.2)。统一钱币是控制社会经济的最关键内容,秦始皇将战国时期秦国的"半两钱"推向全国,开创了中国两千多年使用铜质圜钱的先河,对于秦至西汉时期货币政策的内容将在下节内容中重点论述。

图4.1 秦高奴铜石权

(引自《西安市西郊高窑村出土秦高奴铜石权》,《文物》1964年第9期)

---

① 陕西省博物馆. 西安市西郊高窑村出土秦高奴铜石权[J]. 文物,1964(9).

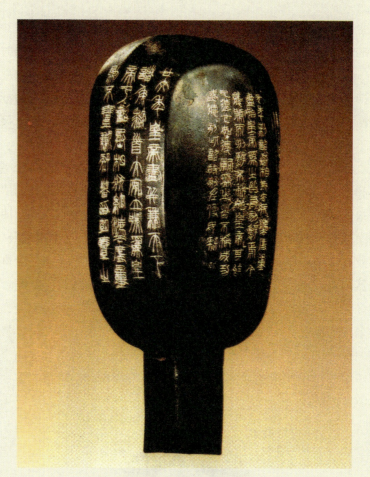

图4.2 秦始皇诏书铜量

（引自《秦汉史》，2003年）

社会文化方面，秦代实施较为严苛的政策，最为著名的事件便是"焚书坑儒"，其目的是为了统一社会思想，在全国推行法家思想。文字也是统一措施的重要方面，战国时期各国文字的字体形式多样，秦统一后规定秦小篆为通用字体。秦始皇命李斯、赵高、胡毋敬等人分别用小篆编写了《仓颉篇》《爰历篇》和《博学篇》，作为标准的文字范本[1]。在考古资料方面，目前保存较多的为山东泰山和琅琊台刻石上的文字，另外还有峄山、会稽两刻石的摹本，这些代表

---

[1] 林剑鸣.秦汉史[M].上海：上海人民出版社，2003：139.

了秦代最典型的文字特征。文字的统一具有重要的意义,在中国几千年的历史中,各地方言差异较大,但文字始终是统一的,使得中华文明得以传播下来。除了官方的小篆外,隶书开始出现,在一些出土的秦简帛书中便有发现①,到了西汉时期逐渐成为国家标准的文字。

为了稳定社会思想,秦代对各地习俗的一统也有一定的规定,睡虎地秦墓竹简中的《语书》记载:"古者,民各有乡俗,其所利及好恶不同,或不便于民,害于邦。是以圣王作为法度,以矫端民心,去其邪避(僻),除其恶俗。法律未足,民多诈巧,故后有间令下者,凡法律令者,以教道(导)民,去其淫避(僻),除其恶俗,而使之於为善殹。"②严苛的文化政策在物质遗存中也有较多地体现,随着秦统一的进程,在河南、湖北、江苏、河北、安徽等地的秦至汉初的墓葬中均发现有蒜头壶、茧形壶、秦釜等最典型的秦器,说明了秦文化强势进入了这些地区,这种传播速度和影响范围的广度在前期的考古学文化中是较为少见的,足见秦在文化统一方面所实施的政策力度之大。

秦的统一措施体现在各个领域,秦始皇在国家初定后便开始数次巡游天下,根据史书记载,其巡游的目的无非是两点:其一是向全天下宣扬其伟大功绩,威慑和稳定各地民心,如秦始皇封禅泰山后,便留下了泰山刻石,既有"皇帝临立,作制明法,臣下修饬。廿有六年,初并天下,罔不宾服"的武功内容,也有"皇帝躬听,既平天下,不懈于治。夙兴夜寐,建设长利,专隆教诲"的文治方面。其二是为了求长生之术,派遣数千童男童女随徐福去往传说中的蓬莱、瀛洲、方丈等仙山求长生药,随后在巡行至碣石时又派遣卢生区寻求仙人羡门。值得一提的是,公元前210年秦始皇第五次巡视全国时,李斯和二世胡亥随从,十一月,"行至云梦,望祀虞舜于九疑山。浮江下,观籍柯,渡海渚。过丹阳,至钱塘"③。对于海渚,括地志云:"舒州同安县东。"舒州即今安庆东部地区,应该是今安徽枞阳一带。"丹阳郡故在润州江宁县东南五里,秦兼并天下,以为鄣郡也。"秦代的丹阳在长江下游的今镇江、当涂一带。秦始皇对长江中下游的巡视,带上了重臣李斯和二世胡亥,显然是对此次巡视十分重视,《史记》记载了此行对上古圣人舜、禹的祭祀,但人们忽视了另一个问题,那便是秦始皇巡游此地的主要目的。前文我们谈过,该地区在东周时期一直是吴、楚

---

① 吴白匋. 从出土秦简帛书看秦汉早期隶书[J]. 文物,1978(2).
② 睡虎地秦墓竹简整理小组. 睡虎地秦墓竹简[M]. 北京:文物出版社,1990:165.
③ 司马迁. 史记:卷六[M]. 北京:中华书局,1959:260.

两国争夺铜料的重地，吴国能够争霸中原的资本是依靠本地丰富的铜资源和精湛的铸铜技术，秦始皇巡游关东六国故地的最大用意是控制天下民心并稳固政权，考虑到铜在当时已成为铸币的主要原料，那么秦始皇此行的目的很可能也是控制该地铜料。

由于秦代的一系列严苛的政策，秦末的农民大起义以及项羽、刘邦等势力的崛起，直接导致了秦从统一到灭亡仅仅存在了15年的时间，这使得秦的许多统一措施并未能完全推广至全国。公元前202年，汉高祖刘邦击败项羽，赢得"楚汉战争"，建立了西汉王朝，稳定政权和恢复相应的统治秩序成为汉初的当务之急。中央政权在剪除了韩信、臧荼、彭越等异姓诸侯王的叛乱后，实施了休养生息、无为而治的统治方针，同时总结了秦亡的教训，在汉帝国东部分封了大量的同姓诸侯王，建立了郡国分制的政治制度。这种制度在汉初起到了迅速稳定刘姓政权的作用，但随着诸侯国势力的膨胀，在汉景帝时期爆发了"七国之乱"，汉景帝派周亚夫迅速平定了叛乱，实施了一系列分化诸侯权力的政策，首先是"众建诸侯而少其力"，如在吴、楚、齐、赵四国旧地，又陆续封皇子十三人为诸侯王，使得诸侯王国的势力大大削弱；另外在景帝中元五年又下诏："令诸侯不得复治国，天子为置吏，改丞相曰相，省御史大夫、廷尉、少府、宗正、博士官，大夫、谒者、郎、诸官长丞，皆损其员。"汉初分封的同姓诸侯王国中，除了丞相为中央设置外，其余方面基本"同制京师"，具有极大的独立性，从诏书中去除御史大夫、廷尉、少府等官职便可看出。在这个诏书中有三点内容值得重视，一是诸侯不得复治国，也就是诸侯王不能干预其封国的政务，剥夺了其统治权力；二是"天子为置吏"，诸侯国的官员由中央任免，这就使得诸侯国的统治模式基本与郡县相同；三是去除了一系列官职，从礼仪制度层面使得诸侯王没有以往相应的待遇和规制。至此，西汉一代的诸侯王问题基本得到了解决。

到了汉武帝时期，中央集权制达到了顶峰。在政治领域，汉武帝接纳主父偃的建议，推行了推恩令，其实质同景帝的"众建诸侯"相同，只是在分化诸侯权力的程度上更甚一步，使得西汉中后期的众多诸侯几乎没有任何权力，很多侯国已成为中央的郡县。经济领域是汉武帝重点改革的内容，突出表现在官铸货币、盐铁官营等方面，直接影响了中国两千多年的帝国经济模式。文化领域，则是"罢黜百家，独尊儒术"。汉初所奉行的"黄老无为"思想使得社会迅速安定，社会经济有了极大的发展，也就是历史上著名的"文景之治"，汉武帝即位后所做的第一件大事便是将儒家思想定为国家的思想之本。在汉初无为而治的状况下，各家思想学说均有一席之地，这也是秦灭亡后，各家学说在经历了严苛的控制后迅速复苏的重要原因。汉武帝时期为了加强中央集权和控制社会思想，就必须推行一种既维护自身政权，又能为人们所接受的思想，这种思想便是儒家思想。儒家思想源自春秋时期孔子的学说，孟子将其进一步推广和改进，其奉行的核心内容便是"大一统"。儒家学说在长期的发展过程中，又不断吸收其他学派的思想，特别是武帝时期涌现了一批著名的儒生，最具代表性的人物便是董仲舒，他将先秦时期复杂、深奥的儒家经义同人们所普遍认同的阴阳五行思想相结合，创造了新的汉家儒学，即"天人感应""三纲五常"等内容，使得皇帝的权威达到了前所未有的高度。

中国早期帝国时代的统一进程在汉武帝时期基本完成，包含了政治、经济、文化等各个领域。这一过程由秦始皇统一六国开始实施，经过了近百年的时间最终完成。除了上述的几个领域外，还有一个重要的方面便是疆域的统一和扩展，主要有两大内容：一是秦始皇攻略南岭，设置桂林、象郡等；二是汉武帝收复南越、东越、东瓯等国，攻略今贵州、云南等地的西南夷，征伐匈奴，收复河西走廊、朔方等地。因该部分内容同本书的关系不大，此处不详述。

第二节　帝国时代铜功能的转化

秦汉帝国的建立，使得中国社会的各个领域均发生了巨大的变化，无论是物质文明还是精神文明，其核心内容均是围绕皇权至上的理念进行建设和发展的。以上的分析是从制度层面追溯了帝国统治体系的形成过程，统治体系的转变必将带来崭新的物质文化面貌，那么铜作为先秦时期国家制度和礼仪最为重要的物质载体，又发生了哪些变化？这些变化的历史动因主要体现在哪几个方面，这是本节主要探讨的问题。

一、秦汉时期铜器的基本类型

所有事物的发展都有一个或长或短的过程，制度层面的变革是随着一个新王朝的建立而随即发生的，但制度影响下的物质文化面貌则需要一个相对缓慢的转变过程。从夏商周时期的青铜时代向秦汉以后铁器时代的转化过程中，铜器的功能也有一定的转变期，秦汉时期便是处于这种转变的关键节点。

从中国古代青铜器的发展历程看，三代至秦汉时期是最主要的部分，秦汉时期的青铜器既保留了前代的风格，又有了巨大的创新。俞伟超先生从青铜艺术的角度对秦汉时期的青铜器有精辟的总结："在秦汉时代的四百四十年间，中国古代的青铜艺术度过了最后的辉煌。从世界范围内的青铜时代来观察，古代中国的青铜艺术占有最重要的地位。到了铁器时代后，秦汉时期的青铜艺术已处在秦汉文化总体中的次要位置，而古典世界的青铜雕像在当时的青铜艺术中则独步天下；但在青铜器的工艺美术成就方面，秦汉青铜器却是最突出的。即使就青铜雕像的造型艺术魅力而言，秦汉时期走着与古典世界不一样的艺术道路，主要以田园般的朴素和诚实的温情，表现了平易的风采和含蓄的魅力。"[1]

秦汉时期青铜器的装饰工艺只是其诸多转变的其中一类，最核心的转变则是其功能的转变，那便是由先秦时期的政治礼制功能转变为控制国家命脉的经济功能，这个转变需要从该时期的铜器种类谈起。《中国考古学·秦汉卷》对秦汉时期的青铜器种类有较为详细的分类[2]，共分为十二大类，分别为手工工具、兵器武备、车马机具、日用器皿、家用器具、梳妆用具、装饰用品、钱币、计量器具、社会与科学文化用品、丧葬与宗教迷信用品、杂品及部件。手工工具、兵器在夏商周时期以石器和铜器为主流，进入秦汉以后，随着铁器化的全面展开，至少在西汉中期左右已被铁器所取代；车马器在秦代以秦始皇陵的铜车马（图4.3）为代表，入汉以后多作为小型的明器出现在墓葬中，汉代以后十分少见；装饰用品多为小件器物，如铜簪、铜环等，虽然在秦汉以后的整个帝国时代都有一定的发现，但其功用较为简单，在整个社会发展史中占据的地位不高；家用器具见有炉具、灯具、餐饮用具等，炉具中以博山炉为代表（图4.4），这种器具同时又可能具备一定的宗教色彩，灯具中较为著名的有山西朔县汉墓和南昌海昏侯墓出土的雁鱼灯、满城汉墓出土的长信宫灯（图4.5）等，实用性和艺术性兼具，但数量较少。至于餐饮用具中的案、耳杯等，则逐渐被选材相对容易而又美观的漆器所取代。从整个帝国时代的铜器种类看，钱币、梳妆用具中的铜镜、日用器皿、计量器具和宗教用品等在整个帝国时代均有一定数量的发现。

---

[1] 俞伟超. 古史的考古学探索[M]. 北京：文物出版社，2002：215-216.
[2] 中国社会科学院考古研究所. 中国考古学：秦汉卷[M]. 北京：中国社会科学出版社，2010：643.

一号铜车马

二号铜车马

图4.3 秦始皇陵出土的铜车马
(引自《秦始皇帝陵园考古报告(2000)》,2006年)

钱币自春秋晚期开始用铜铸造以来,这种历史现象一直延续至清代灭亡前后,贯穿了中国的整个帝国时代。那么,古人在钱币质料方面为何钟情于铜,而不是其他材质呢?我们认为主要有以下几个原因:第一,商周时期的青铜文化影响深远,铜是国之大事"祀与戎"的主要材料来源,那么控制国家经济命脉的钱币使用铜便是理所当然的选择;第二,从铜的物质特性上看,铜是一种比较稳定的金属,在常温下不易生锈。《汉书·律历志》载:"铜为物之至精,不为燥湿寒暑变其节,不为风雨暴露变其形。"说明古人至少在汉代或在此之前就认识到了这个问题。第三,三代时期的铜器制造技术推陈出新,已熟练掌握了青铜冶铸技术的各个环节,因此从技术层面上看,铜作为钱币的材料也是一种必然的选择。

图4.4　满城汉墓出土的博山炉

(引自《满城汉墓发掘报告》,1980年)

秦始皇平定天下后,便在全国统一发行半两钱。入汉以后,从高祖刘邦到景帝刘启,货币改革一直在推行,发行的钱币有半两钱、榆荚钱、文帝半两等,汉武帝时期经历了三铢钱、赤仄五铢、郡国五铢的过渡,最终在元鼎四年全国统一发行了五铢钱,最终稳定了西汉一代的货币制度。此后两汉时期的钱币以五铢钱为主,各时期中央发行的五铢钱有所差别,主要体现在钱文的写法上有一定的区别,但整体形制差别不大,只是在经济衰落的时期会存在一定数量的"剪轮五铢"和"磨郭五铢"。另外,王莽篡政期间,为了推行复古运动,曾大

图4.5 长信宫灯

(引自《河北考古重要发现》,2009年)

肆推行了大量的仿古新莽钱币（图4.6），这在考古发现中多有体现。秦汉时期厚葬现象突出，墓葬中随葬钱币的习俗十分普遍，自五铢钱发行后，大多数汉墓中均能见到铜钱随葬，南昌海昏侯墓便出土了将近十吨的铜钱[①]，足见汉代发行铜钱之多。

---

① 江西省文物考古研究所,南昌市博物馆,南昌市新建区博物馆.南昌市西汉海昏侯墓[J].考古,2016(7).

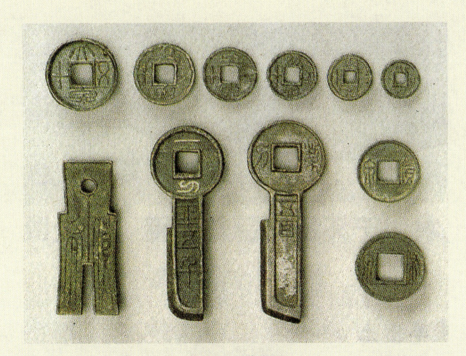

图4.6 新莽钱币

铜镜从战国时期开始成为墓葬中常见的随葬品之一,其时代性较明确,往往成为墓葬断代的标尺性信物之一。铜镜作为中国古代日常生活中的梳妆用具,其背部的纹饰和相关的铭文具有极高的艺术价值和历史价值,是我们了解古代社会思想、文化等诸多方面的重要载体之一。汉代是中国铜镜发展史上的第一个高峰,出土的铜镜除个别为长方形外,绝大多数为"圆板形具钮镜",即镜体为圆形,镜背居中有一镜钮,其变化主要表现在镜钮、镜缘的形制上[1]。西汉早期铜镜制作水平已十分成熟,代表性的镜类为草叶纹镜,通过考古发掘资料表明[2],临淄应是当时的铸镜中心之一,铸镜遗址中出土有大量铸造草叶纹铜镜的镜范(图4.7)。有些铜镜开始出现铭文,主要为吉祥语,铜陵市博物馆内便有一件带日光铭文的草叶纹镜,直径10.9厘米,柿蒂纹钮座,纹饰分内外两区,内区为"见日之光、天下大明"的铭文,外区为对称排列的草叶纹(图4.8)。

[1] 中国社会科学院考古研究所. 中国考古学:秦汉卷[M]. 北京:中国社会科学出版社,2010:657.
[2] 中国山东省文物考古研究所,日本奈良县立橿原考古学研究所. 山东省临淄齐国故城汉代铸钱遗址的考古学研究[M]. 北京:科学出版社,2007.

图4.7 临淄城出土的镜范

(引自《中国考古学·秦汉卷》,2010年)

图4.8 铜陵博物馆藏草叶纹镜

(引自《铜陵市博物馆文物精粹》,2012年)

从汉武帝时期开始，汉式镜的风格成型，带连弧纹的日光镜和昭明镜开始出现，并成为西汉一代最为流行的镜类。新莽至东汉初期是铜镜风格发生重大变化的时期，以青龙、白虎、朱雀、玄武的四神图像为中心，形象各异的禽鸟、瑞兽等成为常见的主题纹样[1]。另外，博局纹镜成为该时期极为盛行的镜类。铭文种类繁多，内容丰富，排列灵活；"尚方""王氏""朱氏"等作镜者铭、"纪年铭"以及宣传铜镜品质的"善铜""佳镜"等铭文出现。其中"善铜"类镜发现较多（图4.9），在长安、洛阳、长沙等地均有一定数量的发现，铭文有"新有善铜出丹阳，和以银锡清且明，左龙右虎主四彭，朱爵玄武顺阴阳"，《中国铜镜图典》中收录了一面"善铜"镜[2]，铭文的前四句与以上相同，后三句为"八子九孙治中央，刻娄博局去不羊，家常大富宜君王"。铭文中的"新"指的是新莽时期，"和以银锡"点明了铸镜的原料，"善铜出丹阳"说明了汉代的丹阳郡是当时良好的铜料来源，其中的"博局"为此类镜子的定名提供了参考。这类镜子基本为博局纹镜，外饰多为"TLV"状，应该与当时的谶纬思想、阴阳五行思想的流行有密切关系[3]。东汉中晚期以后，中国应该形成了南、北两个铸镜中心，北方常见变形四叶纹镜、简化博局纹镜、连弧纹镜，而南方流行画像镜和神兽镜。

图4.9　"善铜"铭铜镜

（引自《洛阳铜华：洛阳铜镜发现与研究》，2013年）

---

[1] 孔祥星，刘一曼. 中国古代铜镜[M]. 北京：文物出版社，1984：108.
[2] 孔祥星，刘一曼. 中国铜镜图典[M]. 北京：文物出版社，1992：266.
[3] 程林泉，韩国河. 长安汉镜[M]. 西安：陕西人民出版社，2001：140.

秦汉时期的日用器皿较多保持了先秦时期的形制特征,种类以铜壶最为常见,满城中山王墓出土两件铜壶,一件饰有鎏金蟠龙纹(图4.10),另一件为错金银鸟篆文铜壶①,另外一些西汉时期的高等级墓中还出土有铜鼎、铜钫等,其中铜鼎随葬于墓中是周代礼制的一种延续。秦汉时期的铜器皿经历了由礼器向

图4.10 满城汉墓出土的鎏金蟠龙纹铜壶
(引自《河北考古重要发现(1949~2009)》,2009年)

---

① 中国社会科学院考古研究所,河北省文物管理处.满城汉墓发掘报告[M].北京:文物出版社,1980.

日用器的转变过程，吴小平先生论述了两汉青铜容器的变化过程，指出这一变化在西汉晚期完成①。整体面貌一方面是对传统器类的延续，另一方面则是新风格的兴起。秦汉时期日用铜器新风格的兴起，其主要动因是该时期已打破了商周以来礼制的束缚，铜器已不再是上层贵族所专用之物，从俗化的现象十分明显。铜质的日用器皿在秦汉以后逐步减少，魏晋南北朝时期常见的有釜、镳斗、唾壶等；唐代以后铜器皿进一步简化，造型雷同，不见复杂装饰②；宋代的仿古铜器和明清时期的宣德炉等更多是当时社会文化的一种写照。

自秦始皇统一后，历代王朝对计量器具还是比较重视的，大多数正史中的《律历志》对此均有相对明确的规定。两汉时期的尺度发现较多，白云翔先生收集了最新的考古发现，对汉代尺度进行研究，两汉时期日常用尺主要是铜尺、骨尺和木尺，其中最适合的材质是铜③。根据不完全统计，目前所发现的东汉60件尺子中有35件为铜质。这种现象也一直持续至唐宋时期，除了魏晋时期多为骨尺外，其余基本为铜尺，铜陵博物馆馆藏一件唐代缠枝花卉纹铜尺，尺面刻度由一等同于五小格的长格和五小格组成，长格饰有花卉纹，五小格内饰独立的纹饰，如人物、花卉等，长格13.7厘米、小格2.5~2.8厘米（图4.11）。量器发现较多，除了前文我们已提及的秦代量器外，汉代量器累计发现63件，且基本为铜质。其中，年代准确且有标注容量铭文的量器13件④。台北故宫博物院藏新莽嘉量，可视为五量合一的标准器：中间圆柱体上为斛，下为斗；左侧所附为升；右侧所附上为合，下为龠（图4.12）。令人称奇的是此器的形制与刘歆在《汉书·律历志》中的表述基本相同，即"其上为斛，其下为斗，左耳为升，右耳为合、龠"。权衡器在两汉时期共发现近80件，西汉至新莽时期多为铜质，东汉常见铁质⑤。西汉景帝阳陵出土一套铜权，共5个⑥。汉代以后所发现的权衡器也基本为铜质，其中以元代发现最多，这可能与元代的疆域辽阔、各民族之间的贸易往来较为频繁有关。

---

① 吴小平.从礼器到日常用器：论两汉时期青铜容器的变化[J].厦门大学学报(哲学社会科学版),2006(3).
② 齐东方.唐代铜器皿简论[J].文博,2005(2).
③ 白云翔.汉代尺度的考古发现及相关问题研究[J].东南文化,2014(2).
④ 邱光明.中国历代度量衡考[M].北京：科学出版社,1992：244-253.
⑤ 姜波.秦汉度量衡制度的考古学研究[J].中国文物科学研究,2012(4).
⑥ 陕西省考古研究所.汉阳陵[M].重庆：重庆出版社,2001.

图4.11　铜陵博物馆藏唐代铜尺

（引自《铜陵博物馆文物精粹》，2012年）

图4.12　新莽嘉量及铭文（拓本）

（引自《中国考古学·秦汉卷》，2010年）

宗教贯穿着人类社会发展的历史，同时也伴随着一系列遗物的出现。秦汉时期，原始道教有了进一步的发展，神仙思想浓厚。东汉时期，佛教传入中国，并在随后整个帝国时代的宗教信仰中都占据着重要的位置。秦汉时期铜质的宗教遗物有羽人、四川摇钱树上的铜佛像等。铜佛像在南北朝时期开始大量出现，并一直持续至明清时期。

二、铜器功能的转化

通过以上对帝国时代铜器种类的分析，不难发现，自秦汉以后铜器的功用已发生了重大的转变，总体来看是从先秦时期的政治礼仪功能转向经济、文化功能，其中经济功能是最主要的。

(一) 新礼制形成与青铜器功能的转化

随着秦始皇统一六国，建立了中央集权制的统一帝国，使得周代的礼乐制度完全衰落。汉承秦制，虽然在汉初，高祖刘邦为了稳定统治基础，采取了郡国分制的政治制度，但随着汉景帝平定七国之乱和汉武帝推行"推恩令"，使得诸侯王的权力名存实亡。与此同时，汉武帝使董仲舒"罢黜百家、独尊儒术"，推行"三纲五常"的思想，汉代的礼仪制度完全成熟，新礼制的产生必定会造就新的物质文化面貌。

汉代新礼制的核心是维护皇帝至高无上的权威，这在都城的建制和陵墓的设置方面表现得淋漓尽致。在陵墓方面，汉代帝陵沿袭战国以来的风格，修建高大的封土，并在秦始皇陵的基础上进一步完善了祭祀制度（图4.13）。这与先秦时期体现身份等级的方式截然不同，前文我们谈到商周时期的青铜器是体现等级身份的主要方式，即墓葬中随葬鼎、簋数量的不同，标志着其等级的差异，其中国君身份是随葬"九鼎八簋"，而到了汉代体现其身份的则是封土的高度①、陵园建筑以及相关的祭祀活动，地下埋葬部分主要是玉衣制度②。由此可知，商周时期的等级体现主要是埋于地下，主要服务于死者；而秦汉时期则注重地上建筑，其目的是维护帝王的权威和国家的统治，主要是为生者进行祭祀和瞻仰所用。这就使得商周时期的大量礼器失去了其原有的作用，即以铜鼎为代表的青铜器礼仪功用的丧失。

图4.13　汉武帝茂陵封土

---

① 《白虎通·崩薨》明白地说明了封土的高度和植树的种类："天子坟高三仞（周代一仞为八尺；西汉为七尺；东汉为五尺六寸），树以松；诸侯半之，树以柏；大夫八尺，树以栾（一种落叶乔木，又叫灯笼树）；士四尺，树以槐；庶人无坟，树以杨柳。"

② 《后汉书·礼仪志》载："诸侯王、列侯、始封贵人、公主薨，皆令赠印玺、玉柙银缕；大贵人、长公主铜缕。"

当然，先秦时期的青铜文化根深蒂固，这种文化面貌的衰退则经历了较长的一段时间。汉代建立以后，叔孙通修汉仪，便吸纳了较多的周礼因素，贾谊等人为了稳定社会思想，也极力推行褒周过秦的政治主张，其撰写的《过秦论》便是其中的代表作。这也就是使得在汉初的一段时间内，周礼文化仍然大量存在，在汉武帝以后周代的礼制文化迅速衰落，逐渐形成了汉家自有的制度。汉宣帝便对时任太子的汉元帝说过："汉家自有制度，本以霸王道杂之，奈何纯任德教，用周制乎！且俗儒不达时宜，好是古非今，使人眩于名实，不知所守，何足委任！"[1]另外，从两汉诸侯王墓出土铜器的情况也可以很好地证明这一过程[2]，西汉早期的徐州狮子山楚王墓、山东临清长乳山汉墓均出土有铜列鼎，并伴有大量的铜乐器，这种现象在西汉中期便开始衰落，中山靖王刘胜墓出土的铜鼎、铜钫的形制开始变小，数量变少，西汉晚期的诸侯王墓则很少有完整的铜礼器和乐器组合了。东汉诸侯王墓的随葬品更是以生活化的陶质模型明器为主，铜器仅有少量的车马器具和饰件等。当然，以上情况是一种普遍现象，从《后汉书·礼仪志》的记载中还可以看到东汉皇帝死后实行"大丧"礼时，太常要进行"太牢奠"，这还是对周礼中用鼎制度的一种延续，同时记载了天子随葬品中有"瓦鼎十二"，即正鼎九和陪鼎三，安阳西高穴曹操高陵中便出土了十二件陶鼎[3]。

综上所述，周代的礼仪制度在西汉中期以后便开始衰落，汉家的新礼制已逐渐取代旧有礼制，虽然王莽篡政后，一度追求恢复古礼，但由于不适应社会发展的规律，最终以失败告终。此后的历代帝王均是以汉代统治思想为基础，建立符合王朝的礼仪制度，用来体现其身份和地位。南北朝时期可能是以墓葬规模、陶俑数量的多少、壁画内容等来体现[4]；隋唐时期墓葬的等级在墓葬形制方面有突出表现[5]。总体来说，自秦汉以后铜器已不再是礼制方面的反映，铜器的功能已发生了重大的转变。

（二）古代商品经济的发展促使铜的职能转化

先秦两汉的经济面貌，大致以春秋晚期为界，前一阶段是从国家诞生的夏

---

[1] 班固.汉书：卷九[M].北京：中华书局，1962：278.
[2] 刘尊志.两汉诸侯王墓研究[M].北京：社会科学文献出版社，2012：189-195.
[3] 河南省文物考古研究院.曹操高陵[M].北京：中国社会科学出版社，2016.
[4] 韦正.魏晋南北朝考古[M].北京：北京大学出版社，2013：91.
[5] 齐东方.唐代的丧葬观念习俗与礼仪制度[J].考古学报，2006(1).

王朝开始，后一阶段又可分为两个时期，第一个时期为春秋晚期到汉武帝时期，第二时期则是汉武帝以后。突出表现在手工业和商业的发展，其核心便体现在货币制度的逐步完善上。

货币是商品经济的媒介，《史记·殷本纪》载"厚赋税以实露台之钱"；《史记·平准书》载"虞夏之币，金为三品：或黄或白或赤，或铁货布或刀或龟背"，这些文献记载都说明了夏商时期存在铜和铁的货币，当然这种记载与目前的考古发现不符，吕思勉先生在《先秦史》一书中也否认了这些记载①。

在商代已有原始货币的出现，即贝币，但是否作为严格意义上的货币而存在，学界对此持否认态度，陈旭先生就认为："从考古现象观察，则可以判断海贝作为随葬品并不是货币，而是装饰品。"②夏商时期的商品交换均为物物交换形式，《尚书·酒诰》载："其艺黍稷，奔走事厥考厥长，肇牵车牛，远服贾用，孝养厥父母"，这段话说的意思是农人载着农产品去进行"以货易货"的集贸活动。《易·系辞》记载了传说中神农氏时期的交易活动，"神农氏作……日中为市，致天下之民，聚天下之货，交易而退，各得其所"。《孟子·公孙丑下》载："古之为市也，以其所有易其所无者，有司治之耳。"③孟子所说的古时指的应是战国以前的时期。

到了西周时期，货币形态尚在萌芽之中，生产者之间的交换，主要也是以物换物的形式④。随着铸铜业的发展，出现了具有货币职能的铜贝，其使用单位为"朋"，也有以"孚"为单位称量货币铜⑤。但从诸多出土青铜器的铭文中可发现，西周时期铜货币的流通功能并不发达，主要用于贵族之间或上下级之间的转让、馈赠和支付，如德方鼎铭文"隹（唯）三月，王才（在）成周，……王易（锡）徝（德）贝廿朋，用乍（作）宝尊彝"⑥。也有少量的表示商品媒介的，如陕西董家村出土的卫盉，铭文记载了用贝八十朋买田一千亩，贝三十朋买田三百亩⑦。

春秋末年，随着铁器开始更多地出现在生产领域，社会生产力有了进一步

---

① 吕思勉. 先秦史[M]. 上海：上海古籍出版社，1982：323.
② 陈旭. 夏商文化论集[M]. 北京：科学出版社，2000：188.
③ 孟轲. 孟子[M]. 万丽华，蓝旭，译注. 北京：中华书局，2007.
④ 蔡锋. 中国手工业经济通史：先秦秦汉卷[M]. 福州：福建人民出版社，2005：367.
⑤ 田昌五. 中国封建社会经济史：第1卷[M]. 济南：齐鲁书社，1996：138.
⑥ 马承源. 德方鼎铭文管见[J]. 文物，1963(11).
⑦ 庞怀清. 陕西省岐山县董家村西周铜器窖藏发掘简报[J]. 文物，1976(5).

的提高，战国时期各国又盛行变法，促使了社会分工的进一步细化，特别是前期的手工业生产出现私营化，这就直接导致了商业的兴起。春秋时期的陶朱公范蠡便是该时期商人的代表，他在辅佐越王勾践灭掉吴国后，"乃乘扁舟，浮于江湖，变名易姓，适齐为鸱夷子皮，之陶为朱公。朱公以为陶天下之中，诸侯四通，货物所交易也。乃治产积居。……后年衰老而听子孙，子孙修业而息之，遂至巨万。故言富者皆称陶朱公。"[1]战国时期，商业有了进一步发展，《史记》中记载了多名以富而得名者，如猗顿从事盐业而富甲一方，乌氏倮以畜牧业而发家，白圭以"居积趋时为务"，邯郸郭纵、赵国卓氏、宛城孔氏以及鲁国邴氏均以铁致富等，其中最为著名的人物便是吕不韦，其通过向各国贩卖各种物资达到了富可敌国的境界，甚至将邯郸的秦质子（秦庄襄王）视为"奇货可居"，"立国家之主可赢无数"[2]，他以商人的思维成功地跃居秦国"相邦"的地位。

货币作为商品交流的媒介至少在战国时期已比较流行，从目前的考古资料看，各国基本都有铸币，而且各国货币相互之间也进行流通。关于钱币在国家中地位的确立，《汉书·食货志》有明确的记载："黄金方寸，而重一斤；钱圜函方，轻重以铢。布帛广二尺二寸为幅，长四丈为匹。故货宝于金，利于刀，流于泉，布于布，束于帛。"[3]这段记载是姜太公为周代建立的流通货币的方法，其大致意思就是货币比金子珍贵，比刀要锋利，流通起来比泉水还流畅，比布匹更易分散，比帛则更易束聚起来。记载中提到钱币的形制为圜钱，我们在前文对历代货币的梳理可知，这种圜钱出现的时间应该在春秋以后了，西周时期的钱币则是贝币，所以这段话我们还不能断定是否为西周时期货币流通的状况，但至少能反映汉代甚至是战国时期人们对钱币价值的认识。《汉书·食货志》还记载了春秋时期单穆公对钱币发行和国家稳定之间关系的认识，认为国家发行钱币应兼顾大、小钱，不能一味颁布大钱而忽视小钱，这样会导致百姓失去他

---

[1] 司马迁.史记：卷一百二十九[M].北京：中华书局，1959：3257.
[2] 刘向.战国策[M].缪文远，译注.北京：中华书局，2006：92.
[3] 班固.汉书：卷二十四下[M].北京：中华书局，1962：1149.

们的钱财从而使国家开支出现困难,百姓出现流亡①。这就说明了至少在汉代以前人们就认识到钱币的发行对维护国家的稳定有重要的作用,当然这种认识是在商品经济发展到一定程度才会出现的,东周以来社会经济的发展和社会分工的细化便促进了这一进程。

秦汉帝国建立后,随着铁器全面化发展和牛耕技术的提高,社会经济进入飞速发展的时期,土地私有买卖也成为一种常态,商品交易的现象十分普遍。人们也了解了各地区的主要物产,司马迁在《史记·货殖列传》中描述了当时商业发达的情景:"夫山西饶材、竹、穀、纑、玉石,山东多鱼、盐、漆、丝、声色,江南出楠、梓、姜、桂、金、锡、连、丹沙、犀、玳瑁、珠玑、齿、革,龙门、碣石北多马、牛、羊、旃、裘、筋、角,铜、铁则千里往往山出棋置。此其大较也。皆中国人民所喜好,谣俗被服饮食、奉生送死之具也。故待农而食之,虞而出之,工而成之,商而通之。""汉兴,海内为一,开关梁,弛山泽之禁,是以富商大贾周流天下,交易之物莫不通,得其所欲,而徙豪杰诸侯强族於京师。"②其中的"豪杰诸侯强"指的是当时各地的富商,虽然当时的商业已经比较发达,但重农抑商的思想一直在古代社会占据主流。另外,在西汉一代至少形成了19个商业发达的城市,其中以长安和洛阳为"中心都会",其余17个统称都会,即长安、洛阳处于全国一西一东最大都会地位,其他地方各与之形成联络网点,同时各都会又与其附近地区商业活动相联系,这样就在全国形成10个大经济区,即关中区、河东区、河内区、燕赵区、河南区、齐鲁区、梁宋区、三楚区、南越区、颍川南阳区③。

先秦至两汉时期,人们对于钱币的重视还体现在对官员俸禄的发放、租赋的收取等方面,这表明了钱币在各阶层人们心中的地位逐渐提升。中国的租赋,在春秋时期及以前主要是力役,战国时期才包括了实物,到了汉代则主要是用钱了④。马克思在《资本论》中提出,"在商品生产达到一定水平和规模时,货

---

① 《汉书·食货志下》载:"周景王时患钱轻,将更铸大钱,单穆公曰:'不可。古者天降灾戾,于是乎量资币,权轻重,以救民。民患轻,则为之重币以行之,于是有母权子而行,民皆得焉。若不堪重,则多作轻而行之,亦不废重,于是乎有子权母而行,小大利之。今王废轻而作重,民失其资,能无匮乎?民若匮,王用将有所乏,乏将厚取于民,民不给,将有远志,是离民也。且绝民用以实王府,犹塞川原为潢洿也,竭亡日矣。王其图之。'"
② 司马迁. 史记:卷一百二十九[M]. 北京:中华书局,1959:3253-3254.
③ 李剑农. 先秦两汉经济史稿[M]. 北京:中华书局,1962:199-202.
④ 彭信威. 中国货币史[M]. 上海:上海人民出版社,1965:70.

币作为支付手段的职能就会越出商品流通领域。货币变成契约上的一般商品，地租、赋税等由实物缴纳转化为货币支付。"①以货币形式缴纳租赋便是汉代商品经济发展到一定程度的明证。《孟子》所说的"有布缕之征，粟米之征，有力役之征"②，描述的就是战国时期收取租赋的类型。对于官员的薪酬和俸禄，战国时期主要是以粟米为主，这在文献中有多处显示。《论语·雍也》载："原思之为宰，与之粟九百，辞。子曰：'毋！以与尔邻里乡党乎！'"③这段话的意思是，原思当了孔子的管家，孔子给他九百石小米作为俸禄，原思拒绝不要，孔子就让他不要推辞，回去后分给自己的邻里乡亲。《孟子·滕文公下》载："仲子齐之世家也，兄戴盖禄万锺。"④这里的"盖"指的是地名，"锺"是盛放粮食的器具，意思是说陈仲子的哥哥在盖邑的俸禄是万石粮食。《管子·小问》也有相似的记载："客或欲见于齐桓公，请仕上官，授禄千锺。"⑤而两汉时期的俸禄则主要是铜钱，《汉书》中便有多处记载，如东方朔，"武帝初即位，待诏公车……奉一囊粟，钱二百四十。"⑥再如贡禹，"……拜为谏大夫，秩八百石，奉钱月九千二百。……又拜光禄大夫，秩两千石，奉钱月万二千。"⑦汉代的"秩"有级别的意思，"二千石"相当于郡守级别了，俸禄则是按照级别的高低而有所不同。

  控制度量衡也是国家稳定社会的重要内容，特别是在商品经济逐渐发达的秦汉时期，统一度量衡是国家必然的选择，同样，度量衡在中国历代多使用铜器也是和铜具有稳定性及不易生锈有一定的关系。从历史的发展进程看，度量衡的统一对国家的富强、稳定有极其重要的作用，其中秦国的崛起便有商鞅统一度量衡的因素在内，《战国策·秦策三》载："夫商君为孝公平衡权，正度量，调轻重，决裂阡陌，教民耕战，是以兵动而地广，兵休而国富，故秦无敌于天下。"⑧秦始皇显然认识到了这个问题，一扫六合后便统一了度量衡，这对后世产生了极为重要的影响。汉承秦制，对度量衡一直是中央统一管理和铸造，《汉

---

① 马克思，恩格斯. 马克思恩格斯选集：第二十三卷[M]. 北京：人民出版社，1995.
② 孟轲. 孟子：卷十四[M]. 万丽华，蓝旭，译注. 北京：中华书局，2006：332-333.
③ 孔子. 论语[M]. 张燕婴，译注. 北京：中华书局，2007：71.
④ 孟轲. 孟子：卷六[M]. 万丽华，蓝旭，译注. 北京：中华书局，2006：142.
⑤ 管仲. 管子：卷五十一[M]. 李山，译注. 北京：中华书局，2009：291.
⑥ 班固. 汉书：卷六十五[M]. 北京：中华书局，1962：2842-2843.
⑦ 班固. 汉书：卷七十二[M]. 北京：中华书局，1962：3073.
⑧ 刘向. 战国策[M]. 缪文远，罗永莲，缪伟，译注. 北京：中华书局，2007：25.

书·律历志》载:"量者,职在太仓,大司农掌之。"①同秦代相比,度量器具在汉代时获得了较大的发展,突出表现在量器在民间已广泛使用,秦量多为官方收取赋税、发放俸禄、分配口粮之用,而汉代中的渑池宫铜升、上林共府铜升、杨氏铜椭量等应当为某些宫廷贵族、大姓人家所专用的量器。从铭文上看,秦代铜量多为秦始皇或秦二世的诏书,而汉代的铜量铭文则无定规,此外在形制方面秦量基本为椭圆形,汉量则形制多样,应是满足不同需要而铸造的②。这种现象出现的根本原因依然是社会经济的进一步发展,使得社会分工更加细化所造成的。

(三) 社会文化、思想的发展导致铜器铸造的多样化

纵观先秦两汉的社会文化,其重要的转变时期是在战国时期。战国时期的诸子百家直接造就了公元前3世纪前后的思想大解放和百花争放的局面,商周时期那种庄重、神秘的青铜器类在战国时期发生了巨变。正如李泽厚先生所说:"殷周以来的远古巫术宗教传统在迅速消失,失去神圣的地位和纹饰的位置。再也无法用原始的、非理性的、不可言说的怖厉神秘来威吓、统辖和管理人们的身心了。"战国时期的青铜器的"两种式样恰好准确地折射出当时新旧两种体系、力量和观念的消长兴衰,反映着旧的败亡和新的崛起"③。

汉代文化的形成是充分融合了楚地和其他六国文化,特别是楚地浪漫的文化色彩对汉文化有重要的影响。虽然董仲舒进行了"罢黜百家、独尊儒术",但汉代的新儒学本身就是对战国时期多家思想的融会贯通,因此汉代的社会文化具有极大的包容性。汉武帝时期,汉代文化的内涵基本形成,在此之后的壁画墓、画像砖和画像石墓的多种题材便是汉文化的集中反映,主体内容是以儒家的道德节操为基础,包含了多种历史故事、神话幻想、现实图景和人们追求吉祥富贵生活的愿望等。反映在两汉的青铜器上,最具代表性的无疑是铜镜了,这种文化传统形成后,一直影响至唐宋时期。以至唐代德宗年间,"天下有铜山,任人采取,其铜官买,除铸镜外,不得铸造。"④这段记载充分说明了唐代皇帝对铜镜铸造的重视程度。

铜镜在我国古代长期流行的原因,应该是人们已经习惯性地把当时的文化

---

① 班固. 汉书:卷二十一[M]. 北京:中华书局,1962.
② 邱光明. 中国历代度量衡考[M]. 北京:科学出版社,1992:245.
③ 李泽厚. 美的历程[M]. 北京:生活·读书·新知三联书店,2009:48.
④ 刘昫. 旧唐书:卷十三[M]. 北京:中华书局,1975:376.

艺术和社会思想表现在最为常用的日常梳妆用器之上。前文我们也谈到，每个历史阶段的铜镜纹饰都有很大的不同，而这些纹饰的主要来源便是各个时期的社会思想，随着汉代以后社会文化的发展以及对外交流的日益普遍，人们对艺术和美的追求也在不断发展，唐代的瑞兽葡萄镜等镜类便是在吸取外来因素的基础上产生的（图4.14）。当然铜镜的广泛流通离不开日益盛行的工商业，至少从西汉晚期开始，铜镜私铸或私营的现象便十分普遍，铜镜铭文上的各类广告语逐渐流行，后世的湖州镜便是这一现象的典型代表。

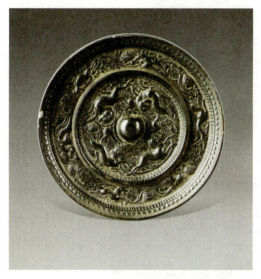

图4.14　唐代的瑞兽葡萄镜

（引自《铜陵博物馆文物精粹》，2012年）

宗教思想对帝国时代铜器种类的构成也有重要的影响，其中最重要的非佛教莫属。首先要说明的一点就是，佛教在中国的盛行，其最根本的原因是历代统治者为了维持政权的稳定，利用佛教的部分教义对普通大众进行思想上的控制，其实佛教自东传以来，便一直是处在中国化的过程中。以至到了唐宋时期，儒释道经常会在一起为大众所供奉，佛教的寺院布局在北朝时期已和中国的传统建筑格局几无二致了[①]。金铜佛像便是在这种背景下大量出现的，南北朝时期是第一个发展的高峰，由于铸像成风，需要大量的铜资源，甚至引起了铜料的

---

① 刘庆柱，韩国河. 中原历史文化演进的考古学观察[J]. 考古学报，2016(3).

短缺。北京延庆宗家营出土一件北魏时期的鎏金铜佛像[1]，现藏于首都博物馆，结跏趺坐，施无畏印，坐下两侧为两尊铜狮子，四足座床浑朴稳重，座后刻有"大代"等铭文，代表了北魏金镀铜造像的最高艺术水平（图4.15）。据《高僧传》记载：僧亮欲铸丈六金像，但铜料不足，于是远赴相州铜溪，将伍子胥庙内的铜容器熔化后才得以铸成[2]。僧人法悦于梁天监年间营铸佛像，需铜4万斤，经官民多方筹措，铜料仍然不足，后因圣迹显现才得以铸成，成为当时建康冠绝一时的铜佛像[3]。佛像大量使用铜料并占有大量的社会资源，引起了统治者的警惕，以至于发生了历史上著名的"三武灭佛"事件。

综上所述，秦汉以后的青铜器铸造类别已发生了重要的转变，这也代表着铜器职能的转化。其中铜钱和度量衡的生产是国家始终严格

图4.15 北京延庆出土的鎏金铜佛像
（引自《中国国宝展》，2004年）

---

[1] 东京国立博物馆.中国国宝展[M].东京：朝日新闻社，2004：110.
[2] 释慧皎.高僧传：卷一三[M].北京：中华书局，1992.
[3] 释慧皎.高僧传：卷一三[M].北京：中华书局，1992.

控制的部分，铜镜则是代表了人们对艺术和思想审美的追求，铜佛像则是国家在意识形态领域的部分体现。至于历代发现的青铜容器，本身的数量和类别就在逐渐减少，以至到了复古思想盛行的北宋和清代铜质的器具则成为富贵人家的古董玩物了。因此，中国自秦汉时期所开启的帝国时代，铜器的职能主要表现在社会经济方面，文化和思想领域则是次要方面，这种认识至少在汉武帝时期已有了充分体现，最为突出的事件便是设立铜官和"货币官铸"，前者是为了控制铜料来源，主要为国家铸币服务；后者则是从律法层面控制货币私铸以免影响社会经济，这种统治理念也一直持续至明清时期。

第三节　货币官铸的历史考察

货币作为商品交换的重要媒介，其产生和发展的过程是随着商品经济的发展而逐步推进的。随着社会经济逐渐发展的趋势，控制货币的生产和流通便是统治者掌握国家经济命脉的重要手段，其前提便是建立强有力的中央集权制度，这种历史趋势的完成便是在秦汉时期，确切来说是在汉武帝时期。

一、货币官铸的历史过程

中国古代货币的出现可追溯至夏商时期的贝币，如商代晚期的殷墟妇好墓中便出土了贝币，关于使用海贝当作钱币，《尚书·盘庚中》载："贝者，水虫，古人取其甲以为货，如今之用钱然。"但根据学界的研究，认为夏商时期的贝币用作商品交换的可能性不大。

东周时期，各国纷纷使用铜铸钱（图4.16），三晋两周地区以布币为多，可分为早期的空首布和晚期的平首布两大类，除此之外还铸造有一定数量的圜钱和刀币，其中魏国的圜钱最具代表性；齐国和燕国盛行刀币，其中以齐国的"齐法化"刀币最为著名；秦国在战国中期以后开始铸造半两钱，可能受到魏国圜钱的影响；楚国自春秋时期开始一直坚持自己的铜铸贝"蚁鼻钱"体系。战国中山灵寿城内便发现有铸币遗存，出土了较多的铸币泥范和石范[①]（图4.17）。随着商品经济的发展，各地货币的流通，列国的钱币分布范围十分广泛。这说

[①] 河北省文物研究所. 战国中山灵寿城：1975—1993年考古发掘报告[M]. 北京：文物出版社，2005.

明至少在战国时期,铜铸的钱币已成为主流,但从整体上还处在列国纷争的局面,没有统一的铸币标准,币制显得较为混乱。另外,在商品交流方面,物物交换应该还占据一定的地位,正如《国语》中管子所言:"服牛辂马,以周四方,以其所有,易其所无。"

楚"郢爰"金币
1974年扶沟县古城村出土

楚"陈禹"金币
1974年扶沟县古城村出土

燕"明"刀币
辉县市出土

齐"齐法化"刀币
征集

秦半两
征集

赵"襄垣"平首布
郑州市沟赵窖藏出土

魏"梁充(夸)釿二,五十当爰"圜肩布
征集

韩"宅阳"平首布
郑州市沟赵窖藏出土

图4.16 战国时期各国钱币
(引自《中原古代文明之光》,2011年)

匽刀币泥范

蔺布币石范

图4.17 中山灵寿城出土匽刀币泥范和蔺布币石范
(引自《战国中山灵寿城:1975—1993年考古发掘报告》,2005年)

秦代统一后,所推行的钱币沿袭了秦国战国时期的类型,即半两钱。秦半两钱在秦国统一的过程中便随之传向全国(图4.18)。关于秦半两钱,司马迁在《史记》中有相关的记载:"及至秦,中一国之币为二等,黄金以溢名,为上币;铜钱识曰半两,重如其文,为下币。而珠玉、龟贝、银锡之属为器饰宝藏,不为币。然各随时而轻重无常。"但从目前出土的秦半两钱的状况看,存在严重的轻重不一的现象,1976年湖北云梦睡虎地秦简的《金布律》中记载:"百姓市用钱,善恶杂之,勿敢异。"这是规定在装钱时,好的、坏的应装在一起。百姓在交易时使用钱币,质量好坏一起通用,不准选择①。这说明秦半两钱的铸造没有统一的标准,根据目前的考古发现,全国多个地方都发现有秦半两范的出土②。如秦都咸阳城的手工业作坊遗址出土有钱范母和浇口③,此为国家铸钱工场所的产品,钱模直径为2.3~2.4厘米,应为当时最标准的半两钱范。安徽贵池县曾发现两件秦半两钱范,分别为分流直铸和分流分铸两种技艺④,其中分流分铸式技艺源自楚国蚁鼻钱的生产技法(图4.19)。

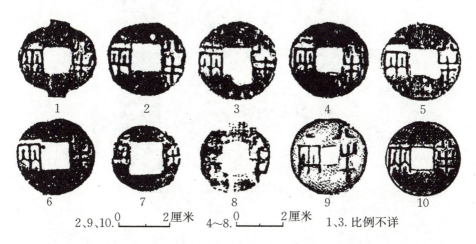

1~3. 临潼赵背户村秦始皇陵型徒墓出土　4~6. 临潼鱼池村遗址出土　7. 临潼上焦村M15:06　8. 秦始皇陵一号兵马俑坑出土　9、10. 云梦睡虎土秦墓土(均为M23:7)

图4.18　秦半两钱

(引自《中国考古学·秦汉卷》,2010年)

---

① 丁华. 从云梦秦简看秦国的商业政策[J]. 江汉考古, 2001(3).
② 姜宝莲. 秦汉半两钱范的研究[J]. 考古与文物, 2004(5).
③ 姜宝莲. 秦汉半两钱范的研究[J]. 考古与文物, 2004(5).
④ 卢茂村. 安徽贵池县发现"秦半两"钱范[J]. 考古与文物, 1994(4).

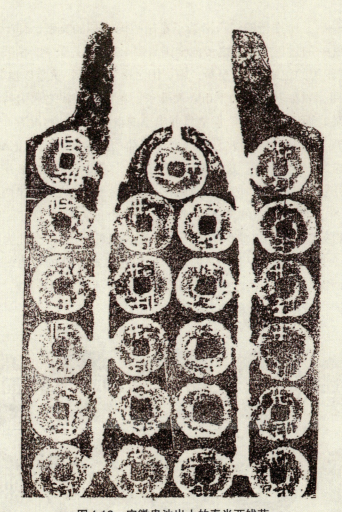

图 4.19　安徽贵池出土的秦半两钱范
(引自《安徽贵池县发现"秦半两"钱范》,《考古与文物》1994 年第 4 期)

汉兴以后,国家经过秦末的农民大起义和四年的"楚汉战争",经济凋敝,以至于"自天子不能具纯驷,而将相或乘牛车,齐民无盖藏"。于是刘邦为了改变国家贫瘠的状况,发行质量较轻、形制较小的榆荚钱,《汉书·食货志》载:"汉兴,以为秦钱重难用,更令民铸荚钱。"实际上其原因还是由于国家当时对铜料资源的控制不够,使得铸钱的原料紧缺,不得不铸造更加轻且小的货币。榆荚钱的弊端是制作粗糙且轻薄,民间私铸现象严重,造成物价飞涨,"而不轨逐利之民蓄积余赢以稽市,物痛腾跃,米至石万钱,马至匹百金"。随后高后二年,又恢复了重钱,"行八铢钱"。应劭曰:本秦钱,质如周钱,文曰半两,即八铢也。到了文景时期，国家经济逐渐恢复，这便是历史上著名的"文景之治"。这种状况是建立在国家无为而治、轻徭薄赋的基础上实现的，使得"京师之钱，累百万巨，贯朽而不可校；太仓之粟，陈陈相因，充溢积于外，腐败而不可食"①。但这种局面仅仅是体现在国库充裕、百姓相对富足的方面，而汉家王朝内忧外患的根源并没有改善，北方匈奴屡次犯边，给汉王朝带来了极大的威胁，这既是军事层面上的问题，更是国内政治不够稳定所造成的，形成这种状况的大部分原因源于帝国东部的各诸侯王。

在铸币方面，汉文帝为了应对铜资源不足和私铸现象严重的状况，采取了折中的办法，"夏四月，除盗铸钱令，更造四铢钱"，钱文仍为"半两"（图4.20）。这道诏旨的重点在于从法律层面上允许民间铸钱，但当时铜资源丰富的地区基本被诸侯王掌握，甚至一些权臣如邓通也掌握有铜山，致使其个人富甲天下。诸侯王在西汉早期具有极大的权力，其中最为核心的内容有两点，其一是拥有独立的行政权，其二便是铸币权，也就是说诸侯王可以在自己的王国内基本掌控着政治和经济两大方面。在诸多的诸侯王中以吴王刘濞最为富有，《史记·平准书》载："是时，吴以诸侯即山铸钱，富埒天子，后卒叛逆。邓通，大夫也，以铸钱，财过王者。故吴、邓钱布天下。"刘濞是刘邦兄刘仲之子，高祖十一年被封吴王，吴国是刘邦所封之同姓诸侯中第二个大国，更重要的是，吴国占据山泽之饶，铜矿之利，加之其拥有较大的自主权，在国内大肆铸币，文帝时期吴国便在经济上达到了足以脱离中央政权的程度，这为其后来的谋反奠定了经济基础。刘濞叛乱的导火索是景帝时期御史大夫晁错提出的"削藩令"，即主张借诸侯王触犯法网的时机，削减诸侯王的封地，并特别指出吴王刘濞"诱天下亡人谋作乱，今削之亦反，不削亦反。削之，其反亟，祸小；不削，反迟，祸大"。景帝采纳了这个建议，陆续削减楚王的东海郡、赵王的常山郡以及胶西王的六个县，由于吴王势大，暂未对其封地进行削减，但刘濞已决心利用此次机会进行谋叛，利用其雄厚的财力，串通了楚、赵、胶西、胶东、淄川和济南六国，发动了"七国之乱"，毫无疑问是以吴国为首，刘濞自称为"东帝"。但由于七国之乱不得民心，仅三个月便被周亚夫所平定。这场叛乱给中央政权敲响了警钟，汉景帝随即推行了一系列分化诸侯权力的政策，中央的政令得以真正达于全国，货币官铸也成为汉王朝急需解决的问题。

---

① 司马迁. 史记：卷三十[M]. 北京：中华书局，1959：1420.

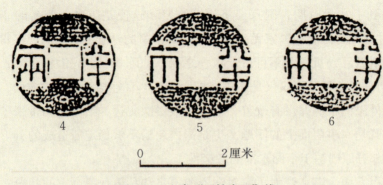

图 4.20 文帝"四铢半两"钱
(引自《江陵凤凰山一六八号汉墓发掘简报》,《文物》1975年第9期)

对于中央是否收回铸币权,汉文帝时期的杰出政治家贾谊便十分明确地陈述了统一铸币权不仅没有害处,还可带来"七福":

"何谓七福?上收铜勿令布,则民不铸钱,黥罪不积,一矣。伪钱不蕃,民不相疑,二矣。采铜铸作者反于耕田,三矣。铜毕归于上,上挟铜积以御轻重,钱轻则以术敛之,重则以术散之,货物必平,四矣。以作兵器,以假贵臣,多少有制,用别贵贱,五矣。以临万货,以调盈虚,以收奇羡,则官富实而末民困,六矣。制吾弃财,以与匈奴逐争其民,则敌必怀,七矣。"①

由于"七福"是了解汉王朝"货币官铸"主要动机的重要内容,我们在此对原文进行翻译:"皇上把铜收集起来不让它散布,那么百姓就不会铸钱,黥罪就不会增多,这是第一。假钱不多,百姓不会互相怀疑,这是第二。开采铜矿进行铸钱的人回到耕地上去,这是第三。铜全归集于皇上,皇上就凭藉积累很多的铜来驾驭轻重,钱币轻就设法收集,钱币重就设法散发,钱和物一定会平衡,这是第四。用来制作兵器,用来赐予贵臣,多少有限制,使用时能分别贵贱,这是第五。用来监视市场,用来调节盈亏,用来收取盈余,那么官府富足而工商业者贫乏,这是第六。控制住了我们多余的钱财,来和匈奴竞争其人民,那么敌人一定会归顺,这是第七。"很可惜的是,汉文帝当时并没有听取贾谊的意见,直到汉武帝时才将以上建议得以充分实施。

汉武帝继位后,便认识到铸币业是国家控制经济命脉的大柄,为此前后进行了六次货币改革,第一次是在建元五年春,铸三铢钱(图4.21)并发行大额

---

① 班固. 汉书:卷二十四下[M]. 北京:中华书局,1962:1156.

的虚币皮币和白金,"令县官销半两钱,更铸三铢钱,重如其文"①。由于三铢钱较轻以及白金、皮币盗铸严重,建元五年,汉武帝实行第二次货币改革,"罢三铢钱,行半两钱"。史载:"有司一言曰:'今半两钱,法重四两。'"②又因"半两钱法重四铢,而奸或盗摩钱质而取熔,钱益轻薄而物贵,则远方用币烦费不省,乃以白鹿皮方尺,缘以藻馈,为皮币,直四十万,王侯宗室朝勤聘享,必以皮币荐壁,然后得行。又造银锡为白金"。这样为国家积攒了大量的财富,同时也导致了私铸盛行。虽然汉政府明令"盗铸诸金钱罪皆死",但"吏民之盗铸白金者不可胜数"③。同时,汉武帝的连年征战,导致国家财政空前亏空,耗尽了文景二帝积攒的钱财,在这种背景下,于元狩四年,"令县官销半两钱,更铸四铢钱,重如其文"。为了进一步防止盗铸,汉武帝于元狩五年进行了其继位后的第四次货币改革,"有司言三铢钱轻,易奸诈,乃更请诸郡国铸五铢钱,周郭其下,令不可磨取镕焉。"④此次币制改革则是鼓励各郡国铸造五铢钱,应付市场流通。但由于郡国五铢钱的质量不一,元鼎二年,"公卿请令京师铸钟官赤侧,一当五,赋官用非赤侧不得行"⑤。实际上赤仄五铢钱只是一种虚钱,盗铸不可避免,因此"其后二岁,赤仄钱贱,民巧法用之,不便,又废"。也就是说,赤仄五铢钱仅发行了一年多便被废除,因此后世流传下来的就极少了。满城汉墓出土的铜钱是西汉前期五铢钱的典型代表,有学者推测其中随葬于棺椁内的钱币可能是赤仄五铢钱⑥(图4.22)。

1、2. "三铢"半两钱(山东省博物馆藏) 3、4. "三铢"半两钱(青岛市博物馆藏) 5. "三铢"半两钱(朱活先生所藏)

图4.21 汉武帝发行的三铢钱

(引自《中国考古学·秦汉卷》,2010年)

---

① 司马迁. 史记:卷三十[M]. 北京:中华书局,1959:1427.
② 班固. 汉书:卷六[M]. 北京:北京:中华书局,1962.
③ 班固. 汉书:卷二十四下[M]. 北京:中华书局,1962:1164.
④ 司马迁. 史记:卷三十[M]. 北京:中华书局,1959.
⑤ 司马迁. 史记:卷三十[M]. 北京:中华书局,1959.
⑥ 蒋若是. 秦汉钱币研究[M]. 北京:中华书局,1997.

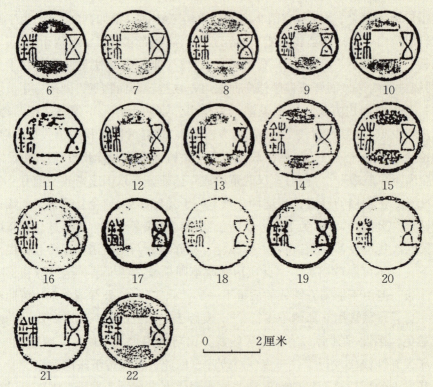

图 4.22 满城汉墓出土的五铢钱

(引自《满城汉墓发掘报告》,1980年)

在经历了多次币制改革后,汉武帝认识到要完全杜绝盗铸货币,就必须将铸币权收归中央,于元鼎四年进行了第六次币制改革,"悉禁郡国毋铸钱,专令上林三官铸。钱既多,而令天下非三官钱不得行,诸郡国前所铸钱皆废销之,输其铜三官。"[1] "上林三官",统辖于上林水衡都尉,主要负责五铢钱的制造和发行。按照张晏对《汉书·百官表》的注解,认为"三官"是指"锺官、辨铜、均输",锺官负责铸钱,辨铜是辨别铜的品种,均输则是对铜钱的发行和管理。陈直先生认为上林三官应为"钟官""辨铜"和"技巧"三令丞,钟官主铸造,技巧掌刻范技术,辨铜掌原料[2]。由中央铸造的三官五铢钱,其工艺水平和铸造技术有了很大程度的提高,工序也比较复杂,这就使得伪造者不易仿造,往往"计其费不能相当",反而得不偿失,盗铸者自然减少[3]。

---

[1] 班固.汉书:卷二十四下[M].北京:中华书局,1962:1169.
[2] 陈直.汉书新证[M].天津:天津人民出版社,1959:117.
[3] 林剑鸣.秦汉史[M].上海:上海人民出版社,2003:353.

这样，五铢钱作为汉代的法定货币被最终确立下来。此后西汉历经武昭、宣、元、成、哀、平六帝，五铢钱的钱型和文字大体均遵循三官定制，西汉末年王莽篡政，为恢复古制，发行了大量的新莽钱，五铢钱的铸造一度停止。东汉光武帝十六年，再次恢复五铢，学界称之为建武五铢，《古器物范图录》中收录有一件东汉建武年间的五铢钱范拓本（图4.23）。五铢钱在魏晋南北朝时期得以沿用，直到唐代武德四年通宝钱的发行才废弃不用。

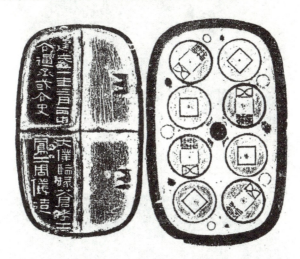

图4.23 建武五铢钱范拓本

（引自《中国钱币》，2001年）

二、锺官遗址的考古发现

锺官铸钱遗址[①]位于西安市户县兆伦村及附近地区，遗址东西宽约600米，南北长约2000米，总面积100万平方米以上。该遗址是汉武帝以后西汉一代的货币生产中心，一直持续至王莽时期，东汉定都洛阳以后，该遗址基本废弃。遗址中发现有城垣、建筑基址、水井、陶窑以及大量的陶范堆积坑，还有一些迹象明显的冶铸遗迹区。出土了大量的钱范，除了五铢钱范（图4.24）外，还有新莽时期的大泉五十、小泉直一、一刀平五千（图4.25）、小布一百、货布、刀币等钱币的钱范，其中一陶范母范头有铭文"锺官前官始……"（图4.26）。此外，还有一些五角形的陶水管道、铺地方砖和书写有"上林"字样的瓦当（图4.27）等。

---

① 姜宝莲，秦建明. 汉锺官铸钱遗址[M]. 北京：科学出版社，2004.

图4.24 锺官遗址出土的五铢钱范

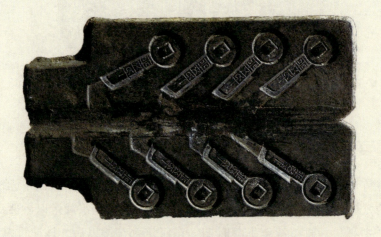

图4.25 锺官遗址出土的"一刀平五千"钱范

图4.26 锺官遗址出土陶范的范头铭文

图4.27 锤官遗址出土的"上林"瓦当

（以上图版均引自《汉锺官铸钱遗址》，2004年）

  在锺官遗址的附近，多年来陆续发现一些铸钱遗址，如汉建章宫下叠压的高低堡铸钱遗址[①]、汉长安城内的相家巷铸钱遗址[②]、窝头寨铸钱遗址[③]等。这些遗址均是围绕汉长安城分布，应该是上林三官的下属铸钱机构。此外，在汉长安城东北部的今澄城县业善乡坡头村也发现一处铸钱遗址，该遗址面积3万多平方米，1979年曾发现40余件西汉五铢钱铜范，经过考古发掘，清理了4座陶窑，其中一座被辨认为"烘范窑"（图4.28），窑体内出土有五铢钱铜范41件、陶背范100多件，另外还有坩埚、铁卡钳、陶质通风管、铁铲等铸钱工具[④]。《汉锺官铸钱遗址》的考古报告还复原了汉代铸钱的工艺，并将其制作为雕塑模型，形象地展示了当时铸币的状况（图4.29）。

  锺官遗址的发现具有重要的学术意义，在汉武帝收归铸币权之前，各郡国均有铸钱，另外还有较多的私铸钱币，这就使得在考古研究中难以辨认哪种钱币才是最为正统的"三官五铢"。该遗址应该是从汉武帝"货币官铸"后兴起，一直持续至新莽时期，在此期间除了汉武帝铸钱外，文献中还有宣帝、昭帝等

---

① 蔡永华. 解放后西安附近发现的西汉、新莽钱范[J]. 考古，1978(2).
② 姜宝莲，秦建明. 汉锺官铸钱遗址[M]. 北京：科学出版社，2004.
③ 姜宝莲，秦建明. 汉锺官铸钱遗址[M]. 北京：科学出版社，2004.
④ 陕西省文管会. 陕西坡头村西汉铸钱遗址发掘简报[J]. 考古，1982(1).

多个皇帝铸币的记载，王莽铸币的记载更为丰富。由于铜钱是汉代考古学文化断代研究最为常用的标尺之一，锺官遗址提供了汉代最为典型的官铸货币作为参照。

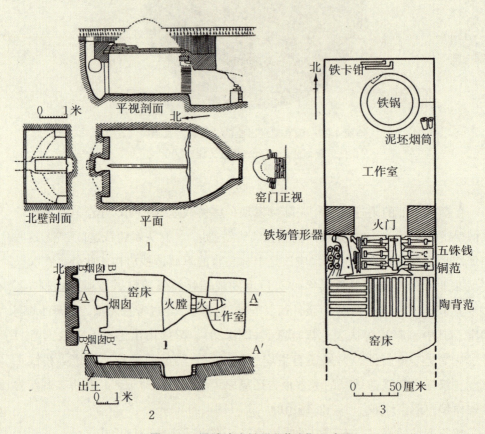

图4.28 澄城坡头村"洪范窑"示意图

1. 制范

2. 浇铸

图4.29　汉代铸币雕塑模型

（均引自《汉锺官铸钱遗址》，2004年）

第五章 国之命脉——铜官设立及其内部的设置

秦汉时期，随着中央集权制的逐步加强，国家在政治、经济以及文化等多个领域逐步实现了大一统，经济领域最为明显的标志便是实现了"盐铁官营"和"货币官铸"，实际上二者是相辅相成的。"盐铁官营"是指中央王朝对关系到国家命脉的重要资源进行严格控制，包括盐、铁、铜等，另外"货币官铸"的重要内容也是控制铜资源，在这种背景下，国家设立了铜官，这标志着中国古代铜器生产和管理进入到了新的时期。本章将结合文献记载和相关的考古发现，对铜官设立的背景、铜官的职能和内部设置以及汉代铜官的设立地点进行阐述。

第一节　汉代铜官的设立

铜官是国家设立的专门负责开采和冶炼铜的职官，从历代文献记载来看，明代的董说撰写的《七国考》载："按《杨升庵外集纪》：'秦官名有工官、盐官、铁官、铜官、锦官……'"[①]这段记载是说在秦代便有铜官了，但由于明代距秦代历史久远，在历代相传的文献中难免会有讹误之处，另外在历代的正史中也未见到有关秦代设置铜官的记载。所以笔者认为，关于铜官的设立，最为权威的说法还是《汉书·地理志》中的记载："丹阳郡，……有铜官"（图5.1）。铜官的设立是汉王朝加强中央集权的一种体现，是对国家重要资源控制和管理的重要手段。

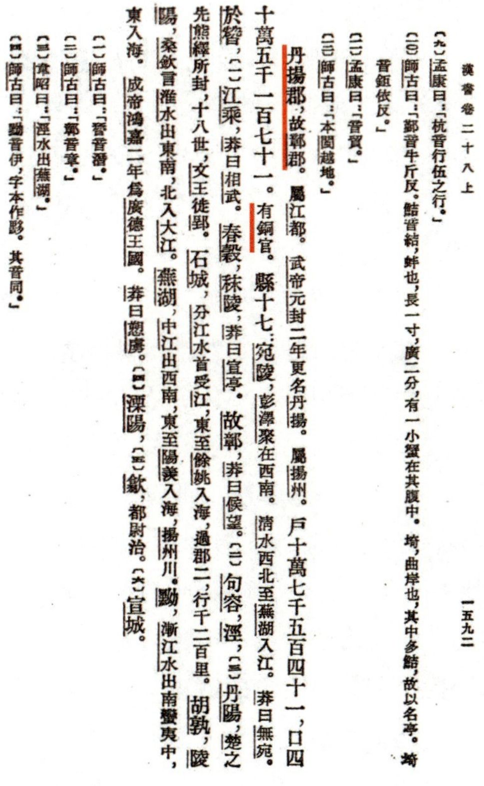

漢書卷二十八上　一五九二

〔九〕孟康曰：「杭音行伍之行。」
〔一〇〕師古曰：「鄞音牛斤反。鮚音結，蚌也，長一寸，廣二分，有一小蟹在其腹中。埼，曲岸也，其中多鮚，故以名亭。埼音鉅依反。」
〔一一〕孟康曰：「音貿。」
〔一二〕師古曰：「本閩越地。」

丹揚郡，故鄣郡。屬江都。武帝元封二年更名丹揚。屬揚州。戶十萬七千五百四十一，口四十萬五千一百七十一。有銅官。縣十七：宛陵，彭澤聚在西南。清水西北至蕪湖入江。莽曰無宛。於朁，〔一〕江乘，莽曰相武。春穀，秣陵，莽曰宣亭。故鄣，莽曰候望。〔二〕句容，涇，〔三〕丹陽，楚之先熊繹所封，十八世，文王徙郢。石城，分江水首受江，東至餘姚入海，過郡二，行千二百里。胡孰，陵陽，桑欽言淮水出東南，北入大江。蕪湖，中江出西南，東至陽羨入海，揚州川。黝，漸江水出南蠻夷中，東入海。成帝鴻嘉二年為廣德王國。莽曰愍虜。〔四〕溧陽，〔五〕歙，都尉治。〔六〕宣城。

〔一〕師古曰：「朁音潛。」
〔二〕師古曰：「鄣音章。」
〔三〕韋昭曰：「涇水出蕪湖。」
〔四〕師古曰：「黝音伊，字本作黟。其音同。」

图5.1　《汉书·地理志》对铜官的记载

① 董说. 七国考：卷一[M]. 北京：中华书局，1986.

一、"盐铁官营"与铜官的设立

西汉建立之初，中央王朝沿袭了秦代"重农抑商"的思想，高祖刘邦"令贾人不得衣丝乘车，重租税以困辱之"。到了高后、惠帝时期，虽然"复弛商贾之律"，但是"市井之子孙亦不得仕宦为吏"，"贾人有市籍者，及其家属，皆无得籍名田，以便农。敢犯令，没入田僮"。①这个政策最关键的内容在于"弛商贾之律"，根据《汉书·食货志》的记载，其中包含了"开关梁，弛山泽之禁"。

文帝时期，对盐、铁和铜的经营采取了更加放任的政策，《盐铁论·错币》载"纵民得铸钱冶铁煮盐"，于是商人大贾、豪强地主甚至地方诸侯王往往占有山海，进行采矿铸币、冶铁和煮盐活动，其规模可达到"至僮千人"。社会风气也有了较大的改变，"时民近战国，皆背本趋末"，即到了汉文帝时的百姓类似于战国时期，大都放弃了农业而从事工商业。到了汉景帝时期，商人的地位大大提高，在这种风气之下，甚至有的官员也开始从事商业活动，《汉书·景帝纪》载："吏及诸有秩受其官属所监、所治、所行、所将，其与饮食，计偿费，勿论。它物，若买故贱，卖故贵，皆坐臧为盗，没入臧县官。"②御史大夫晁错认识到这种状况已经严重威胁到汉王朝的统治，向汉景帝上书云：

"而商贾大者积贮倍息，小者坐列贩卖，操其奇赢，日游都市，乘上之急，所卖必倍。故其男不耕耘，女不蚕织，衣必文采，食必粱肉；亡农夫之苦，有阡陌之得。因其富厚，交通王侯，为过吏势，以利相倾；千里游敖，冠盖相望，乘坚策肥，履丝曳缟。此商人所以兼并农人，农人所以流亡者也。今法律贱商人，商人已富贵矣；尊农夫，农夫已贫贱矣。故俗之所贵，主之所贱也；吏之所卑，法之所尊也。上下相反，好恶乖迕，而欲国富法立，不可得也。"③

其中的"因其富厚，交通王侯，为过吏势，以利相倾"，说明商人不仅是占有大量的社会财富，更是成为威胁中央政权的一股力量。

由于文景二帝实施了无为而治的统治措施，进行"十五税一""三十税一"等轻徭薄赋的政策，为国家积累了大量的财富。汉武帝继位后，诸侯问题已在景帝时期基本解决，又进行了一系列军事方面的改革。如设立中外朝，外朝以

---

① 司马迁. 史记：卷三十[M]. 北京：中华书局，1959：1418.
② 班固. 汉书：卷五[M]. 北京：中华书局，1962：140.
③ 班固. 汉书：卷二十四[M]. 北京：中华书局，1962：1132-1133.

丞相为首，负责国家的行政事务，中朝以大将军为首，武帝时期的大将军是卫青，后来的霍去病被授予骠骑将军，与大将军地位相当。在进行了诸多准备后，这位雄才大略的皇帝一改过去的对匈奴屈辱和亲的妥协政策，开始对匈奴反击，发动了大规模的战争。随着战争的进行，国家的财政支出暴增，除了战争本身的耗费外，对军士的封赏和抚恤花费也甚大，《史记·平准书》载："捕斩首虏之士受赐黄金二十余万金，虏数万人皆得厚赏，衣食仰给县官；而汉军之士马死者十余万，兵甲之财转漕之费不与焉。于是大农陈藏钱经耗，赋税既竭，犹不足以奉战士。"①另外，汉军在收复朔方等地之后，汉武帝下令迁徙大量关东移民充实边境，"兴十万余人筑卫朔方，转漕甚辽远，自山东咸被其劳，费数十百巨万，府库益虚"。但国内的富商巨贾们则"冶铸煮盐，财或累万金，而不佐国家之急，黎民重困"②（图5.2、图5.3）。为了应对战争开支，解决财政危机，汉武帝决定从富商巨贾手中夺回利源，这便是盐铁官营。元狩四年，汉武帝任命当时大司农颜异属下的大农丞东郭咸阳和孔仅"领盐铁事"，同当时任侍中的桑弘羊共同管理并筹划此事。元狩五年这一计划得以实施，主要内容包括③：第一，将煮盐、冶铁之事收归政府管理，所得收入补充赋税。第二，"愿募民自给费，因官器作煮盐，官与牢盆"。意思是说，由官府招募盐户，主要费用由他们自己负担，政府给他们煮盐的器具和一定的生活费用。第三，"敢私铸铁器，煮盐者，钛左趾，没入其器物"，即从律法上严禁私自铸铁、煮盐。第四，"郡不出铁者置小铁官"，负责管理铁器的买卖事宜。

关于盐铁官营的原因，司马迁在《史记·平准书》中说得十分明白，主要是征伐匈奴、安定边界之用，"及王恢设谋马邑，匈奴绝和亲，侵扰北边，兵连而不解，天下苦其劳，而干戈日滋。行者赍，居者送，中外骚扰而相奉，百姓抚弊以巧法，财赂衰耗而不赡。入物者补官，出货者除罪，选举陵迟，廉耻相冒，武力进用，法严令具。兴利之臣自此始也"。在汉昭帝时期的盐铁会议上，桑弘羊也径直地说："匈奴背叛不臣，数为寇暴于边鄙……先帝哀边人之久患，苦为虏所系获也，故修障塞，饬烽燧，屯戍以备之。边用度不足，故兴盐、铁，设酒榷，置均输，蓄货长财，以佐助边费。今议者欲罢之，内空府库之藏，外

---

① 司马迁. 史记：卷三十[M]. 北京：中华书局，1959：1422.
② 司马迁. 史记：卷三十[M]. 北京：中华书局，1959：1425.
③ 林剑鸣. 秦汉史[M]. 上海：上海人民出版社，2003：354.

图5.2 四川出土汉代井盐画像

（引自《中国画像砖全集——四川画像砖》，2005年）

图5.3 山东滕县冶铁铸造画像（局部）

（引自《汉代石刻冶铁鼓风炉图》，《文物》1959年第1期）

乏执备之用,使备塞乘城之士饥寒于边,将何以赡之罢之,不便也。"①盐铁官营的政策内容得到了汉武帝的极大认可,于元狩六年派孔仅与东郭咸阳到全国各产盐铁之地,选用家产富裕又有经验的人担任盐官、铁官,建立专卖机构。

实际上,盐铁官营在当时引起了极大的争议,就连司马迁、董仲舒等人都认为这种政策是与民争利,均持否定态度,以致到了昭帝时期,执政的霍光以昭帝的名义发出诏书,命令御史大夫桑弘羊、丞相田千秋,召集贤良文学六十多人举行了一次大规模的讨论会,这就是西汉历史上著名的"盐铁会议",后来桓宽对此次会议的内容进行了整理,著《盐铁论》以传后世。桑弘羊坚持继续推行"盐铁官营",认为盐铁等物资是国家财政的主要收入来源,是对外战争、兴修水利和赈灾的主要保障,同时也是为了防止地方豪强势力膨胀的重要手段,"山海之利,广泽之畜,天地之藏也,皆宜属少府";而在霍光的授意下,贤良文学认为这种政策是民生疾苦的主要根源。这场辩论最终以桑弘羊的失败而告终,朝廷彻底废止了酒类的国有经营专营,罢去郡国酒榷和关内铁官,改成民间经营、朝廷征税。这也是由于当时国家急需休养生息的环境所决定的,但盐铁官营并未退出历史,到了汉元帝时期又重新实施,一直影响此后历代王朝。

对于铜资源和铜官的设置,汉王朝的重视程度不亚于盐和铁,甚至还在二者之上,陈直先生在《两汉经济史料论丛》一书中提到"汉代官府铸钱、冶铁和制盐一般称为三大手工业"②,其中官府铸钱位居首位。从历史渊源上看,盐官和铁官的设置是经过孔仅、东郭咸阳二人在全国进行了全面调查后实施的,而铜料的来源地自先秦时期便为国人所知,吴王刘濞的叛乱更是给西汉王朝留下了刻骨铭心的记忆。根据学者们的研究,"在汉代铸钱、冶铁、煮盐、制酒是最赚钱的行业,铸钱关系到整个社会的经济命脉,把这份权力收归国家自是无可厚非"③。由此我们可知,铜是汉代统治者最为看重的资源,从两千年来的历史趋势看,货币官铸和对铜资源的控制是历代王朝一直坚持的政策④,而作为重要战略物资的盐和铁在一些时期会由商贾豪族进行经营。另外,从《汉书·地

---

① 桓宽撰,王利器.盐铁论校注[M].北京:中华书局,1992.
② 陈直.两汉经济史料论丛[M].西安:陕西人民出版社,1980:113.
③ 孙晓春."盐铁官营"的现代反省[J].读书,2012(10).
④ 汉代以后,历史上也有短暂将铸币权放于民间的时期,如北魏太和年间规定:"在所遣钱工备炉冶。民有欲铸,听就铸之,铜必精炼,无所和杂",孝文帝在当时是迫于铜料获取紧迫、钱币铸造质量较差的情况下推行这样的政策,却忽略了货币对国家的重要作用。

理志》的记载中看,全国设置了铁官48处、盐官36处、工官10余处,而铜官仅有1处,一方面说明汉代铜资源的相对缺乏,另一方面体现了国家对铜官的重视。

对于铜官设置的具体时间,文献中并未有明确的记载,但根据以上两项政策颁布的时间我们可以进行合理的推测。铜官的设置是在"货币官铸"和"盐铁官营"共同影响下产生的。汉武帝完全实现货币官铸的时间是在元鼎二年,汉武帝废除郡国五铢钱,开始铸造三官五铢钱并将其作为国家唯一的合法货币。而"盐铁官营"的全面实施是在元狩四年,并于元狩六年设置盐官、铁官。通过前文对汉代铜器类型的梳理可知,铜钱是汉代铜器最主要的内容,那么对于铜官的设置就与国家实施铸造钱币有密切的关系,另外我们也要考虑到国家对重要资源实行垄断的时间是在货币官铸之前。由此可推断,铜官的设置与铁官的时代基本相同,或者稍晚一些,即汉武帝元狩六年或元鼎二年。

二、铜官设置于丹阳

根据《汉书·地理志》的记载,"丹阳郡,……有铜官"。汉代的铜镜铭文中也有"汉有善铜出丹阳""新有善铜出丹阳""汉有名铜出丹阳"等内容,更为直接反映了丹阳铜在诸多铜矿中的突出地位(图5.4)。孔祥星先生认为,"'善铜'铭从整个铭文的内容来看,属于'尚方'铭系统。"[①] "尚方"是中央直属的手工业官署,其产品质量在当时是属于顶级的,这就确定了铜官肯定是在汉代的丹阳郡。

丹阳郡在秦代设郡县时没有此名,其范围大致与秦代的鄣郡相同。汉高祖刘邦六年,"春正月,……以故东阳郡、鄣郡、吴郡五十三县,立刘贾为荆王",此时该地区归荆王(国)管辖。《史记·荆燕世家》载:"高祖十一年秋,淮南王黥布反,荆王贾与战,不胜,走富陵,为布军所杀。高祖自击破布。十二年,立沛侯刘濞为吴王,王故荆地。"此时,该地区成为吴王刘濞的统辖之地。景帝三年正月,吴王刘濞反,六月,周亚夫平定七国之乱,吴国国除。其中的吴郡属中央管辖,以东阳和鄣郡之地建立江都国,将汝阳王刘非迁至此处为江都王,刘非为汉景帝之子,七国之乱后吴楚故地的封国基本为一郡之地,唯有江都国占有两郡之地。元狩二年,江都王谋反,中央除去江都国,建立了广陵郡,其

[①] 孔祥星,刘一曼.中国古代铜镜[M].北京:文物出版社,1984:76.

中又将庐江郡的四个县并入鄣郡，统一改名为丹阳郡。这样丹阳郡的名称和范围便固定下来，一直沿用至东汉末年。

图5.4 汉"善铜"铭文铜镜

（引自《三槐堂藏镜》，2005年）

该地区在西汉建国以后便是商业发达的地区之一，即司马迁在《史记·货殖列传》中提到的"三楚"经济区，西楚指的是"淮北沛、陈、汝南、南郡"，大致相当于现今河南省南部和湖北省，东楚是"彭城以东，吴、广陵"，"东有海盐之饶，章山之铜，三江、五湖之利，亦江东一都会也"。南楚指的是"衡山、九江、江南、豫章、长沙"，其中提到的"江南"，刘宋时期的学者裴骃和徐广集解曰："江南者，丹阳也，秦置为鄣郡，武帝改名为丹阳。"这就涉及一个问题，将丹阳郡置于南楚，明显不是很合适，因为东楚的范围已经将此地区包括，唐代的张守节在《史记正义》中说道："江南者，丹阳也，秦置为鄣郡，武帝改名为丹阳。"并认为裴、徐二人的说法是错误的，认为"江南"指的是大江以南。

"章山之铜"是该地区成为汉代的经济中心之一的重要原因，吴王刘濞以及后来江都王刘建叛乱的经济依靠也是源于此。吴国以及吴王刘濞的叛乱过程，前文已有详述，现不再赘述。江都王继承了原吴地的富庶，文献中对此没有太多的描述，2009年盱眙大云山汉墓的发掘揭开了江都国富足的面貌，其中M1基本确定为第一代江都王刘非及其王后（妃）的墓葬[①]。该墓的陵园总体布局仍十分清晰，陵园平面近正方形，边长490米（图5.5）。四面筑有陵墙，陵园内共发现主墓3座、陪葬墓11座、车马陪葬坑2座、兵器陪葬坑2座。墓中出土了大量的铜器、金银器、漆器、玉器和陶器，共计1万余件。其中有大量制作精

图5.5 江苏盱眙江都王墓陵园
（引自《长毋相忘：读盱眙大云山江都王陵》，2013年）

---

① 南京博物院，盱眙县文广新局. 江苏盱眙县大云山汉墓[J]. 考古，2012(7).

美的器物，有的铜器继承了东周时期吴地的风格，其中出土的暗花纹铜矛（图5.6），矛前锋弧尖，中部内收，下部起刺，矛身起脊，截面近似菱形。器表皆以暗花纹技法绘饰云气纹，这与东周时期的菱格纹有一定的差异，但整体风格相似。墓中出土的银璧、鎏金铜鹿灯、铜象、鎏金铜犀牛、虎镇、银盒、水晶带钩、金带扣、金牌饰以及东回廊北部的钱库（图5.7）等彰显了墓主人的奢华，铜编钟、金缕玉衣片显示了墓主人身份的高贵。汉代讲究厚葬，其核心内容是建设高大的坟丘和规模宏大的陵园，以及随葬大量的金银珠宝等，同其他诸侯王墓相比，"江都王墓的陵园规模是其他诸侯王所不能相比的"[①]，其随葬

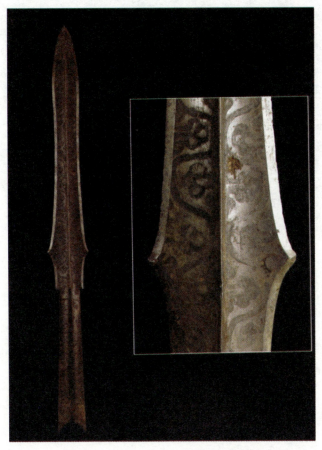

图5.6　江都王墓出土的暗花纹铜矛

（引自《长毋相忘：读盱眙大云山江都王陵》，2013年）

---

① 刘庆柱.关于江苏盱眙大云山汉墓考古研究的几个问题[J].东南文化，2013(1).

品的数量、种类和精美程度在诸多诸侯王墓中也是比较罕见的。值得一提的是，江都王是在汉景帝平定七国之乱、极力削弱各诸侯权力和财力的情况下分封的，修建如此大规模的墓葬，一方面说明了其本人为景帝之子，在当时的诸多诸侯王中应该是除了梁王①之外最受宠信的一位，另一方面则体现了江都国雄厚的财力，其基础自然是该地区的"章山之铜"。

图 5.7　江都王墓东回廊北部的钱库

（引自《Tomb Treasures: New Discoveries from China's Han Dynasty》，2017 年）

由此可知，汉代的丹阳郡具有发达的工商业和富饶的经济基础，更重要的是该地区有丰富的铜矿资源，铜官正是汉王朝在"货币官铸"和"盐铁官营"两项国家方针的综合影响下而设立的。

---

① 梁王刘武在平定"七国之乱"过程中，为汉王朝中央的军队吸纳了吴楚主力，使得周亚夫能够从容部署，进行最后的反攻，梁王刘武又深受窦太后喜爱，其陵墓已经过发掘，墓葬规模十分宏大，但随葬品已被盗掘一空。

第二节　铜官、铜官山与铜陵

西汉时期的铜官设置于丹阳，这是学界所公认的史实。但汉代以后的文献中关于"铜官""铜官山"的记载[①]颇多，现今的地名中也有较多带有"铜官"的。这需要我们进行系统的梳理，辨明各地"铜官"的基本内涵，为推定铜官相对确切的地点提供依据。见于史书记载的"铜官"和"铜官山"主要有五处，分别为四川临邛、陕西铜川、湖南长沙、浙江杭州以及安徽铜陵。

一、四川临邛的铜官山

关于四川临邛的铜官见于《太平寰宇记》等文献。

东晋的《华阳国志》载："临邛县有石山、有石镜，大如蒜子，火烧成铁，其刚因置铁官。汉文帝时以铜铁山赐邓通，通假民卓王孙，岁取千匹，故王孙货累巨万亿。邓通钱亦遍布天下。"

《太平寰宇记》卷八十二《剑南东道·梓州》载："铜官山，在铜山县西南五十八里，长二里。《李膺蜀记》云：县西南有铜官山，阔八丈，高出众峰。邓通、卓王孙冶铸之所也。景龙二年，采铜利害使、西台侍御史奏称：梓州元武县、简州金水县竞铜官坑，按两县图经其铜官山合属元武县，谓从铜官于山南二里。"

宋代的《方舆胜览》卷五十六《威州》载："铜官山，在临邛县南二里，邓通所封。《史记》：蜀卓氏之先，赵人也，秦破赵，卓氏夫妻推辇而行，曰：'吾闻岷山下沃野有蹲鸱，乃求远迁致之临邛，即山铸钱'，即此山也。"

《明一统志》卷七十三《嘉定州》载："铜官山，在邛县东南八里。《史记》云：卓氏之先赵人，秦破赵，卓氏夫妻推辇而行，曰：'吾闻岷山沃野下有蹲鸱，乃求远迁致之临邛，即山铸钱'，即此山也。汉文帝尝以此山赐邓通。"

《大清一统志》卷三百一十《邛州》载："铜官山，在州东南。《元和志》：在临邛县南二里，邓通所封后，卓王孙买为陶铸之所。《州志》：在今州东南二十里。"

关于四川临邛的"铜官山"，历代文献中多次提及汉文帝时期赐予邓通的事

[①] 关于历代铜官和铜官山的文献记载，均源自《四库全书》（电子检索版）。

件，邓通在文帝时期为富甲一方的豪主，《汉书·食货志》载："吴以诸侯即山铸钱，富埒天子，后卒叛逆。邓通，大夫也，以铸钱财过王者，故吴邓钱布天下。"据《汉书·佞幸传》[①]记载，邓通是汉文帝的宠臣，汉文帝在梦中见到一推郎者，见到邓通后，"邓犹登也，文帝甚说（悦），尊幸之，日日异"。文帝找了一个相师给邓通看相，说邓通未来会"当贫饿死"。文帝曰"能富通者，在我也，何谓贫乎？"于是赐通蜀严道铜山，得自铸钱。邓氏钱布天下，其富如此。随着文帝驾崩，邓通失宠后，居无定所，且有人状告其盗铸钱币，官吏便查抄了邓通家，最后其果真饿死街头。由此推断，四川临邛的"铜官山"确实是产铜之处，且邓通在此铸钱的史实也存在。

二、陕西铜川的铜官

关于陕西铜川的铜官记载也有很多。

《水经注》卷十六《沮水》："其水南合铜官水，水出县东北，西南径铜官川，谓之铜官水，又西南流径祋祤县东。"

《元和郡县志》卷二《关内道》载："同官县，本汉祋祤县，地属左冯翊；晋属频阳；苻秦于祋祤城东北铜官川置铜官护军；后魏太武帝改置铜官县，属北地郡；周朝除金，作此同字，属宜州；大业二年省宜州县，属雍州，国朝因之。"

《太平寰宇记》卷三十一《关西道七·耀州》载："同官县，东北五十里旧六乡，今四乡。本汉祋祤县，地属左冯翊；晋为频阳地；苻坚于祋祤城，北置铜官护军，属北地郡；后周除金字，作此同字，属宜州；隋大业二年，省宜州县，属雍州；唐贞观初，又属宜州，十七年州废，还京兆府；后唐割属耀州。白马山在县西北，铜官川在县北五十里，《水经注》云：铜官水出祋祤东北，西南径同官川，谓之铜官水。"

宋代的《舆地广记》卷十四《陕西永兴军路下》载："同官县，本汉祋祤县，属左冯翊；东汉因之；晋省焉；苻秦于祋祤城东北铜官川置铜官护军；元魏罢护军，置铜官县，属北地郡；隋曰同官，属京兆郡；唐因之；梁开平三年属同州；后唐同光初属耀州。"

《明一统志》卷三十二《陕西布政司》载："铜官川，在同官县北五十里，

---

① 班固. 汉书：卷九十三[M]. 北京：中华书局，1962.

合雄同川水，南流入耀州界。"

《大清一统志》卷一百七十八《西安府一》载："铜官川水，在同官县东北，亦曰同官川，南流合漆水。《晋书》：太元九年，苻坚击姚苌于赵氏坞，军中无井，秦人塞安公谷堰铜官川水以困苌。《水经注》：铜官水径祋祤县东西，南流径其城南原下，而西南注宜君水。《寰宇记》：铜官川在铜官县北五十里。《长安志》：自坊州宜君县界来经县南流入华原县界。《县志》：同官川，亦谓之同水，源出哭泉，自县北五十里，南流至县城东北，与漆水合。按铜官水在西，漆水在东，至县东北合流。《水经注》：止有铜官水，《寰宇记》：始分着漆水，今则下流通名漆水矣。"

陕西的"铜官"多称为"同官"，实际上是"潼关"的谐音。历代的文献中还多次说到"铜官川"或"铜官水"，是指该地设在"铜水之川"，因此而得名。文献中基本没有提及此处产铜的记载，更不用说是铸钱了。

三、湖南长沙的铜官山

关于湖南长沙的铜官，众所周知的是此处的铜官镇是长沙窑的所在地，又被称为"铜官窑"，是唐代南方的重要窑厂，在中国陶瓷史上占据重要的地位。至于其地名"铜官"，我们从文献中也找到了相关的记载。

《水经注》卷三十八《湘水》载："又北得陵子口，湘水右岸铜官浦出焉。湘水又北径。铜官山，西临湘水，山土紫色内含云母，故亦谓之云母山也。"

宋代的《方舆胜览》卷二十三《湖南路》载："铜官渚，在宁乡县界三十里，旧志楚铸钱处。"

《明一统志》卷六十三《长沙府》载："铜官渚，今也在府城北六十里，有洲。旧传楚铸钱处，其山亦名铜官山。唐杜甫有《铜官渚守风诗》。"

明代的《七国考》卷一《秦职官·铜官》载："《图书记》云，楚设铜官铸钱洲上，遂名铜官，按《一统志》，铜官渚在湖广长沙府城北六十里，有洲。旧传，楚铸钱处即铜官洲也。"

《大清一统志》卷二百七十六《长沙府》载："铜官山，在长沙县西北九十里，郦道元《水经注》，铜官山，西临湘水，山土紫色，内含云母，故亦谓之云母山也。《元和志》云，母山在长沙县北九十里，《列仙传》云，长沙云母服之不朽。铜官渚，在长沙县西北铜官山下，一作'铜官浦'。旧传：楚铸钱处。杜甫有《铜官渚守风诗》。《水经注》：湘水右岸铜官浦出焉。"

从以上的文献记载可知，湖南长沙的"铜官山"和"铜官渚"在先秦时期一度作为楚国的铸钱之处，但此后历代并未在此铸币。唐代铸造的会昌开元通宝的钱文上有"潭"的字样，但此处只是作为一处钱坊存在，在唐代著名的铸币钱监中并未发现有此处。

四、浙江杭州的铜官山

对于浙江杭州的铜官山，最早见于汉代袁康所著的《越绝书》，此后也有少量的记载。

《越绝书》卷八《外传记地传》载："姑中山者，越铜官之山也，越人谓之铜姑渎，长二百五十里，去县二十五里。"

宋代的《元丰九域志》卷五《上睦州新定郡军事（治建德县）》载："中寿昌州西南一百一十五里，四乡。有天井山、寿昌溪监一，熙宁七年置铸铜钱。神泉州东五里古迹铜官山，《新安记》云，秦时于此置官采铜，因以名之。"

《明一统志》卷四十一《严州府》载："铜官山，在府城西八十里，秦时于此置官采铜，今无。"

根据以上记载可知，浙江杭州的铜官山在秦代作为铸钱之处，古越国可能也在此开采过铜矿。宋代铸钱有多处，其中池州和饶州为南方的主要地点，此处一度作为铸钱的场所，根据《续资治通鉴长编》的记载[1]，咸平三年，宋王朝在两浙路睦州设置神泉监，负责该地铜钱的生产。另外，唐代在天下设九十九炉[2]，其中扬州有十炉，扬州的广陵监应该是在此处。

五、安徽铜陵的铜官与铜官山

铜陵在汉代属丹阳郡，文献中多次提及此处的铜官和铜官山，除了正史和一些地理学著作外，历代的文人墨客对此也有较多的描述。

《汉书·地理志》载："丹阳郡，故鄣郡。属江都。武帝元封二年更名丹阳。属扬州。……有铜官。"但汉代的丹阳郡下辖十七个县，面积广阔，从现代行政区划上看，基本上是安徽长江以南地区，其中，故鄣县（今安吉县安城镇西

---

[1] 李焘.续资治通鉴长编:卷二七〇[M].北京:中华书局,1995.
[2] 谭英华.新唐书:食货志[M].成都:四川大学出版社,1981.

北)、于潜县(今临安市于潜镇)二县现归浙江省;秣陵县(今江宁县内)、湖熟县(今江宁县内)、江乘县(今句容县北长江南岸)、句容县(今江苏句容)、溧阳县(今高淳县固城镇)五县现归江苏省;宛陵县(今之宣城市区)、宣城县(今南陵县青弋江镇)、丹阳县(今当涂县小丹阳镇)、泾县(汉县城在今城西北5里青弋江西岸)、春谷县(今繁昌县荻港镇南)、陵阳县(今青阳县陵阳镇)、石城县(今池州市灌口乡)、芜湖县(今芜湖市黄池乡)、歙县(今歙县西北郊)、黟县(今黟县城东龙江乡)十县属安徽省。那么铜官具体在丹阳郡的何地?铜陵在汉代时还没有正式建制,我们只能通过后世的文献来进行推定。

唐代的《元和郡县志》卷二十九《江南道·宣州》载:"《禹贡》扬州之域,春秋时属楚,秦为鄣郡,汉武帝改为丹阳郡,领县十七,理宛陵,即今理是也。汉有铜官,《舆地志》云:'宛陵县铜山者,汉采铜所理也。顺帝立宣城郡,东晋或理芜湖,或理姑熟,或理赭圻;隋开皇九年,平陈,改郡为宣州,移于今理;武德二年置总管府,七年为宣城郡,乾元元年复为宣州。'"从这则记载中可以知道,汉代采铜之地在唐代的宣州宣城郡,《新唐书·地理志四》载:"宣州宣城郡,……县八。……南陵县,武德四年隶池州,州废来属。后析置义安县,又废义安为铜官冶。利国山有铜,有铁;凤凰山有银。有大农陂,溉田千顷,元和四年,宁国令范某因废陂置,为石堰三百步,水所及者六十里;有永丰陂,在青弋江中,咸通五年置。有鹊头镇兵。有梅根、宛陵二监钱官。"①其中将冶铜之地进一步精确至唐代的南陵县,南陵县范围同现今有一定的区别,其中提到的"鹊头镇兵"是指吴楚争霸的鹊之战,该地点正是在铜陵的鹊头山一带。

《太平寰宇记》卷一百三《江南西道一·宣州》载:"南陵县,西一百里旧二十八乡,今八乡。本汉春谷县,属丹阳郡;晋属宣城郡,后省并芜湖县,寻又属繁昌;梁武帝置南陵县,属南陵郡。唐武德以来置县在临江,有城基见存。去今县一百三十里,复于仁义乡析置法门、石埭两场,以别征摄自后法门于义安县。又废义安入铜官冶,为铜官场。今铜官为铜陵县,石埭为繁昌县,皆此邑之地也。"

《太平寰宇记》卷一百五《江南西道三·池州》载:"铜陵县北一百里元五乡,本汉南陵县,自齐梁之代为梅根冶,以烹铜铁。庾子山《枯树赋》云:'东

---

① 欧阳修,宋祁.新唐书:卷四十一[M].北京:中华书局,1975:1066.

南以梅根作冶地，元管指法门、石埭两所。隋升法门为义安县，又废入铜官冶，后改为铜官县，属宣州。皇朝割属池州。'梅根山：吴录地理志云：'晋立梅塘冶，今作铁冶，出青铁，其色特妙，于广州县南十里，山出铜以供梅根监，兼出铜矾矿，逐年取掘送纳，县西南即古监之所。'"《太平寰宇记》为宋人所著，其中提到的义安县是在唐代后期从南陵县析置出来的新地，五代时将义安县与铜官冶合并称为铜陵县，其名称沿用至今，由此可知，汉代的冶铜之处正是当今的铜陵境内。宋代的《舆地广记》卷二十四《江南东路上》有更为明晰的记载："铜陵县，本南陵县地，唐析置义安县，又废义安为铜官；五代时置铜陵县，属江宁府；皇朝开宝八年来属有梅根山、利国山。"

此后明清时期的地理文献进一步使以上推断得以证实，《明一统志》卷十六《池州府》载："铜官山在铜陵县南一十里，又名利国山，有泉源冬夏不竭，可以浸铁烹铜，旧尝于此置铜官。"

《大清一统志》卷八十二《池州府》载："铜官山，在铜陵县南十里，即废南陵县之利国也。《元和郡县志》：利国山，在南陵县西一百一十里，出铜供梅根监。《寰宇记》：铜官山在铜陵县其山兼出绿矾矿。《县志》：铜官山昔取铜赋，南唐置利国场，后改为铜官场，岁久铜乏场废，山麓有泉曰：惠泉。其东为宝山有滴玉泉。铜井山在铜陵县东二十里，《元和郡县志》：铜井山在南陵县西南八十五里，出铜。"

此外，明代的陈耀文撰写的《正杨》卷三《梅根冶》中，引用了历代诗词和相关记载对铜陵的铜官山和梅根冶有较为完备的解释："古'冶'字，或借作'野'。金陵有冶城，扬子江有梅根野，或作'冶'字，而音'渚'。齐武帝诗：'昨经樊邓役，阻潮梅根冶。探怀怅往事，意满辞不叙。'刘文房诗：'落日芜湖色，空山梅冶烟。'孟浩然诗：'水溢梅根冶，烟迷杨叶洲。'皆以"冶"为"野"也。《杨州记》云：'冶城吴时鼓铸之所，吴平犹不废，王茂弘所治也。'《寰宇记》：'宣州有银冶，今废。'庾信《枯树赋》云：北'陆以杨叶为关，南陵以梅根作冶。'《南畿志》：'池州有梅根河，源出九华山，会于五溪，支流入于江。铜陵县有铜官山，有泉冬夏不竭，可以陵铁烹铜，因改为铜官山，尝于此置场。'"

综上所述，"铜官"和"铜官山"虽然在文献中发现有多处地点，但其内涵有较大的差别，其中大多数和冶铜有关，但作为古代国家正史记载的却仅见于安徽南部的铜陵一带。今铜陵市有"铜官山"（又名"铜山"）、"铜官渚""铜官镇"等地名，这些地名的渊源应来自西汉时期设立的铜官，这也从侧面证明了汉代的铜官正是设于此处。从内涵上看，铜陵的铜官是名副其实的"铜官"，从汉代以来长期作为国家铸币的主要原料产地，这种盛况至少持续至宋代在此处设置永丰监。

第三节　汉代冶铜遗址的考古发现

以上从文献的角度论证了汉代铜官设置于铜陵的历史事实，本节将结合相关的考古发现对这一观点进行印证。汉代的采铜和冶铜遗址发现不多，目前见于报道的有广西北流铜石岭汉冶铜遗址[1]、山西运城洞沟铜矿遗址[2]、河北承德西汉铜矿与炼铜遗址[3]、四川西昌黄联镇东坪村炼铜遗址[4]、湖北铜绿山汉代采矿遗址[5]以及安徽铜陵铜矿开采和冶炼遗址[6]。

广西北流铜石岭汉冶铜遗址位于北流县民安乡北面13千米处的圭江东岸，面积20000平方米，遗址堆积厚0.1~0.4米，广西壮族自治区文物工作队1977年和1978年发掘了250平方米，发现了一批炼炉、灰坑、排水沟、鼓风管、铜锭、炉渣矿石及陶瓷器等遗迹和遗物。炼炉14座，均为竖形炉，仅残留有炉基，圆形圆底。炼炉分布密集，并存在一定的打破关系，说明这些炼炉的使用时间有先后顺序，并不是同时使用的。而且炼炉的个体均较小，炉壁较薄，表明其使用时间较短。排水沟2条，呈T形，其拐角处将炼炉围在其中，其目的是为了保护炼场不受山水的冲刷。炼炉南面100米处发现三处古矿井，但未经清理。出土的遗物有20节鼓风管，呈圆筒状。炉渣较多，有的明显呈铜绿色，遗址中还出土了陶罐等生活用品，附近还采集有铜锭、青瓷器残片等。根据出土遗物的特征，可知该遗址的时代从西汉时期持续至隋代。

洞沟铜矿遗址位于山西运城附近中条山的沟谷中，古矿洞共发现7处，集

---

[1] 广西壮族自治区文物工作队. 广西北流铜石岭汉代冶铜遗址的试掘[J]. 考古, 1985(5).
[2] 安志敏, 陈存洗. 山西运城洞沟的东汉铜矿和题记[J]. 考古, 1962(10).
[3] 罗平. 河北承德专区汉代矿冶遗址的调查[J]. 考古通讯, 1957(1).
[4] 刘世旭, 张正宁. 四川西昌市东坪村汉代炼铜遗址的调查[J]. 考古, 1990(12).
[5] 黄石市博物馆. 铜绿山古矿冶遗址[M]. 北京：文物出版社, 1999.
[6] 安徽省文物考古研究所, 铜陵市文物管理所. 安徽铜陵市古代铜矿遗址调查[J]. 考古, 1993(6).

中分布在山峰的腰部。矿洞的开凿均按照铜矿脉的方向进行，证明当时人们已掌握了采矿的基本知识。在第二号洞内发现有木炭和碎石掺杂在一起，当时可能是用"火爆法"来开采矿石的，即利用木炭加热使矿石松散，再使用铁锤、铁钎开凿。在距离古矿洞800米的沟谷中，人们还发现焙烧矿石的炉址，附近还清理出炼渣等，采集有汉代的筒瓦。关于该遗址的年代，主要依托五号矿洞上的题记，上面写明了矿洞开凿的年代，基本是在东汉灵帝时期，如光和二年（公元179年）、中平二年（公元185年）等。

河北承德西汉铜矿与炼铜遗址规模较大，由于资料公布较早，遗址范围不明确。该遗址集采矿、选矿和冶炼于一体，由矿坑（矿井、采矿场及其四周的坑道）、搬运矿石的道路、选矿场和冶炼工场以及附近的居住址组成。矿井深100余米，矿井的中部有宽广的采矿场。采矿场四周有坑道，并在北壁发现有斜靠的梯子，由此将矿石运出并在井口附近进行选矿。矿井附近发现冶炼工场址4处，从发现的炉砖等遗物看，炼炉呈圆形。冶炼出来的成品有圆饼状铜锭，直径33厘米，每锭重5~15公斤不等，铜锭上刻有"东六十""西五三"等字样，标示的是炼铜工场及其产品编号，其中有五块铜锭上铭刻"二年"两个字。附近采集有铁锤、铁钎等采矿工具。在冶炼场的东坡上发现有大量的筒瓦，据推测为当时矿工的居住场所，出土有陶罐、陶豆、瓦当以及半两钱、铁带钩等。根据出土遗物的特征分析，半两钱为汉代早期风格，另外铜锭上的"二年"，表明其生产年代可能在汉武帝建立年号之前①。

四川西昌黄联镇东坪村炼铜遗址位于安宁河东岸的二级台地上，遗址东西长约600米、南北宽约300米，遗址面积为18万平方米左右。遗址内发现有炼炉10余处，分为圆形和椭圆形两类；洪范炉1处，炉膛内外散落有一些圆形和条状的陶范。洪范炉旁边发现一盛水装置，为两个大陶瓮，瓮底有孔。另外还有一处砖砌的池子，总长约8.6米，中间用砖分成三间，发掘者推测为冶铸用的配料池。遗址内散落有大量的耐火砖、炉渣、矿石、木炭等。遗址内采集和出土有扁平长方形的铜锭，五铢钱铜范、新莽钱铜范、石质刀范等，还有一些五铢钱、陶罐、铁刀、铁甾等。根据钱范上钱文的特征，可以推定该遗址的年代不晚于新莽时期，大量使用的时期应为东汉时期。遗址附近便有铜山，可能为

---

① 中国社会科学院考古研究所. 中国考古学：秦汉卷[M]. 北京：中国社会科学出版社，2010：666.

《汉书·地理志》中所记载的"邛都,南山出铜"之处,在东汉时期该地区也是重要的铜料来源地,该地区"即山铸钱"的现象还需进一步讨论。

安徽铜陵铜矿开采和冶炼遗址是由多个小遗址组成的遗址群,集中分布于凤凰山和金山两大片区内,经调查发现的29处古代铜矿开采和冶炼遗址中,有汉代的采矿遗址4处、冶铜遗址9处。其中的大工山遗址发现西周至唐代的古铜矿遗址,面积达400平方千米,在揭露面积1500平方米以内,发现炼铜炉19座,硫化焙烧窑4座,采矿井3座,以及大批采掘工具。胡村遗址,同时发现有采矿的矿洞和炼铜遗址,炼铜遗址面积达2万平方米。最值得一提的是金牛洞遗址[①](图5.8),1987年安徽省考古研究所和铜陵市文物管理所对该遗址进行了抢救性清理,当时发掘面积40多平方米,出土了铜凿、铜镢、铁斧、铁锄、木桶、石球、木耳杯、竹筐等采掘生产工具(图5.9)。金牛洞古矿井的地面部分已全部破坏,现存部分主要分布在距离地表深9~14米的现代采矿坑的坡壁上,该次发掘分为两处发掘点,其中西北壁为一号发掘点,西南壁为二号发掘点(图5.10)。其中一号发掘点清理出2条竖井、4条斜井和4条平巷(图5.11)。根

图5.8　金牛洞遗址

---

① 安徽省文物考古研究所,铜陵市文物管理所. 安徽铜陵金牛洞铜矿古采矿遗址清理简报[J]. 考古,1989(10).

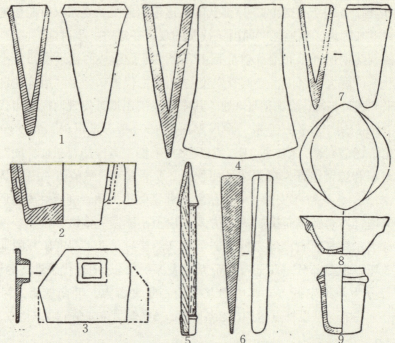

1、5、7. 铜凿　2. 木桶　3. 铁锄　4. 铁斧　6. 木楔　8. 木耳杯　9. 铜镦
(1、4、7、9为2/5, 2、8为1/10, 5约1/7, 余为1/5)

图 5.9　金牛洞古矿井遗址出土遗物

（引自《安徽铜陵金牛洞铜矿古采矿遗址清理简报》，《考古》1989年第10期）

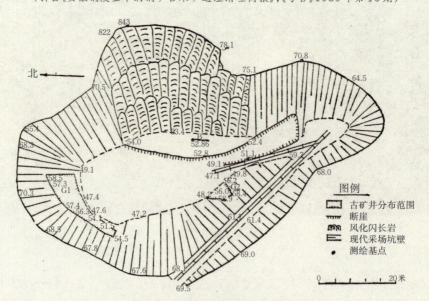

图 5.10　金牛洞古矿井分布图

（引自《安徽铜陵金牛洞铜矿古采矿遗址清理简报》，《考古》1989年第10期）

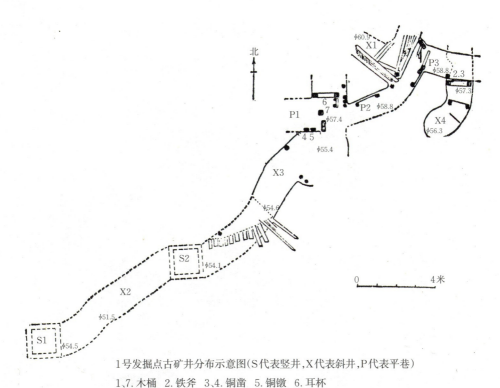

1号发掘点古矿井分布示意图(S代表竖井,X代表斜井,P代表平巷)
1、7.木桶 2.铁斧 3、4.铜凿 5.铜镢 6.耳杯

图5.11　金牛洞遗址1987年一号发掘点遗存分布图

(引自《安徽铜陵金牛洞铜矿古采矿遗址清理简报》,《考古》1989年第10期)

据发掘资料可知,古矿井的开拓采用了竖井、平巷、斜井联合开拓法。古矿井采用圆木支撑结构,井筒宽在1.12米以上,井筒底层方框四角支点垛在马头门立柱顶端,立柱高1.6米,马头门宽2.2米,巷道两侧及顶部用木棍或木板护帮。采矿方式是上下、水平分层开采,井巷中发现大量木炭屑,应是当时先民已掌握了"火爆法"的采矿技术。

1992年和1995年,铜陵市文物部门又两次对遗址进行了清理发掘,在遗址的西壁和北坡的4个发掘点又清理出11条竖井、7条斜井和9条平巷,出土有铜凿、铜镢、铁锄、木铲、木桶、竹筐等采矿工具。这两次发掘清理出来的井巷保存较好,巷道走向和支护结构比较清晰(图5.12),均分布在铜矿床的次生富集地带,采掘深度为27米。由于遗址围岩疏松,井巷采用了木支护、竖井和平巷为方框支架,立柱顶端砍成"丫"形接口,为防止围岩下落,井巷背板用木棍和竹篾席护垫。金牛洞采矿遗址地处一山丘,矿藏丰富,上下依次为铁帽、氧化矿、硫化矿，矿石品位高。经对古矿井采集的矿石检测，含铜量多在1.66%～3.78%之间。

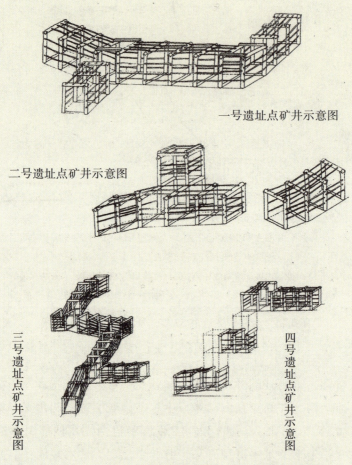

图5.12　金牛洞遗址1995年清理的古矿井结构示意图
（引自《铜都铜蕴》，2010年）

从三次发掘情况看，遗址早期为露采，再从地表沿矿体露头向下开拓竖井，边掘边采，到一定深度再开挖平巷进行延深开采，同时采用了先进的充填技术。金牛洞遗址出土的生产工具中有不少铁器，但出土的铜斧、铜凿、铜镦等较为呆钝，这些铜器生产工具在战国晚期或西汉时期已经不再出现。在遗址上采集出土的陶质生活器皿残片中，有灰砂红陶和黑皮灰陶两种，纹饰为绳纹、方格纹、曲折纹等，由此可推断遗址年代是由春秋晚期至西汉时期，其中西汉时期应为金牛洞遗址冶炼铜的最高峰。此外，金牛洞遗址北边的万迎山堆积着30万吨到40万吨古代炼铜炉渣，炉渣里面有石器、陶器、铁器和炉体残件。附近的万迎山遗址是一处规模大、延续时间长的铜冶炼场。金牛洞开采的铜矿石应该是运到万迎山进行冶炼，利用连接金牛洞的内河作为便捷运输通道，将精炼的铜经内河通道运往长江岸边码头。金牛洞遗址的时代明确，在汉代有大量开采铜矿的迹象，其本身规模宏大，开采技术代表了当时的最高水平。

从以上的梳理可知，广西北流铜石岭汉冶铜遗址地处偏远，使用时代是从西汉时期开始，可能与南越国时期赵佗在此采铜、冶铜有关；山西运城洞沟铜矿遗址时代较晚，在东汉晚期才得以开采，由于文献中多次提到中条山一带盛产铜矿，但由于考古发现相对单薄了一些，需要以后更多的工作来充实，以了解该遗址的性质。河北承德西汉铜矿与炼铜遗址的发现比较重要，其规模和相关的设施均十分完备，其时代为西汉早期，没有发现西汉中期之后的遗存，根据该遗址所处的位置，可以推断其可能为西汉诸侯燕国铸币的场所，汉武帝时期"货币官铸"之后，该遗址逐渐废弃。四川西昌黄联镇东坪村炼铜遗址的时代为东汉时期，文献中没有明确说明东汉铜官的所在处，仅提及四川邛都提供铜资源的状况，说明该遗址与东汉铸币有一定的关系。安徽铜陵铜矿遗址群的规模最为庞大，根据考古发现，其流程包括采矿、冶炼、运输等，其整体性最为完备，且没有发现明确的铸币遗存，说明该遗址完全符合汉王朝铜官设置的初衷，从这方面来讲，汉武帝设置铜官之地基本可以确认在铜陵的遗址群中。

以上的考古发现也表明，汉代铜的冶炼一般是在铜采矿场附近进行的，而且有的炼铜工场还兼及铜制品的铸造，如西昌东坪冶铸工场址。铜矿的开采和冶炼有的为官府所控制，铜官的设置就是明证；但也有的是私人经营，如汉长安城西南近郊发现铜锭中，有一块上刻"汝南（郡）富波（县）宛里田戍卖"字样，说明其来自私营采矿冶炼场[①]。

---

① 贺梓城. 西安汉城遗址附近发现汉代铜锭十块[J]. 文物参考资料, 1956(3).

第四节　铜官的职能与内部设置

铜官的主要职能和设置，文献中没有详细记载，我们可以从其他方面来进行推测。汉代时，国家铜器的生产和流通，大致可分为采矿与冶炼、运输、铸造等，当然对于铜镜、铜器皿等，在西汉晚期已有了明显的商品化现象。

对于铜官的职能，我们首先从铁官开始谈起并进行对比。铁官在汉代文献中的记载相对较多，《后汉书·百官志》载："凡郡县出盐多者置盐官，主盐税。出铁多者置铁官，主鼓铸。有工多者置工官，主工税物。有水池及鱼利多者置水官，主平水收渔税。"[1]这段记载说明了盐官、铁官和水官的设置均是以资源的分布进行设置的，其中铁官的职责除了有采矿、冶炼外，还有铸造铁器的职能。国家的盐铁官营体现在铁器的买卖方面，西汉时期铁器买卖直接归中央的大司农负责。大司农在秦代为治粟内史，《汉书·百官公卿表》载："治粟内史，秦官，掌谷货，有两丞。景帝后元年更名大农令，武帝太初元年更名大司农。属官有太仓、均输、平准、都内、籍田五令丞，斡官、铁市两长丞。"[2]大司农在郡县也有派出机构，负责盐铁等物资的买卖和调控，《史记·平准书》记载，汉武帝元封元年，"桑弘羊为治粟都尉，领大农，尽代（孔）仅斡天下盐铁。（桑）弘羊……乃请置大农部丞数十人，分部主郡国，各往往置均输盐铁官"[3]。关于各郡国的铁官称呼，《汉书·百官公卿表》载："右内史武帝太初元年更名京兆尹，属官有长安市、厨两令丞，又都水、铁官两长丞"，京兆尹、左冯翊和右扶风并称为三辅地区，是护卫京畿的三个郡，这则记载中提到铁官的官方级别为"长丞"，为郡县所属，那么铁官就有双重的管理机构，一方面是中央的大司农派遣的"丞"，另一方面则是各郡的郡守。这种状况到了东汉时期有了一定的改变，铁官可能从中央完全脱离，划归各郡县单独管理。《后汉书·百官三》载"郡国盐官、铁官本属司农，中兴皆属郡县"[4]，"中兴"指的是"光武中兴"，即东汉王朝的开始。

---

[1] 司马彪. 后汉书志：卷二十八[M]. 北京：中华书局，1965：3625.
[2] 班固. 汉书：卷十九[M]. 北京：中华书局，1962.
[3] 司马迁. 史记：卷三十[M]. 北京：中华书局，1959：1422.
[4] 司马彪. 后汉书志：卷二十六[M]. 北京：中华书局，1965：3590.

相比较于铁官，铜官的职能相对纯粹一些。前文我们已经分析了汉代铜器的主要类型为钱币，铸币也是汉代最为重要的手工业种类，货币官铸以后，汉代钱币的生产设在"上林三官"，郡国是没有铸币的权力的。那么铜官就没有铁官的"主鼓铸"的功能，其主要职能应该是负责铜矿的开采和冶炼，根据考古发现的情况，铜陵一带的汉代矿业遗址中并没有发现与铸造相关的遗迹，这也可以证明这一点。由此我们可以推断，只要是古代王朝的铸币是国家统一管理的，铜官就基本可以确定是中央的直属机构。

西汉时期的铜官与铸币有着密不可分的关系，因此有必要对西汉中央铸钱的相关机构进行分析，在此基础上对铜官的级别进行推定。"上林三官"归水衡都尉所管辖，水衡都尉初设于汉武帝元鼎二年（公元前115年），"掌上林苑，有五丞。属官有上林、均输、御羞、禁圃、辑濯、钟官、技巧、六厩、辨铜九官令丞"。其中上林令是区域性的行政职务，陈直先生考证，"上林苑范围广大，上林令职掌繁复，铸造铜器，兼制漆器"。关于均输，是根据国家需求，调剂各类物品的产出，基本归大司农所管辖。汉武帝时期所实施的盐铁官营，便是"置均输盐铁官，令远方各以其物如异时商贾所转贩者为赋，而相灌输。……大农诸官尽笼天下之货物，贵则卖之，贱则买之。如此，富商大贾无所牟大利"。意思是说，命令地方官府以各自的特产作为贡赋，参考商人在不同时期向不同地区转贩不同商品的做法，相互转输，最后使得商人没有较大的利润可图。而上林苑的均输，则有所不同，"大司农有均输令，所管为各郡国之均输官，水衡都尉有均输令，所管仅为上林苑中均输事宜"①。上林苑中最需要管理的资源当然是铜，因此水衡都尉所下辖的均输令主要是负责铜的产出和输入。根据考古发现，两汉时期在经济相对衰落的阶段，常见有"綖环五铢"和"剪轮五铢"（图5.13），目前还没有充足的证据证明这些五铢钱是私铸的，也有可能是中央为了应付铜料短缺时所发行的，这就是铜料的均输环节出现了严重的问题。负责铸钱的机构是"上林三官"，包括"锺官""技巧"和"辨铜"。锺官主铸造，并负责对出厂的铜币进行重量的检验；技巧掌刻范技术，对铜币的外观、文字的清晰等进行控制；辨铜掌原料，通过颜色判断铜的纯度。铜官则是从原料源头上入手，是中央对铜产地、铜原料管理与监控而设置的官职。综上分析，我们可知铜官与"上林三官"、水衡都尉下的"均输令"是三个联系密切而又互相

---

① 陈直. 汉书新证[M]. 天津：天津人民出版社，1959：115.

独立的机构,这就为推定铜官的级别提供了重要的基础。

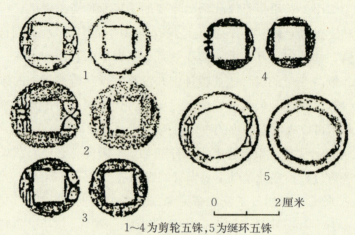

1~4为剪轮五铢,5为綖环五铢

图5.13 綖环和剪轮五铢

水衡都尉是汉武帝时期新设置的官职,文献中没有找到其具体的级别,但《汉书·食货志》记载:"水衡与少府,皆天子私藏耳。"说明在西汉时期,水衡都尉是和少府基本同级的,少府是二千石的官吏,水衡都尉的级别与之相差不大。铜官的级别,我们先看铁官及盐官的情况,《后汉书·百官志》载:"其郡有盐官、铁官、工官、都水官者,随事广狭置令、长及丞,秩次皆如县、道,无分土,给均本吏。"这段话中的"随事广狭置令、长及丞",就是根据事务的多少而分别设置行政长官的职位,职位分三种:"令""长""丞"。《汉书·百官公卿表》记载了县令、县长与县丞的级别和差异,"县令、长,皆秦官,掌治其县。万户以上为令,秩千石至六百石。减万户为长,秩五百石至三百石。皆有丞、尉,秩四百石至二百石,是为长吏"。说明令的级别最高,其次为长,最后为丞。前文我们分析,铜官与长安的"均输令"的级别基本相仿,那么铜官有可能为"令",即使铜官与丹阳郡有一定的所属关系,其等级在汉代至少为六百石,也就是说铜官的级别是要高于铁官的,一方面是由于其唯一性,另一方面也体现了其本身的重要性。

江苏连云港尹湾汉墓[①]出土的《东海郡吏员定薄》木牍(图5.14)记载了西汉末年伊卢盐官、北蒲盐官、郁州盐官和下邳铁官的吏员编制情况,这为铜官的内部设置提供了参考。具体记载如下:

---

① 连云港博物馆.尹湾汉墓简牍释文选[J].文物,1996(8).

图 5.14 尹湾汉墓出土的木牍

(引自《江苏东海县尹湾汉墓》,《文物》1996 年第 8 期)

伊卢盐官，吏员卅人，长一人，秩三百石，丞一人，秩二百石，令史一人，官啬夫二人，佐廿五人，凡卅人。北蒲盐官，吏员廿六人，丞一人，秩二百石，令史一人，官啬夫二人，佐廿二人，凡廿六人。郁州盐官，吏员廿六人，丞一人，秩二百石，令史一人，官啬夫一人，佐廿三人，凡廿六人。下邳铁官，吏员廿人，长一人，秩三百石，丞一人，秩二百石，令史三人，官啬夫五人，佐九人，亭长一人，凡廿人。

由此可以看出三种情况：第一，只有伊卢盐官和下邳铁官设有三百石的长，其他的盐官和铁官只设秩次较低的丞及下级属吏。盐官和铁官的行政长官有长、丞之分，待遇也有所不同。第二，长一人，秩三百石，丞一人，秩二百石。第三，铁官、盐官都有二十到三十个编制。

铜官里应该有不少于二十到三十个编制，分别是丞、令史、官啬夫、佐等。最高的行政长官为"令"，全面负责铜料的开采、冶炼和管理。"丞"是他的副职，待遇应在二百石至四百石。"令史"则是掌管文书的官吏，"官啬夫"是掌管役赋的官员，"佐"是具体办事的官吏。西汉地方属官包括三个组成部分：一是管理行政的令、丞等官员；二是管理生产的啬夫、佐，以及承担具体生产劳动的工；三是执行对工官监督的护工卒史，他们一般是从上面或别的机构派遣而来的。采铜、冶铜的工人由官奴、服刑人员、每年服徭役的人员等组成，人数应在十万人左右①。

除了钱币外，汉代铸造铜器的中央所属机构较多，西汉有考工、上林、尚方、内者、铜官、供工、内官、寺工、右工，东汉有考工、尚方、虎贲官、大司农、书言府等②。西汉宫廷铜器大都是考工、尚方所辖当地官手工业作坊的制品，器上常有工官刻铭。两汉朝廷使用铜镜的制作则由少府下所设尚方令、考工令及相关人员负责。汉代诸侯国、侯国、郡、县也多设有制造铜器的官府作坊，其产品主要是铜兵器和日用器具③。广州南越王墓④出土铜勾䍠一组，均有"文帝九年乐府工造"铭文，证明西汉南越国的乐府有铸造铜器的官府作坊。出

---

① 《汉书·贡禹传》记载："今汉家铸钱，及诸铁官皆置吏卒徒，攻山取铜铁。一岁功十万人以上。"
② 徐正考. 汉代铜器铭文综合研究[M]. 北京：作家出版社，2007：127.
③ 徐正考. 汉代铜器铭文综合研究[M]. 北京：作家出版社，2007，123-127.
④ 广州市文物管理委员会，中国社会科学院考古所，广东省博物馆. 西汉南越王墓[M]. 北京：文物出版社，1991.

土的西汉"东海官司空盘"证明西汉东海国官司空制造铜器①。

最后，我们谈一下铜的运输问题，这就涉及秦汉时期的交通运输问题了。中国古代的交通在秦统一后有了较大的发展，相关的交通工具也有了明显的变化。道路建设方面，秦始皇时期已有了较大的改进，在战国的基础上，"决通川防，夷去险阻"，经过进一步的修整和疏通，全国陆路交通网已经形成。王子今先生根据相关的文献记载，将这一时期的主要交通路线进行了总结②：东西向为三川东海道、东南向为南阳南郡道、南北向有邯郸广阳道、西北为陇西北地道、连通四川的汉中巴蜀道、关中通北地的秦直道、长城沿线的北边道以及东部的并海道，另外还"为驰道于天下，东穷燕齐，南极吴楚、江湖之上"。海路和水路交通在东周时期已经开始使用，集中体现在吴、越两国，《左传·哀公九年》载："秋，吴城邗沟通江、淮。"邗沟开通后，促进了南北文化的交流，此后夫差为了称霸中原，又把邗沟向北延伸，沟通了淮河以北的水路，夫差与晋公的黄池之会便是通过这条水路达到中原一带的③。近海航行也有记载，如吴大夫徐承"帅舟师将自海入齐，齐人败之，吴师乃还"。秦统一后还有一条重要的水路，那便是长江水路得以充分运用，秦始皇巡游江南时，便是从今湖北一带顺江而下，过丹阳一带，进入下游，并由并海道达到琅琊郡。另外一条重要的道路往往被人忽视，那便是商周时期的铜路，即从长江中下游一带向北过淮河，再到今宿州和河南省东部地区。

前文我们通过梳理可知，铜官在产铜地进行开采和冶炼后，要经过长途运输到达长安进行铸钱，另外还有各郡县工官生产的铜镜、铜容器等同样需要铜官的供应。秦汉时期的交通网络为此提供了极大的方便，文献中没有记载汉代铜官每年的铜产量有多少，但从《汉书·贡禹传》记载的"一岁功十万人"，可见其规模。庞大而沉重的铜料运输应该有多条路线以满足各地的需求，通往长安的路线可能有两条：一条是顺江而上到达南郡一带，再由南阳南郡线运至长安；另一条是通过先秦时期的"铜路"，经西汉梁国、洛阳等地，过函谷关至京师。运送至经济重地邯郸、临淄等地，一方面是陆运，经并海道到北部广大地区，另外还不排除通过海运至东海郡一带，向西经三川东海道运送至各处。秦

---

① 徐正考.汉代铜器铭文综合研究[M].北京：作家出版社，2007：25，127.
② 王子今.秦汉交通史稿(增订版)[M].北京：中国人民大学出版社，2013：24—29.
③ 《国语·吴语》载："吴王夫差既杀申胥，不稔于岁，乃起师北征.阙为深沟,通于商、鲁之间,北属之沂,西属之济,以会晋公午于黄池。"

汉时期的交通工具已十分发达，该方面有丰富的考古资料加以证明，包括马车、牛车、船等，详细论述见王子今先生的《秦汉交通史稿》和《秦汉交通考古》①。

第五节　铜官设立的历史影响

铜官的设立具有复杂的历史背景，其本身与"货币官铸"和"盐铁官营"两大政策是密不可分的。铜官设立以后，对汉代以及后世均产生了深远的影响。此外，对于铜陵而言，铜官设于此处之后，该地区成为中国两千多年来为历代统治者所重视的铜资源产生重地。

一、铜官对于汉代的影响

铜官设立于汉武帝元狩六年（公元前117年）至元鼎二年（公元前115年）左右，这一时期正是汉武帝励精图治进行各项改革的重要时期。

在政治领域，主要是进一步削弱诸侯王的权力和打压地方豪强。其中诸侯王在经过汉景帝的一系列政策的实施后，其政治权力已经比汉初大大缩小，到了武帝时期，不少朝臣还是认为"诸侯连城数十，泰强"，向汉武帝"数奏其过恶"，要求对他们"稍侵夺"②。于是，汉武帝接纳了主父偃的建议，于元朔二年（公元前127年）颁行"推恩令"，采取法律手段，削夺诸侯王的权力。这与景帝时期的最大不同便是该项政策还包括对诸侯在法律层面上的约束，即诸侯犯罪后，会对其削爵、夺地甚至除国。政策颁行后，并未像景帝时期引起大规模的"七国之乱"，并导致重臣晁错的冤死。其中的原因一方面是各诸侯的政治权力已大大削弱，另一方面是随后几年货币官铸政策的实施和铜官的设立，使得中央直接掌握了经济的根源，诸侯王已不能像汉初那样能够聚集起大量的财富以致能和中央王朝对抗。汉武帝以后，即使经历了昭帝时期的"盐铁会议"，盐、铁等重要资源被诸侯和富商占据了部分，但货币官铸的政策一直被中央所重视，铜官自然是发挥了重要的作用。同时，汉武帝还实施了打压地方豪强的政治措施，汉代的豪强包括宗室贵族、大官僚和各地的宗法地主两部分，宗室

---

① 王子今. 秦汉交通考古[M]. 北京：中国社会科学出版社，2015.
② 林剑鸣. 秦汉史[M]. 上海：上海人民出版社，2003：344.

贵族如田蚡，"治宅甲诸第，田园极膏腴"；宗法地主多为关东地区的豪强，势力极大，汉武帝便将这些人迁徙至关中的茂陵邑加以看管，典型例子如郭解，为了避免被迁徙，竟能委托大将军卫青去向武帝说情①。邓通便是文帝时期的豪强地主，其占有蜀地的铜山，私铸的钱币遍布天下，本人一度是富可敌国。货币官铸以后，对民间私铸钱币进行严苛控制。从这个层面上看，铜官的设立也从一定程度上约束了地方豪强的权势。

汉武帝时期最显赫的功绩便是反击匈奴之战，前文我们也分析了"盐铁官营"的初衷在很大程度上是由于国家财政不足以支撑战争的开销。反击匈奴的战争可以说是旷日持久的，从汉武帝继位后便开始准备，前后有四次大战，包括"河南之战"（收复朔方等地）、"漠南之战"（使得匈奴漠南无王庭）、"河西之战"（打通河西走廊）、"漠北决战"（击溃匈奴主力）。但战争也带来了巨大的财政开支，使得"文景之治"所积攒的财富被耗尽，元狩四年（公元前119年）"漠北决战"之后，政府的国库已经是"财匮，战士颇不得禄矣"。但匈奴之患并未解除，征伐西域的战争仍在继续，汉武帝末（公元前100年至公元前87年），便发生了数次汉匈战役，其中便有李陵降匈奴、"苏武牧羊"等事件，另外国家在兴修水利、安民赈灾等方面仍需要大量的开支。汉武帝晚年，"悔远征伐"，国家已无力发动大规模的战役，便采取了一系列休养生息的政策，使得汉代经济逐渐恢复。汉武帝去世后，昭宣二帝又采取了轻徭薄赋、平抑物价等措施，出现了历史上著名的"昭宣中兴"，使得汉代社会又出现了数十年的兴盛景象。这种现象的出现，在很大程度上与铜官有一定的关系，国家的经济兴盛离不开货币的稳定。

自汉武帝推行"三官五铢"，"至平帝元始中，成钱二百八十亿万余云"，可见货币在社会经济中的地位已经不可动摇。汉元帝时期的名臣贡禹认为钱币是国家的不稳定因素，建议废除，说道："铸钱采铜，一岁十万人不耕，民坐盗铸陷刑者多。富人臧钱满室，犹无餍足。民心动摇，弃本逐末，耕者不能半，奸邪不可禁，原起于钱。疾其末者绝其本，宜罢采珠、玉、金、银、铸钱之官，毋复以为币，除其贩卖租铢之律，租税、禄、赐皆以布帛及谷，使百姓一意农桑。"但其他人均反对，认为"交易待钱，布、帛不可尺寸分裂"，说明钱币在当时社会交易中的地位已不可逆转了，用布帛交易不可能将其撕分开进行。由

---

① 详细内容见《史记·游侠列传》。

此我们可以说，铜官和"货币官铸"政策是维护汉家王朝的根本，为汉代的政治、社会经济的稳定奠定了基础。

另外，在铜官设立后，官铸的"五铢"已成为一种国家文化符号。西汉末年，王莽篡位后，于居摄二年（公元7年）实施了货币改革，"更造货：错刀，一直五千；契刀，一直五百；大钱，一直五十，与五铢钱并行"[①]，使得货币复杂化，造成民不聊生，天下群雄并起。此时在四川有一支割据势力，便是自称为辅汉将军的公孙述，汉光武帝平定中原，建立东汉的同时，他也在四川称帝，国号为"成家"。随之，公孙述废铜钱，"置铁官钱，置铁官以铸钱。百姓货币不行"，"蜀中童谣言曰：'黄牛白腹，五铢当复。'好事者窃言王莽称'黄'，述自号'白'，五铢钱，汉货也，言天下当并还刘氏。"这段话是一种谶语，当时谶纬思想流行，谶语的核心意思便是"五铢"代表着汉家的刘姓王朝，王莽和公孙述的政权定会覆灭。唐代的著名诗人刘禹锡所作的《蜀先主庙》中有云："势分三足鼎，业复五铢钱"，其中的"业复五铢钱"也是比喻刘备像光武帝刘秀一样恢复了汉家帝业的功绩。

二、铜官的演变及其对铜陵的影响

铜官在设立之后，自始至终是中央直属的重要机构，也是中国古代经济发展的重要保障。铜陵地区从汉武帝时期成为西汉王朝唯一册封的铜料开采和加工场所，支撑着整个国家的经济命脉。此后历代王朝对该地区均十分重视，大多建立了相关的机构。

东汉时期，铜陵地区属丹阳郡陵阳县、春谷县，并在离古铜官山矿区十里的长江南岸设置铜官镇[②]。东汉的正史中并未提到"铜官"，采铜之事也基本不见。不过根据汉光武帝是"中兴汉室"，并且在很大程度上是"维汉统"的，虽然"盐铁官营"已由中央下放至郡县，但采铜铸币和铜官设置应不会有大的改变。

南北朝时期，铜陵地区先后属淮南郡、南陵郡定陵县。《宋书·百官志》记载："晋江右掌冶铸，领冶令三十九，户五千三百五十，冶皆在江北，而江南唯

---

① 班固.汉书：卷九十九[M].北京：中华书局，1962：4087.
②《铜陵县志》记载："东汉，……铜地为丹阳郡春谷县之铜官镇。"

有梅根及冶塘二冶，皆属扬州，不属卫尉。"①《铜陵县志》记载："齐梁时置'冶炼铜场'于铜官山下，去镇十里。"齐高帝建元二年（公元480年）在古铜官山下复设了梅根冶，炼铜场设在铜官山下铜官厅垄，古称铜塘。此时，汉时铜官的功能有了较大的转变，即除了采矿和冶炼外，还兼具有铸币的功能。梅根冶自南朝宋开始定名，一直沿用至明清时期。

唐代，古铜陵地区前期属宣城郡南陵县，后期设置义安县。唐元和八年（公元813年）编制的《元和郡县志》记载："南陵县有'利国山'，在县西一百一十里，出铜，供梅根监。梅根监在县一百三十五里，梅根监并宛陵监，每岁共铸钱五万贯。"《新唐书·地理志》载："南陵有铜官冶。"唐代的铜陵及周边地区有梅根监、宛陵监、铜官冶三个铸币机构，足见当时铜业的兴盛。

宋代，铜陵地区属江南东路的池州府。《宋会要辑稿·食货》记载："至道二年（公元996年）十月池州新铸钱监曰永丰。"宋代在此的铸币机构为永丰监，当时全国共设置钱监29处，其中铜钱监12处，在这些钱监中，江、池、饶、建、韶、惠等钱监最为突出，景德年间铸造铜钱主要为饶州永平监、池州永丰监、江州广宁监和建州丰国监四大钱监②。

宋代以后，冶铜和铸币活动减少，铜矿开采逐渐转移到四川、云南等地，元明清时期一度恢复铜陵地区的铜矿开采，但规模远小于之前。明末诗人刘涣在《游铜官山》一诗中写道："铜官山畔试登临，古木丛篁一径深，惊鸟引雏飞别树，轻烟和雨过前林，撩人好景从头记，遣兴新诗信口吟。几度欲归犹缱绻，更寻清润涤烦襟。"从诗中看出，古铜官山矿区已是一种"矿乏场废"的乡游场景，那"红星乱紫烟""炉火照天地"的冶铜场面已不复存在。清初学者顾炎武在《读史方舆纪要》中描述："港东五里即梅根监，历代铸钱之所，有钱官司之，故梅根港曰钱溪。"③说明此处还是存在铸币机构"梅根监"，但根据上下语境分析，其描述的更多是明末清初以前的场景。

综上所述，铜官设立于铜陵地区后，经历了两千多年的沧桑，为该地区奠定了"千年铜都"的底蕴，如果再加上先秦时期该地区对中原王朝的贡献，那么铜陵的矿冶史长达三千多年，其中"铜官"是最为重要的内容，在整个西汉王朝具有唯一性。目前，铜陵市不断加强发掘千年铜文化的内涵，这不仅仅需

---

① 沈约.宋书：卷三十九[M].北京：中华书局，1974：1230.
② 脱脱.宋史：卷一百八十[M].北京：中华书局，1977：4379.
③ 顾祖禹，贺次君，施和金.读史方舆纪要[M].北京：中华书局，2005：1335.

要对历代文献资料进行解读，更需要对铜陵及周边的古铜矿遗址做进一步的考古工作，通过实物资料进一步地开发出该地区独一无二的铜文化内涵，其中最关键的内容便是探索铜陵地区铜文化的持续性和传承性。

从学术研究的角度看，铜陵地区的古遗址还有很大的研究潜力，如对铜官机构的系统考古调查和重点发掘，是否存在相关的管理居住基址？从先秦至两汉，再到唐宋时期，在此处从事矿冶开采、冶炼和铸造活动的人数众多，除了采矿遗址已有一定的考古资料外，还有哪些遗存能够进一步呈现于世人面前？我们相信，只要通过系统的考古工作，该地区一定会有惊人的考古发现，为铜陵的铜文化更添风采。

第六章

富立一方

梅根铸币与江南地区的开发

汉代设立铜官以后，为历代统治者所模仿，严格控制铜料的来源，自魏晋以后，六朝时期便在铜料来源地"即地铸币"，设立了"梅根冶"，"铜官"的性质发生了重大的改变。西晋以后，大量汉人南迁，充分利用该地区的资源优势，使得江南经济迅速发展，全国的经济中心逐渐由北向南转移。

第一节　孙吴铜业与三分天下

孙吴地处江南，掌握丰富铜矿资源，经济快速发展，日渐昌盛，成为新兴势力，与雄踞北方的曹魏和四川地区的蜀汉三分天下。孙吴政权先后以京口（江苏镇江）、鄂城（武昌，今湖北鄂州市）、建邺（今江苏南京）为统治中心，并对建邺城的宫城、内城及交通、商市、农业、手工业、军事等基础设施进行了大规模建设。建邺城繁华始现，其后的东晋、宋、齐、梁、陈等均定都于此，"欲王西北，必居关中；欲营东南，必守建康"，建邺成为与汉唐长安齐名的都城自此始。

一、孙吴政权的建立与三分天下局势

公元190年，东汉政权名存实亡，各地军阀混战，逐渐形成了曹操、刘备和孙权三大股较强的力量。孙吴的统治区域包含今江苏、浙江、福建、广东、广西、江西、湖南、湖北、安徽的广大地区。

孙吴政权的崛起源自于孙坚，《建康实录》载：孙坚乃"吴郡富春人也"，"其先出自周武王母第卫康叔之后，武公子惠，孙曾耳，为卫上卿，因以孙为氏。春秋时孙武为吴王阖闾将，因家于吴，帝乃孙武之后也"[1]，孙坚"仕汉为破虏将军、长沙太守"，因讨伐"黄巾之乱"和董卓而名扬天下。其活动范围主要在淮南地区，前文已提到春秋吴国的兴盛及其对铜资源的掌握有着重要的关系，而孙吴恰为吴国大将后代建立，对江淮地区的开发有着地缘上不可替代的优势，这正是孙吴政权建立的突出优势。

孙坚死后，其子孙策统领部众"渡江居江都"，"平定江东"，"据会稽"，开始了对江东地区的开发。建安元年（公元196年）献帝都许以后，孙策拒袁术而联曹操，受封为吴侯，孙吴政权正式建立。建安四年（公元199年），孙策取得豫章郡地；终"以吴景为丹杨太守，以孙贲为豫章太守；分豫章为庐陵郡，以贲弟辅为庐陵太守，丹杨朱治为吴郡太守"[2]。涵盖了孙吴政权中最为重要、最具发展活力的三吴地区（吴郡、吴兴郡、会稽郡），为后来孙吴的建立奠定了基础。

---

[1] 许嵩. 建康实录：第一卷[M]. 北京：中华书局，1986：3.
[2] 陈寿. 三国志：卷四十六[M]. 北京：中华书局，1994：1104.

由于孙策英年早逝，孙权于建安五年（公元200年）统众。建安十三年（公元208年）将其统治中心迁至京口（今江苏镇江）。筹划赤壁之战，赢得胜利，势力达于荆州，进一步巩固了政权；建安十五年（公元210年）取得岭南。建安十六年（公元211年）徙治秣陵，次年改秣陵为建邺。建安二十四年（公元219年）破关羽，占有荆州全境。黄武元年（公元222年），接受魏国封号，始建都武昌（鄂城），称"吴王"。经过夷陵之战的较量，确立了以夷陵以东、合肥与襄阳以南的广大版图，稳固了孙吴在荆州地区的统治，同时限制了蜀国出峡发展的可能，蜀国国力空前削弱，已难再对孙吴构成威胁。黄龙元年（公元229年），孙权称帝，后迁建邺。为了维护其政权统治，对内对付山越的不宁，对外在淮南巢湖地区抗拒曹魏的压力。

与此同时，曹魏占据长江以北的广大中原地区，人口稠密，经济发达，是自古以来的政治中心和经济中心，具有地缘上的政治优势和强大的军事力量，实力远胜于蜀汉和东吴，因而曹魏最先建立政权。

曹操"挟天子以令诸侯"，在军阀混战中控制东汉朝廷，据兖州，占徐州、豫州，平定河北，统一北方，消灭关西十一部。控制中原与陇西，为曹魏建立奠定了强大的军事基础和政治基础。公元220年曹丕称帝，建立曹魏，曹魏户六十六万余，人口四百四十余万。置司、豫、兖、青、徐、凉、雍、冀、幽、并、荆、扬等州，并且继承了东汉在西域的统治，设立西域长史府进行管理，征伐高句丽后，将朝鲜半岛的一半地区并入曹魏版图。北部幽州的地境达于辽东，南部诸州大致依秦岭、淮河，分别与蜀汉、孙吴相接。

蜀汉政权为刘备开拓建立。刘备在镇压农民起义的战斗中因战功步入仕途。但不久，何进、董卓先后败亡，天下局势逐渐转变成诸侯混战，刘备在混战中辗转奔波，于赤壁之战后收复荆州各地，而后进取西川、攻下汉中。公元221年，刘备在成都称帝，建立蜀汉王朝。蜀汉鼎盛时期占据荆州、益州，在经过关羽失荆州、刘备夷陵之战后国力受损。其统治疆域北至武都、汉中，东抵巫峡，南包云南、贵州，西达缅甸东部。

三国之中以曹魏最先建国（公元220年），蜀汉紧随其后（公元221年）建立蜀汉王朝，而孙吴在曹魏与蜀汉政权之间的斡旋中逐渐扩大其势力范围，于公元229年建立孙吴帝国，三分天下的局面最终形成。三国中曹魏占据广大中原地区，拥有强大的军事力量和政治地缘优势，虽在东汉末年遭受严重的战乱破坏，但黄河流域仍是当时的经济中心；蜀汉为汉室宗室刘备所建立，意在延续汉朝，虽是三国之中实力最为弱小的一国，但其后许多王朝皆以蜀汉为正统；而孙吴作为新兴势力，凭借自身的资源优势及占据江淮的地缘优势，经济发展速度远超黄河流域的中原地区。

二、孙吴经济的发展与孙吴定都建邺

孙吴政权统治时期江南经济有了较快的发展，自汉末北方流民进入江南、山越人与汉人的融合使劳动力增多。农业方面，增加垦田面积，长江两岸地区都设有屯田区，会稽郡农业生产比较发达，出现"牛羊掩原隰，田池布千里"①的繁荣景象，首都建邺更是"其四野畛畷无数，膏腴兼备"②。冶铸、造船、纺织等也发展迅速，武昌（鄂州）曾冶铸千口剑、万口刀。经济发展潜力巨大，呈现欣欣向荣之势。相对而言，曹魏政权主要通过屯田措施对黄河流域的经济进行恢复，蜀汉由于地势狭隘，所受战乱破坏较轻，经济呈继续发展之势。

与黄河流域经济衰败形成极大反差的是长江流域的经济崛起，东晋南朝时，荆州、扬州发展迅速，江南地区成为新的经济中心。自孙吴建都建邺，这里一直是南方各朝的政治中心，亦是长江下游重要的商业都会，江南地区经济发展迅速，扬州经济最为发达，农业生产水平大幅提高，"地广野丰，民勤本业。一岁或稔，则数郡忘饥"③。三吴地区（吴郡、吴兴、会稽）经济发展突出，"三吴奥区，地惟河、辅，百度所资，罕不自出"④，成为东晋南朝政府各种支出的主要依赖。会稽郡"带海傍湖，良畴亦数十万顷，膏腴上地，亩值千金"⑤。

孙吴的统治中心最初在吴郡，建安十三年（公元208年）将其统治中心迁至京口（今江苏镇江），以保持吴郡士族与外来士族之间的平衡。建安十六年（公元211年），权徙治秣陵。明年（公元212年），城石头，改秣陵为建邺。⑥黄初二年（公元221年）四月，"刘备称帝于蜀。权自公安都鄂，改名武昌"⑦。

---

① 葛洪. 抱朴子·吴失[M]. 北京：中华书局，1985.
② 详细内容见《三都赋·吴都赋》。
③ 沈约. 宋书：卷五十四[M]. 北京：中华书局，1974：1540.
④ 萧子显. 南齐书：卷四十[M]. 北京：中华书局，1972：696.
⑤ 沈约. 宋书：卷五十四[M]. 北京：中华书局，1974：1540.
⑥ 陈寿. 三国志：卷四十七[M]. 北京：中华书局，1959：1118.
⑦ 陈寿. 三国志：卷四十七[M]. 北京：中华书局，1959：1121.

黄龙元年（公元229年）孙权称帝，迁都建邺。其统治中心几经变化，对其政权的巩固及经济的发展都有重要影响。

孙吴政权初定吴郡（今江苏苏州），后为维护东吴形势，迁至京口筑铁瓮城。其后出于军事屏障考虑，将统治中心迁至三面环山、一面环水的建邺，并筑石头城。建安二十五年（公元220年），曹丕称帝，封孙权为吴王，次年刘备称帝，为便于抵御西边蜀汉势力的发展，定都武昌，从建邺移民千家至武昌，武昌成为长江中游的中心城市。夷陵之战后，孙吴与蜀汉和好，双方关系缓和，黄龙元年（公元229年）孙权称帝，蜀汉承认了其合法性。另外，孙吴以水军立国，出于对水路交通的重视，其战略中心也转移至长江下游地区，建邺居水路咽喉，"有水江百余里，可以安大船，吾方理水军，当移居之"①。以建邺为据点，可以控制整个长江中下游地区。因此迁都建邺，此后建邺为孙吴及东晋南朝的统治中心。

孙吴定都建邺以后，随着整个江南地区的经济开发和建邺城中心地位的不断巩固，孙吴对水路交通的需求越来越大，要求也越来越高。故自孙吴定都建邺后便开始源源不断地改善建邺城内及其周围地区的航运条件。历代陆续修成的浙东运河和江南运河在孙吴时发挥了通航效益。赤乌八年（公元245年），孙权"使校尉陈勋作屯田，发屯兵三万凿句容中道，至云阳西城，以通吴、会船舰，号破岗渎，上下一十四埭，通会市，作邸阁"②。破岗渎修成，使秦淮河和江南运河联通，吴郡、会稽的船只直接由此渎进入建邺城，方便了建邺与周围地区尤其是经济实力雄厚的三吴地区之间的联系，为三吴至建邺的便捷水道。由于河海交通的需要，造船业很兴旺，海船经常北航辽东，南通南海诸国。黄龙二年（公元230年）万人船队到达夷洲，即今台湾省，这是大陆与台湾联系的最早记录，吴国使臣朱应、康泰泛海至林邑（今越南南部）、扶南（今柬埔寨境）诸国。首都建邺商业发达，成为一个繁华的都会。

三、孙吴铸币的基本状况

货币经济盛行于战国秦汉时期，自战国中期开始，货币就作为一种国家性结算手段受国家管制，至西汉武帝时期以黄金、钱、布帛为中心的货币经济仍

---

① 详细内容见《三国志·吴志·张纮传》注引《献帝春秋》。
② 许嵩. 建康实录：第二卷[M]. 北京：中华书局，1986.

处于国家的控制之下，到了东汉，黄金已经不作为主要流通手段，形成以钱和布帛为主的货币经济，"临湘守令臣肃上言，荆南频遇军寇，租芎法赋，民不输入，冀蒙赦令，云当亏除。连年长逋，仓空无米，库无钱、布"①。孙吴的货币经济以最大限度保留原形的方式继承了东汉以钱、布帛为主要国际性结算手段及民间经济流通手段的货币政策，并且这一货币政策在东晋时期得到延续，"太康六年（公元285年）六月廿四日，吴故左郎中立节校尉丹杨江宁曹翌字永翔，年卅三亡，买石子岗坑房牙之田地方千里，直钱百万以葬，不得有侵持之者，券书分明"②。而在曹魏和蜀汉经济中，五铢钱已经丧失了其东汉以来作为国家性结算手段的功能，布帛成为新的国家性结算手段。③

孙吴把钱纳入国家性结算手段，决定了铸钱仍是国家行为，当时流通的货币除了汉五铢钱外，新铸造了"大泉五百""大泉当千"等货币（图6.1），安徽马鞍山的朱然墓中便出土了多枚吴国的钱币④。与此同时，曹魏地区沿用了东汉五铢的货币政策，蜀汉也有较多新铸的货币，如"太平百钱""直百五铢""定平一百""太平百钱"等，四川成都出土一件"太平百钱"的钱范（图6.2）。

图6.1 孙吴时期铸造的钱币

对于孙吴的铸币状况，史书中也有较多的记载。嘉禾五年（公元236年）春"铸大钱，一当五百。诏使吏民输铜，计铜畀直，设盗铸之科"⑤。嘉禾中，"始铸大钱，一当五百。后（朱）据部曲应受三万缗，工王遂诈而受之，典校吕壹疑据实取，考问主者，死于杖下，据哀其无辜，厚棺敛之。壹又表据：更为

---

① 长沙市文物考古研究所，中国文物研究所.长沙东牌楼东汉简牍[M].北京：文物出版社，2006：77.
② 江苏省文物管理委员会.南京近郊六朝墓的清理[J].考古学报，1957(1)：189.
③ 柿沼阳平.孙吴货币经济的结构和特点[J].中国经济史研究，2013(1).
④ 安徽省文物考古研究所，马鞍山市文化局.安徽马鞍山东吴朱然墓发掘简报[J].文物，1986(3).
⑤ 陈寿.三国志：卷四十七[M].北京：中华书局：1140.

图6.2　四川成都出土的"太平百钱"钱范

（引自《英雄时代：大三国志展》，2009年）

据隐，故厚其殡。（孙）权数责问据，据无以自明，藉草待罪。数月，典军吏刘助觉，言王遂所取，权大感寤曰：'朱据见枉，况吏民乎。'乃穷治壹罪，赏助百万"。①"赤乌元年春，铸当千大钱"。②赤乌九年（公元246年），（孙）权诏曰："谢宏往日，陈铸大钱，云以广货，故听之。今闻民意，不以为便，其省息之，铸为器物，官勿复出也。私家有者，敕以输藏，计畀其直，勿有所枉也"③。

《晋书·食货志》载："晋自中原丧乱，元帝过江，用孙氏旧钱。轻重杂行。大者谓之比轮，中者谓之四文。"④直到东晋，孙吴的旧钱仍有残留。其中的中型钱俗称作"四文"，指钱文为四字的钱，应该包括有"一当五百"和"当千大钱"，由于孙吴国内名义上的货币在赤乌年间以后被正式废除，并全部统一为五铢钱，所以这些"四文"的钱币，其一枚应该与一枚五铢钱等价。

孙吴占据长江中下游，占据着最为丰富的铜资源，因此其货币经济并未如中原那样遭受到毁灭性的损害。而且孙吴继续实施男耕女织政策，并因此得以

---

① 陈寿．三国志：卷四十七[M]．北京：中华书局：1340.
② 陈寿．三国志：卷四十七[M]．北京：中华书局：1142.
③ 陈寿．三国志：卷四十七[M]．北京：中华书局：1146.
④ 房玄龄．晋书：卷二十六[M]．北京：中华书局，1996：795.

维持自东汉以来的基本税制。此外孙吴根据各地的自然环境建立了灵活的税制，以应对巨额战费的需求。江南地区成为与残破的黄河流域、日益成长的巴蜀地区相抗衡的力量。

孙吴及其以后的东晋、宋、齐、梁、陈定都建邺的原因：军事原因是其主要的外部因素，其内部因素则是保持其经济发展的优势，势必要守护经济发展的命脉——货币，而铜作为货币的主要媒介，其作用尤为重要。除了铸币业之外，东吴地区的铜镜铸造也十分发达，这是铜业继续发展的另一明证。神兽镜继承了东汉以来的风格，并有了一定的发展，如佛教图案出现在铜镜纹饰中，包括佛像夔凤镜和佛兽镜两类。日本也有大量类似铜镜的出土，王仲殊先生认为是吴地工匠东渡日本所造[①]。

第二节 汉人南迁与江南地区的开发

公元316年，匈奴人刘曜围长安，晋愍帝出降，西晋灭亡。司马氏政权和大量的文人南迁至江南。317年，西晋皇室司马睿在建康称帝，建立东晋，定都建康，即东吴的建邺。从孙吴建国，历东晋和宋、齐、梁、陈，约370年间，除西晋一度统一江南之外，始终存在南北分割和对峙的局面，史称六朝时期。江南地区由于优越的自然条件和相对于北方来说安定的政治环境，农业在这370余年间得到了长足的发展。虽然中间也有波动起伏，但其发展的总趋势是向上的。六朝时期是中国农业发展史上的重要时期，这时江南农业逐步得到开发，其经济地位逐步上升，日益取代黄河流域而成为全国经济的重心。

一、汉人南迁的基本状况

汉人南迁从东汉末年便已经开始，由于军阀豪强的争夺混战，中原黄河流域地区不断遭受战乱的破坏。当时长江以南地区地广人稀，尚待开发，但自然条件优越，土地肥沃，而且战乱少，因此江南成为人民避难的主要场所。

东汉末年至三国时期的迁徙，史书中有多次记载，如三国初避难江东的临淮士族鲁肃所说，"吾闻江东沃野万里，民富兵强，可以避害"，乃率"男女三

---

① 王仲殊. 关于日本三角缘神兽镜的问题[J]. 考古, 1981(4).

百余人"渡江(《三国志·鲁肃传》)。当时曹操为争夺民户,怕滨江郡县为孙吴所略,曾下令滨江民户内移,因此引起百姓的惊慌而大批南逃。"自庐江、九江、蕲春、广陵户十余万,皆东渡江。江西(指安徽)遂虚,合肥以南,惟有皖城"(《三国志·吴书·孙权传》)。再如关中地区"人民流入荆州者十万余家"(《三国志·魏书·卫凯传》),这些都是几次规模较大的南迁。相比较而言,东汉末年的战乱,北方人口大大减少,使"关中无复人迹"(《后汉书·董卓传》)造成了"名都空而不居,百里绝而无民者"(《后汉书·仲长统传》)的惨景;八王之乱和永嘉之乱后,使中国大地特别是黄河流域遭到空前的浩劫,"天下户口减耗,十裁一在"。

西晋末年的永嘉之乱,以及随着北方少数民族贵族在中原的争夺更为激烈,于是流民与士族的南迁更多,规模更大。《宋书·州郡志一》载:"晋永嘉大乱,幽、冀、青、并、兖州及徐州之淮北流民,相率过淮,亦有过江在晋陵郡界者。"《晋书·王导传》说:"洛京倾覆,中州士女避乱江左者十六七。"如山东士族徐邈,"永嘉之乱,遂与乡人臧琨等率子弟并闾里士庶千余家,南渡江,家于京口"(《晋书·儒林·徐邈传》)。河北士族祖逖率亲党数百家,避乱到淮泗,后至京口。故颜之推说:"晋朝南渡,优借士族"(《颜氏家训·涉务第十一》)。东晋政权就是借助南北士族的力量在江南立足的。

根据王仲荦先生的统计,"汉族人民迁徙的数目,大概从秦、雍迁出者约四五万户,约占当地总人口数的三分之一;从并州迁出者约四万户,约占当地人口数的三分之二;从梁、益迁出者约二十万户,约占当地总人口数的十分之九;从冀州迁出者约一万户,约占当地总人口数的三十分之一。总计迁徙的户口,见于记载的,将近三十万户,约占西晋全国总户数(三百七十七万)十二分之一强。占秦、雍、并、冀、梁、益、宁等州总户数(合计约六十万户)的二分之一弱。"①

北方士民南迁,大都汇集在长江中下游的扬州和荆州地区,为安置北方南迁士民,东晋在长江中下游沿线设置了许多侨州、郡、县,尤以今江苏一带为多。一方面将正统的汉晋文化也带到了此处,另一方面改变了长江中下游地区"地广人稀"的状况,不仅为江南农业的开发增添了劳动大军,同时带来了中原先进生产技术,对江南和南方社会生产力的发展,起着重要的推动作用。

---

① 王仲荦.魏晋南北朝史[M].上海:上海人民出版社,2003.

二、江南经济的开发

长期以来,江南地区的农业经济一直是落后于黄河流域的,秦汉时期这一地区也没有太大的改观,该地区发达的铜业生产是为北方的中央王朝服务的,经济状况特别是农业生产一直比较落后。《史记·货殖列传》载:"楚越之地,地广人稀,饭稻羹鱼,或火耕而水耨,果隋蠃蛤,不待贾而足。地势饶食,无饥馑之患,以故呰窳偷生,无积聚而多贫。是故江淮以南,无冻饿之人,亦无千金之家。"说明秦汉统治政策对南方经济发展的抑制,直接造成了南方社会长期停滞在自给自足的自然经济状态之中。

到了六朝时期,北方人口的大量南迁带来了充裕的劳动力和相对先进的耕作方式,长江流域和南方经济出现了转折。南朝时期,江浙的太湖流域、江西鄱阳湖流域、湖南洞庭湖流域和浙江东部的会稽地区,成为著名的产粮区。沈约在《宋书·孔季恭传》中记载:"江南之为国,盛矣!丹阳、会稽……地广野丰,民勤本业,一岁或稔,则数郡忘饥。会土带海傍湖,良畴亦数十万顷。膏腴上地,亩直一金;鄠、杜之间(汉代农业发达地价高昂地区),不能比也。荆城跨南楚之富,扬部有全吴之沃:鱼盐杞梓之利,充牣八方;丝绵布帛之饶,覆衣天下。"可见江南农业经济,有了空前的发展。

同时,南方地区的商业也有了较大的发展。魏晋以后,北方的铸币业基本停滞。钱币的铸造十分混乱,布帛谷粟的交换成为一种常态,铜钱作为商品交换的媒介呈衰败景象,如北魏政权早期多为物物交换,到了孝文帝时才发行太和五铢(图6.3),宣帝时改铸永平五铢,孝庄帝又改为钱文直读的"永安五铢",但由于北魏政权纵容私铸,使得钱币和市场混乱。北周时期,随着对外贸易的日益盛行,同时也是为了减少铜料短缺所带来的影响,北周武帝宇文邕进行了币制改革,分别在保定元年(公元561年)铸"布泉",抵五铢五枚;建德三年(公元574年)发行"五行大布",抵五铢十枚;大象元年(公元579年)铸"永通万国"钱,面值最大,抵"五行大布"十枚,也就是"五铢"百枚。这三种钱币制作精美,统称"北周三泉",这三种钱币的钱文设计分别同当时的经济、宗教思想(道教)以及商业愿望密切相关(图6.4)。但在南方,金属货币的使用却是不断扩大。刘宋时期的何尚之说:"晋迁江南,疆土未郭,或士习其风,钱不普用。今王略开广,声教远暨,金镪所布,爰逮荒服,昔所不及,

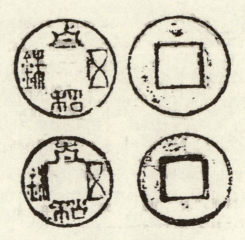

图6.3 太和五铢

(引自《中国钱币》,2001年)

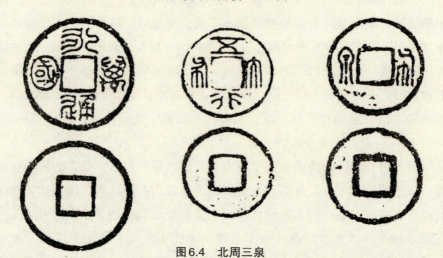

图6.4 北周三泉

(引自《历代古钱图说》,1986年)

悉已流行之矣。"(《宋书·何尚之传》)南朝时期的对外贸易也较为发达,与北方的陆路交流不同,南方主要是通过海上丝绸之路而进行的,在武昌、南京一带的高等级墓葬里发现的珍稀玻璃制品可能就是经由海路传入的,其传播路线是由波斯经东南亚诸国,到达交州、广州等港口,然后经长江等内河传入南京、武昌等地[①]。文献记载了宋齐时期凡在广州做官的,无不发大财。《宋书·

---

① 王仲殊.试论鄂城五里墩西晋墓出土的波斯萨珊朝玻璃碗为吴时由海路传入[J].考古,1995(1).

褚叔度传》称:"叔度任广州刺史,在任四年,广营贿货,家财丰积。……还至都,凡诸旧及有一面之款,无不厚加赠遗。"《南齐书·王琨传》载:"广州刺史但经城门一过,便得三千万也。"

社会经济的发展离不开货币的铸造和流通。刘宋立国后,面对钱币短缺、国用不足的情况,于元嘉七年(公元430年)设钱署开铸四铢钱,重如其文,较五铢钱减轻了五分之一(图6.5)。元嘉中后期,刘宋进入鼎盛时期,随着社会经济的发展,对货币的需求日益增多,致使"民间颇盗铸,多剪凿古钱"。元嘉二十四年(公元447年),针对以上现象,便"以大钱当两",即传世的汉、吴铸币相当于两枚元嘉四铢钱,以防剪凿。

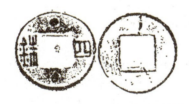

图6.5　元嘉四铢钱

孝建元年(公元454年),再铸四铢钱,钱的面文为"孝建",背文仍为"四铢",后来除去背文字,只保留孝建年号(图6.6)。其形制比元嘉四铢钱薄小,于是私铸云起,杂以铅锡,使得百物踊贵,弊端甚多。永光元年(公元465年),刘宋政权因民间私铸钱多,商货不行,改铸二铢钱,但其形制更小更差,盗铸之风更盛。其中有既无轮廓又未经磨镟,也有随手破碎的"綖环钱"。是以史称:"孝建以来,又立钱署铸钱,百姓因此盗铸。钱转伪小,商货不行。"(《宋书·前废帝纪》)明帝被迫复断新钱,专用古钱,钱荒问题仍未解决。

南齐永明八年(公元490年),官府曾在蜀设署铸钱,旋止。钱币奇缺而价昂,布价却反而转低。梁代铸五铢钱,质量较好,与古钱并行。

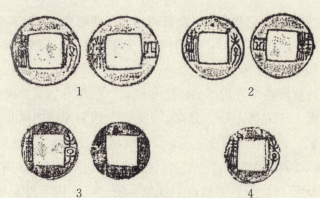

1、2. 带背文,3、4. 没有背文

图6.6　孝建四铢钱

(引自《中国钱币》,2001年)

梁朝武帝天监元年（公元502年），铸造"天监"五铢及"公式女钱"，二品并行，钱文为"五铢"，除了新钱外，民间仍大量使用古钱。到了普通四年（公元523年）因铜贵铁贱，更铸铁钱，结果"人以铁贱易得，并皆私铸。大同以后，所在铁钱，遂如丘山，物价腾贵"。因而不久又废铁钱，铸四铢铜钱，钱荒问题仍存。

陈代天嘉元年（公元560年）又改铸五铢钱，即"天嘉五铢"，制作精整、厚重，一枚当鹅眼钱十枚。太建十一年（公元579年），又铸太货六铢钱（图6.7），文字、铜质和工艺均属上品，一枚当"陈五铢"钱十枚，再改为一当一，旋止，通用五铢。乃至于唐代文献《通典》载："人皆不便，乃相与讹言曰：'六铢钱有不利县官之象。未几而帝崩，遂废六铢而行五铢，竟至陈亡。'"

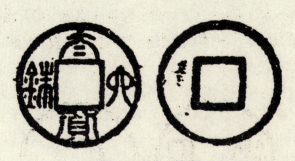

图6.7　太货六铢钱

(引自《中国钱币》,2001年)

从以上的阐述可以看出，南朝时期币制改革十分频繁，虽然是币制混乱的体现，但更能体现出南朝时期对货币的需求较大，从另一方面体现了经济的繁荣。还有一个现象便是，南朝时期铸币往往提到钱荒的问题，其实也就是"铜贵铁贱"的现象，那么就更加凸显出当时冶铜铸币场所的重要性了。

对于南朝的铸币场所和主要机构，史书对冶铜场所的记载不多，但通过一些零星的材料可知，古铜陵地区的冶铜铸造业成为南朝特别是刘宋时期的主要经济支柱。北周庾信在《枯树赋》中说："北陆以杨叶为关，南陵以梅根作冶。"所谓"杨叶"，在贵池县西北二十里的大江中，长五里，阔三里，状如杨叶，其上设关卡，实为长江水道上一要塞；当时的南陵地域广阔，包括现在的铜陵、南陵和贵池的大部分地区①。《宋书·百官志》记载："晋江右掌冶铸，领冶令三十九，户五千三百五十，冶皆在江北，而江南唯有梅根及冶塘二冶，皆属扬州，不属卫尉。"②《隋书·地理志》也记载："南陵县自齐梁之代为梅根冶，以烹铜铁。"《嘉靖铜陵县志》记载："齐梁时置冶炼铜立场于铜官山下，去镇十里。"这说明古铜陵地区在南朝宋时即设置了冶铜铸造管理机构梅根冶，这既传承了汉代铜官机构设置的基本做法，又为战争频繁的时期铜业的发展提供了财政支撑。《南陵县志·艺文》载："自六朝及唐，南陵号为坑冶之地，南陵以梅根作冶其来久矣，铜官山、凤凰山、梅根宛陵二监钱官，今昔属他境。"由此可知，皖南地区的梅根冶是南朝时期的重要冶铜场所，在六朝时期经济大开发的过程中起到了关键的作用。

第三节　唐代铸币与铜官山的地位

公元618年，李渊称帝建立了盛世大唐，中国的政治、经济和文化均达到了空前的繁荣，社会财富充裕、国力强盛，中国的帝国时代也达到了鼎盛时期。在此背景下，古铜陵地区的采、冶铸铜业在经历了南朝至隋代的稳固发展后，到了唐代有了新的发展，成为国家采冶铜业中心和铸币基地之一。

---

① 裘士京."梅根冶"考辨[J].东南文化，1990(Z1).
② 沈约.宋书卷：三十九[M].北京：中华书局，1974：1230.

一、唐代铸币概况

唐武德四年（公元621年），唐高祖李渊改革币制，废轻重不一的历代古钱，取"开辟新纪元"之意，铸"开元通宝"钱，钱文由书法家欧阳询所书（图6.8）。从此，标示重量的五铢钱淡出了历史舞台，以纪年为主的通宝、元宝钱开始成为中国钱币的主体。从历史的发展看，这次改革在中国钱币发展史上具有划时代的意义，可与秦始皇统一六国货币相媲美。"开元通宝"是中国最早的通宝钱，并持续流行了1300年，一直沿用到辛亥革命前后。

图6.8 开元通宝
（引自《中国钱币》，2001年）

但由于铜资源欠缺等原因，从高宗开始铸造面值较大的钱币，但容易造成严重的通货膨胀，发行时间均较短。高宗时期曾铸有乾封泉宝，五代十国期间马殷也铸过此类钱币，河南三门峡的一座唐墓中出土有鎏金的乾封泉宝[1]；唐肃宗时铸乾元重宝。山东高唐县的唐代窖藏坑中出土了三万两千多枚铜钱，绝大多数为开元通宝，仅有八枚乾元重宝[2]；由于唐代佛教寺院占据了大量的铜资源，正所谓"天下穷我佛也"，唐武宗会昌年间开展灭佛运动，令各地销毁佛像，所得铜材就地铸钱，并于钱背增添产地名称，史称"会昌开元通宝"（图

---

[1] 崔松林.三门峡唐墓出土鎏金乾封泉宝[J].中国钱币，2000(4).
[2] 争鸣.山东高唐县出土唐代货币[J].考古，1988(1).

6.9)，淮南节度使李绅率先于扬州铸造，背文为"昌"，这也是唯一记录年号的"会昌开元通宝"，目前学界所公认的此类钱币有23种。四川新津县的钱币窖藏中出土的会昌开元通宝便有12种，铭文分别为昌、京（长安）、洛（洛阳）、平（昌黎）、桂（桂阳）、益（成都）、润（镇江）、越（绍兴）、兴（兴平）、宣（宣城）、蓝（蓝田）、鄂（武汉）。

图6.9　会昌开元通宝

背文：1."昌"　2."宣"　3."京"　4."洛"　5."鄂"　6."兴"　7."蓝"　8."潭"
（引自《中国钱币》，2001年）

关于铸币的管理机构，西汉时期为"上林三官"，属水衡都尉，东汉时期撤销水衡都尉，铸币管理由少府负责，但具体的机构名称不详。南朝刘宋时期，铸钱机构的名称相对明确，史书记载中有两种，一种为"冶"，如梅根冶，《宋书·百官志》载："晋江右掌冶铸，领冶令三十九，户五千三百五十，冶皆在江北，而江南唯有梅根及冶塘二冶，皆属扬州，不属卫尉。"[①]还有一种机构为钱

---

① 沈约. 宋书：卷三十九[M]. 北京：中华书局，1974：1230.

署,宋文帝"冬十月甲寅……戊午,立钱署,铸四铸钱"①。从这两种称谓上看,前者应为具体的铸币场所,后者为一种管理机构。隋代时,铸钱的场所称为"炉",《隋书·食货志》云:"开皇十年(公元590年),诏许晋王杨广于扬州立五炉铸钱。""十八年(公元598年),诏许汉王杨谅于并州立五炉铸钱。是时江南人间钱少,晋王杨广在鄂州白纻山有铜矿处,锢铜铸钱。于是诏听置十炉铸钱。又诏蜀王秀,听于益州立五炉铸钱。"②

到了唐代,"炉"的名称得以继续使用,指的是铸币的场所;另外出现了"监",应为管理铸钱的机构,含有监管之意。《旧唐书·食货志上》载:"武德四年七月,废五铢钱,行开元通宝钱,径八分,重二铢四絫,积十文重一两,一千文重六斤四两。仍置钱监于洛、并、幽、益等州。秦王、齐王各赐三炉铸钱,右仆射裴寂赐一炉。……五年五月,又于桂州置监。议者以新钱轻重大小最为折中,远近甚便之。后盗铸渐起,而所在用钱滥恶。"③这段记载既描述了开元通宝钱的铸造年代、基本规格,又说明了铸造钱币的机构名称和主要地点,此后"监"的名称被宋代及后世所沿用。唐代一"监"管理数炉。各地的钱监在唐代早期属少府统一管辖,《旧唐书·职官三》便将"诸铸钱监"列于少府管理之下。初期少府也有铸钱的机构,《唐六典》记载:"皇朝少府置十炉,诸州皆属焉。及少府罢铸钱,诸州遂别。"少府停止铸钱后,各州的铸钱机构便各自独立管辖了,具体年代《后唐书·食货志》中有记载:"仪凤四年(公元679年),权停少府监铸钱。"此后,钱监的主要官员由所在州的官员兼任,县级官员只有县尉参与其间,《唐六典》卷二十二载:"诸铸钱监,监各一人。诸铸钱监以所在州府都督、刺史判之;副监一人,上佐判之;丞一人,判司判之;监事一人,参军及县尉知之;录事、府、史,土人为之。"因此,唐代的铸钱是由各州府的最高行政长官负责。但铸钱需要多道工序,原材料除铜以外还有多种,而各州县不可能是兼有的,另外为保证铜钱制作质量的统一性,至少在开元二十五年(公元737年),中央便设置了铸钱使,大历五年(公元770年)以后铸钱使的职责由盐铁使兼管④。中央设置铸钱使或派遣盐铁使来管理铸币业务,其目的是要解决各地铸钱互不统属、缺乏沟通的弊端,所以其职能是进行宏观调

---

① 沈约. 宋书: 卷五[M]. 北京: 中华书局, 1974: 79.
② 魏征, 令狐德棻. 隋书: 卷二十四[M]. 北京: 中华书局, 1973: 624.
③ 刘昫. 旧唐书: 卷四十八[M]. 北京: 中华书局, 1975: 2094.
④ 王溥. 唐会要: 卷五十九[M]. 北京: 中华书局, 1955.

控,加强对州县官员的管理,而并非取代州县的铸钱职责①。

另外,还有一种机构为"钱坊",《新唐书·食货志》云:"及武宗废浮屠法,水平监管李郁彦请以铜像、铜、磬、炉、铎皆归巡院,州县铜益多矣。盐铁使以工有常力,不足以加铸,许诸道观察使皆得置钱坊。"②刘森先生考证:"钱坊或是钱炉的另一种形式或名称,其区别大概在于冶铜方面。唐代采取即山铸钱的办法,在产铜地设钱监或钱炉铸钱,故钱炉间或还可能从事铜矿的冶炼事,而钱坊主要用于收市之铜或毁佛像等所获之铜铸钱,故少有铜矿的冶炼事。"③

对于唐代铸币机构的设置,也就是"钱监"的设置状况,是根据社会经济发展的状况而不断改变的。唐武德四年(公元621年),设钱监于洛、并、幽、益、桂等州④。此时铜陵一带所属的宣州并未设置钱监和钱炉,但由于该地区铜资源太过丰厚,使得唐代早期的盗铸钱币多发生于此地,"钱之为用,行之已久,公私要便,莫甚于斯。比为州县不存检校,私铸过多。如闻荆、潭、宣、衡,犯法尤甚,遂有将船伐宿于江中,所部官人,不能觉察。自今严加禁断,所在追纳恶钱,一二年间使尽。当时虽有约敕,而奸滥不息。"⑤武后至玄宗初期,民间盗铸更加严重,《旧唐书·食货志》云:"则天长安中,又令悬样于市,令百姓依样用钱。俄又简择艰难,交易留滞。又降敕:非铁锡、铜荡、穿穴者,并许行用。其有熟铜、排斗、沙涩、厚大者,皆不许简。自是盗铸蜂起,滥恶益众。江淮之南,盗铸者或就陂湖、钜海、深山之中,波涛险峻,人迹罕到;州县莫能禁约。以至神龙、先天之际,两京用钱尤滥。其郴、衡私铸小钱,才有轮廓,及铁锡五铢之属,亦堪行用。乃有买锡熔销,以钱模夹之,斯须则盈千百,便赍用之。"⑥《新唐书·食货志》亦云:"武后时,钱非穿穴及铁锡铜液,皆得用之,熟铜排斗沙涩之钱皆售,自是盗铸蜂起,江淮游民依大山陂海以铸,吏莫能捕。先天之际,两京钱益滥,郴、衡钱才有轮廓,锡五铢之属,

---

① 徐东升.唐宋地方政府铸钱管理职能的演变[J].厦门大学学报(哲学社会科学版):2004(1).
② 欧阳修,宋祁.新唐书:卷五十四[M].北京:中华书局,1975:1391.
③ 刘森.唐代的钱监[M]//中国钱币学会.中国钱币论文集(第四辑).北京:中国金融出版社,2002.
④ 《唐会要》卷八十九《泉货》谓武德四年"七月十八日,置钱监于洛、并、幽、益等诸州,秦王、齐王赐三炉铸钱,裴寂赐一炉".《旧唐书·食货志》谓桂州监置于武德五年五月.
⑤ 刘昫.旧唐书:卷四十八[M].北京:中华书局,1975:2095-2096.
⑥ 刘昫.旧唐书:卷四十八[M].北京:中华书局,1975:2096.

皆可用之，或熔锡模钱，须臾百千。"①

为了应对私铸严重的状况，唐王朝采取了一系列的措施。首先是采取严苛的法律措施打击盗铸。高宗时，政府颁行严令，如"仪凤中，濒江民多私铸为业，诏巡江官督捕，载铜、锡、铅过百者没官。……永淳元年，私铸者抵死，邻、保、里坊、村正皆从坐"②。《唐律疏议·杂律》规定："私铸钱者，流三千里；作具已备，未铸者，徒二年；作具未备者，杖一百。若磨错成钱，令薄小，取铜以求利者，徒一年。"③但法律政策并没有解决这个问题，百姓为了开脱罪责，使大量恶钱进入市场，直接导致了市井不通、物价暴涨。为了应对这种局面，唐王朝又采取了以官铸钱币换取民间百姓手中恶钱的方式，并将恶钱回炉重铸，《唐会要》卷八十九载："至开元六年正月十八日，敕禁断恶钱，行三铢四絫以上旧钱，更收人间恶钱，熔破复铸，准样式钱。敕禁出之后，百姓喧然，物价摇动，商人不甘交易。宋璟、苏颋奏，请出太府钱五万贯，分于南北两京，平价买百姓间所卖之物，堪贮掌官须者，庶得好钱散行人间，从之。又降敕近断恶钱，恐人少钱行用，其两京文武官夏季防阁庶仆，宜即先给钱，待后季任取所配物货卖，准数还官。"④但由于恶钱充斥市场已久，官府收恶钱的措施仅起到一定的缓和作用，市场混乱状况依旧。"是时京城百姓，久用恶钱，制下之后，颇相惊扰。时又令于龙兴观南街开场，出左藏库内排斗钱，许市人博换，贫弱者又争次不得。"⑤在这种状况下，唐王朝不得不允许一部分较好的私铸钱流通于市，"除铁锡、铜沙、穿穴、古文，余并许依旧行用"。高宗仪凤四年，宣布"其厚重径合斤两者，任将行用"⑥。玄宗天宝之初，"府县不许好者加价回博，好恶通用"⑦。

开元二十六年（公元738年），唐玄宗通过增设钱监的方式来解决恶钱的问题，其中特别增加了宣、润等州的钱监。至此铜陵地区又重新成为国家的铸币中心之一。此时，国内的钱炉达到了79座，《大唐六典》载："今绛州三十炉，扬、宣、鄂、蔚各十炉，益、邓、郴各五炉，洋州三炉，定州一炉。"到了天宝

---

① 欧阳修，宋祁.新唐书：卷五十四[M].北京：中华书局，1975：1384.
② 欧阳修，宋祁.新唐书：卷五十四[M].北京：中华书局，1975：1384.
③ 长孙无忌.唐律疏议：卷二十七[M].北京：中华书局，1983：480.
④ 王溥.唐会要：卷八十九[M].北京：中华书局，1955：1623-1624.
⑤ 刘昫.旧唐书：卷四十八[M].北京：中华书局，1975：2099.
⑥ 王溥.唐会要：卷八十九[M].北京：中华书局，1955：1623.
⑦ 刘昫.旧唐书：卷四十八[M].北京：中华书局，1975：2099.

年间，钱炉的数量有99座，铸钱的数量三十二万七千多贯，达到了唐代的顶峰，《新唐书·食货志》载："天下炉九十九，绛州三十，扬、润、宣、鄂、蔚皆十，益、郴皆五，洋州三，定州一。每炉岁铸钱三千三百缗，役丁匠三十，费铜二万一千二百斤，铅三千七百斤，锡五百斤。每千钱费钱七百五十。天下岁铸三十二万七千缗。"①其中铜陵地区属于宣州，下设有梅根、宛陵二钱监。铸钱机构和铸钱数量的增加，缓和了市场对钱币的需求，在很大程度上抑制了恶钱的流通。唐代晚期，经过安史之乱后，社会经济的日益衰落，钱监的数量大大减少，其中江淮地区的七个钱监在建中元年（公元780年）停止铸钱，其原因便是"输于京师，度工用转送之费，每贯计钱二千，是本倍利也"②，说明了当时铸钱的成本之高。

唐代文献中并没有点明各时期钱监的数量，只有各地立钱监的基本状况，钱监的设置多位于产铜之地的附近，以降低运输的成本。徐东升先生对文献记载中的相关状况做了系统的梳理，为了能够更为清晰地展现这一问题，现将徐先生的表格转引如下：

唐代铸钱与产铜情况表③

州名	铸钱情况	产铜情况	资料来源
洺州	武德四年置监	伊阳县有铜	《旧唐书》卷四十八；《新唐书》卷三十八
并州	武德四年置监	孟县有铜	《旧唐书》卷四十八；《新唐书》卷三十九
幽州	武德四年置监	开元初，都督张说命人于黄山，采铜铸钱	《旧唐书》卷四十八；《文苑英华》卷七百七十五，《张说遗爱颂》
益州	武德四年置监；天宝中五炉	相邻之资州有铜	《旧唐书》卷四十八；《新唐书》卷四十二
桂州	武德五年置监	相邻之贺州有铜冶	《旧唐书》卷四十八；《新唐书》卷四十三上
绛州	有铜原、翔皋钱坊二；天宝中三十炉	曲沃、翼城、闻喜三县有铜	《新唐书》卷三十九；《旧唐书》卷四十八

① 欧阳修，宋祁. 新唐书：卷五十四[M]. 北京：中华书局，1975：1386.
② 刘昫. 旧唐书：卷四十八[M]. 北京：中华书局，1975：2101.
③ 徐东升. 唐代铸钱散论[J]. 中国社会经济史研究，2007(2).

续表

州名	铸钱情况	产铜情况	资料来源
扬州	有丹杨监、广陵监钱官二；天宝中十炉	江都、六合、天长县有铜	《新唐书》卷四十一
润州	天宝中十炉	昇州上元县，原为润州之江宁县，有铜	《旧唐书》卷四十八；《新唐书》卷四十一
宣州	有梅根、宛陵二监钱官；天宝中十炉	当涂、南陵二县有铜	《新唐书》卷四十
鄂州	有凤山监钱官；天宝中十炉	永兴、武昌二县有铜	《新唐书》卷四十一
蔚州	飞狐县有钱官；天宝中十炉	飞狐县有三河铜冶	《新唐书》卷三十九
邓州	天宝中五炉	南阳县有铜	《旧唐书》卷四十八；《新唐书》卷四十
郴州	有桂阳监钱官；天宝中五炉	义章县有铜	《新唐书》卷四十一
洋州	天宝中三炉	相邻之商州产铜	《旧唐书》卷四十八；《新唐书》卷三十七
定州	天宝中一炉	唐县有铜	《旧唐书》卷四十八；《新唐书》卷三十九
商州	有洛源监钱官	洛南县有铜	《新唐书》卷三十七
饶州	有永平监钱官	有铜坑三	《新唐书》卷四十一
信州	有玉山监钱官	有铜坑一	《新唐书》卷四十一
梓州	贞观二十三年置铸钱官	铜山县有铜	《新唐书》卷四十二

二、唐代铜陵铜官山的地位

对于唐代的铸钱数量，最为明确的记载便是"天宝中，诸州凡置九十九炉铸钱。绛州三十炉，扬、润、宣、鄂、蔚各十炉，益、邓、郴各五炉，洋州三炉，定州一炉。……每炉计铸钱三千三百贯，约一岁计铸钱三十二万七千余贯文"。这一时期也是唐代铸币的高峰，当然这一时期也是唐代社会文化发展的最顶峰，铜陵地区也是在这一时期设置了梅根和宛陵二钱监，很大程度上缓解了唐代钱荒和社会经济混乱的问题，在此我们结合相关的文献记载对此时铜官山的地位进行梳理，其重要性主要体现在以下几点：

（一） 由皇帝下诏册封铜官山为利国山

据《新唐书·地理志五》记载："南陵，武德四年隶池州，州废来属。后析置义安县，又废义安县为铜官冶。利国山有铜，有铁。……有梅根、宛陵二监钱官。"[①]这里的利国山就是古铜陵的铜官山。唐玄宗在位选用有才能的人出任宰相，对臣下忠谏能吸纳，表现出励精求治的作风。玄宗即位30多年，国力充实，人丁兴旺，唐朝发展到了繁荣富强的顶峰。开元年间（公元713~741年），玄宗皇帝下诏书封铜官山为利国山，册封一座矿冶之山为国家利国山，这为全国罕见，为铜陵古矿区进入采冶铸昌盛期拉开了新的序幕。

（二） 设置了梅根、宛陵二监

唐前期古铜陵地区属宣城郡南陵县。根据《元和郡县图志》记载："南陵境内有利国山，在县西一百一十里。出铜，供梅根监。""梅根监在县西一百三十五里，梅根监并宛陵监（前身为汉代铜官），每岁铸币五万贯"，"铜井山在县西南八十五公里出铜"。利国山即铜官山矿，铜井山即狮子山矿。当时两大矿区出铜产量大，经冶炼成铜后就近供给朝廷梅根监、宛陵监铸币，保障唐王朝对铸币的需要。

（三） 唐代中期设置"铜官冶"

经驻地铜官数十年努力，在民间私采、私铸币被禁止后为能够适应矿冶繁荣发展的需要，唐代中期在铜陵设置了"铜官冶"，冶址在古铜陵鹊头镇附近（今五松镇）。这是官营矿业高度重视古铜官山地区显著标志，"铜官冶"机构对唐代中期铜矿采冶业持续发展发挥了强有力的助推作用。

（四） 在古铜陵矿区中心区域设县管理

唐代古铜陵地区作为朝廷一个重要采冶铜基地，以产铜为纽带，矿区涵盖了南陵、繁昌、铜陵、池州等地。据《新唐书·地理志》的记载，南陵在唐高祖武德四年（公元621年）属池州。当时铜陵为南陵辖地，矿冶业发达，商贸兴旺，市井繁荣。唐王朝为打击民间私采冶铜、私铸币，严格加强对采铜基地的行政监管，为适应矿区矿业兴盛，唐末从南陵县划出工山、安定、凤台、丰资、归化五个乡置义安县，县治放在古顺安镇，使义安县治所在地处在凤凰山、

[①] 欧阳修，宋祁. 新唐书：卷四十一[M]. 北京：中华书局，1975：1066.

铜井山、铜官山等矿区中心位置。顺安称临津,因唐宋设驿站而得名。有河流直达长江,上游可通凤凰山。

唐朝设置的梅根、宛陵二监适应了当时大规模铜的开采和中央政府大量铸币形势的需要。据《新唐书·食货志》记载:"太和八年(公元834年)……宰相李珏请加炉铸钱,于是禁铜器,官一切为市之。天下铜坑五十,岁采铜二十六万六千斤。"①唐代一斤约合今597克,二十六万六千斤约合158.8吨。当时铜坑多数分布在宣、润等六州,由此可见铜坑也就成了朝廷的金库。

唐朝中期全国有铸币融化炼铜炉99炉,宣州有梅根、宛陵二钱监管辖十炉,每年铸钱3300贯(一贯为一千钱),需铜料2.12万斤,10炉需用铜料20万斤,这说明当时古铜陵地区冶铜铸币已经达到一定的规模。唐代官营的采冶铸业的强盛,加上民间大量私铸币活动的盛行,市场对铜料的需求越来越大,据《元和郡县图志》记载:"梅根监并宛陵监年岁共铸钱五万贯。"唐元和年间生产的开元钱原来一千文重六斤四两,后来重七斤。当时唐代钱币成色是铜占83.5%,如果按一千文重六斤四两,成色按铜占80%计算,至少需要25万斤铜才能生产出5万贯钱,约合125吨铜量。可见,古铜陵地区在唐代矿冶和铸币业中占有的重要地位。

唐代中期铸钱炉每炉用匠三十人,梅根、宛陵二监有铸钱炉十座,就需要铸钱匠三百人,除铸钱匠外,还有开采、冶铜、运输等各类人员,古铜陵采矿区人数甚至达到几万人之多。唐代诗人李白在《赠刘都使》诗中云"铜官几万人,诤讼清玉堂",充分展现了当时铜官山的繁荣状况。东汉年代设置的古铜官镇在唐代改为鹊头镇。鹊头镇地处长江南岸,是天然的通商口岸,在长江中下游又处于军事要地的位置,为保卫铜产业基地,唐王朝在鹊头镇也驻扎军队。古铜官镇几万人群包括了坑采、冶炼工人、农耕民、船工、商贩、手工业者、驻兵等。由于矿冶铸造业规模宏大,战略位置重要,唐王朝在矿冶和铸币规模日渐扩大的基础上,在古铜陵地区设立了"铜官冶",冶址置鹊头镇,以继续加大对古铜陵采矿、冶炼、铸币的监督管理。

唐代的铸铜业,除了钱币之外,铜镜也是十分常见的器类,其背部的装饰充分展现了当时繁荣的社会文化。铜镜在唐代社会文化中的地位较高,唐德宗的贞元九年(公元793年)为了解决铜料不足和钱荒的问题,下令禁止铸造铜

---

① 欧阳修,宋祁.新唐书:卷五十四[M].北京:中华书局,1975:1388.

质器物，但铜镜除外。《全唐文》卷六一二《请禁铸铜器杂物奏》载："诸州府公私诸色铸造铜器杂物等，伏以国家钱少，损失多门。兴贩之徒，潜将销铸，每销钱一千为铜六斤，造写器物，则斤直六百余。其利既厚，销铸遂多，江淮之间，钱实减耗。……臣请自今以后，应有铜山，任百姓开采，一依时价，官为收市。除铸镜外，一切不得铸造。及私相买卖，其旧器物，先在人家，不可收集。破损者仍许卖入官所，贵铜价渐轻，钱免销毁。"①由此可见铜镜在当时的受欢迎程度。

对于唐代的铸镜场所，《唐书·地理志》明确提到扬州和并州两处场所，相比较而言，扬州更为重要一些②。随着京杭运河的开通，扬州迅速崛起成为南方地区重要的商业城市。扬州作为铸镜和铜镜流通中心，除了在正史中有较多记载外，在一些诗词中也有体现，张籍《白头吟》有"扬州青铜作明镜，暗中持照不见影"的诗句，韦应物的《感镜》云"铸镜广陵市，菱花匣中发"。根据前文的表格可知，扬州在当时也有铜矿开采，但由于唐代铜镜的制作工艺十分精美，相应地对铜料的要求也更高，那就需要从"善铜"之地即临近的宣州铜官山一带运送更为优质的铜料。

唐代的铜镜自高宗以后多见八棱或八弧的菱花形和葵花形镜类，多呈银白色和黑褐色，装饰题材也有了较大的发展，雀鸟花枝镜、对鸟镜、神仙人物故事镜、龙纹镜等大量流行，其中盘龙纹镜在唐代有特殊的意义。唐代有千秋节皇帝向群臣赐镜的习俗，唐玄宗所作的《千秋节赐群臣镜》云："铸得千秋镜，光生百炼金。分将赐群后，遇象见清心。台上冰华澈，窗中月影临。更衔长绶带，留意感人深。"孔祥星、刘一曼先生根据出土的盘龙镜的边缘有"千秋"二字，推测诗中所云的千秋镜可能便是盘龙镜③。唐代著名诗人李白留有"美人赠此盘龙之宝镜，烛我金缕之罗衣"的佳句，孟浩然也写过"妾有盘龙镜，清光常昼发"的诗句，足见盘龙镜在唐代受欢迎的程度。铜陵湖城村曾出土一件唐代盘龙纹镜④，外形为八弧葵花纹，镜背浮雕一龙，呈腾空而起之态，盘绕于云气之中，制作十分精美（图6.10）。

---

① 董浩. 全唐文：卷六一二[M]. 北京：中华书局，1983：6185.
② 孔祥星，刘一曼. 中国古代铜镜[M]. 北京：文物出版社，1984：177-179.
③ 孔祥星，刘一曼. 中国古代铜镜[M]. 北京：文物出版社，1984：168-169.
④ 中共铜陵市委宣传部，铜陵市社会科学界联合会，铜陵市建设学习型城市指导委员会办公室. 青铜之韵：铜陵铜文化读本[M]. 北京：北京时代华文书局，2016.

图6.10　铜陵博物馆藏的唐代盘龙纹镜

（引自《铜陵博物馆文物精粹》，2012年）

综上所述，唐代铜陵的铜官山具有重要的地位，一方面是为唐王朝稳定货币经济起到了至关重要的作用，另一方面对唐代铸镜也提供了优质的铜料资源，为盛世大唐社会文化的繁荣做出了一定的贡献。

第七章

继往开来

铜陵建制与铜官山的沧海桑田

铜陵地区的铜业生产自夏商周时期便逐渐兴起，汉代设立铜官后，铜陵地区便成为国家铸币用铜的重地，魏晋南北朝至隋唐时期，该地区更是成为国家铸币的中心之一。五代时期，铜陵得以正式建制。宋代延续了前代的铜陵建制，并将此处仍作为重要的铸币场所。元代以后随着纸币的发行和铜料开采难度的加大，铜陵地区的作用有所降低。新中国成立后铜陵的铜工业不断地进行技术革新，并进行产业和发展战略调整，铜陵又成为国家经济建设的重地。

第一节 铜陵的设置及其社会学意义

南唐保大九年（公元951年），改义安县为铜陵县，属昇州。铜陵县设置后，即将县治由顺安镇移至铜官镇（今铜陵县城关镇），当时称江浒①。自此铜陵地名一直延续使用至今，但人们却忽视了"铜陵"一词的原有内涵。多数人认为，铜陵名称的由来，是对当时南陵与铜官山名称的合并，实际上其包含了一定的社会学意义。

"陵"的本意是指高大突兀的山丘，东汉应劭考证说："《诗》云：'如山如陵。'《易》曰：'伏戎于莽，升其高陵。'又：'天险不可升，地险山川丘陵。'《春秋左氏传》曰：'崤有二陵，其南陵，夏后皋之墓也；其北陵，文王之所避风雨也。'崤在弘农渑池县，其语曰：'东崤西崤，渑池所高。'《国语》曰：'周单子会晋厉公于加陵。'《尔雅》曰：'陵莫大于加陵，其言独高厉也。'陵有天性、自然者。今王公坟垄名称陵也。"这段话把"陵"字的本义和引申义辨析得很明白，并特别指出当时（汉代）王公坟墓名称"陵"。北魏郦道元引《三秦记》考证云："秦名天子冢曰'山'，汉曰'陵'，故通曰'山陵'矣。"此后，沿袭应劭和郦道元之说者不乏其人，都认为汉代高坟大冢始称"陵"。

清初顾炎武在《日知录》中认为，帝王墓称"陵"已见于先秦："古王者之葬，称墓而已。……及春秋以降，乃有称'邱'者，楚昭王墓谓之'昭邱'，赵武灵王墓谓之'灵邱'，而吴王阖闾之墓亦名'虎邱'，盖必因其山而高大者，故二三君外无闻焉。《史记·赵世家》：'肃侯十五年起寿陵。'《秦本纪》：'惠文王葬公陵，悼武王葬永陵，孝文王葬寿陵。'始有称'陵'者，至汉则无帝不称陵矣。"顾亭林把战国时期的赵肃侯十五年（公元前335年）作为以"陵"指称高坟大冢之首见。清末俞樾又根据《汉书·地理志》中"河东郡襄陵"条下唐颜师古注"晋襄公之陵，因以名县"、"陈留郡襄邑"条下颜注"圈称云襄邑宋地，本承匡襄陵乡也，宋襄公所葬，故曰'襄陵'；秦始皇以承匡卑湿，故徙县于襄陵，谓之'襄邑'"两条资料，认定"春秋之世已有陵名"。按，晋襄公骦卒于周襄王三十一年（公元前621年）八月，宋襄公所葬兹父卒于周襄王十五年（公元前637年）五月，如颜注无误判，则最迟在公元前7世纪晚期已有以

---

① 铜陵市地方志编委会，铜陵市志[M].合肥：黄山书社，1994：53.

"陵"名诸侯墓之例。

以上是刘毅先生在《中国古代物质文化史·陵墓》[1]一书中进行的考证，他认为："'陵'字由高大山丘之本义，不晚于春秋战国时期衍生出高大坟冢这一新含义，此义系因大型墓葬堆土象山的实际面貌引申而来的。从汉代起，'陵'开始成为帝王墓葬的特定称谓，是陵字又从单纯的封土象山之义扩充为指代帝王墓葬之全部及相应的附属设施。"

到了唐代，"陵"或"山陵"这一称呼因之而不改，如唐太宗为高祖李渊修建陵墓时，"诏定山陵制度，令依汉陵故事，务在崇厚"。最能体现这一点的便是唐代的一些"号墓为陵"[2]的墓葬，典型的有懿德太子、永泰公主、高宗太子李弘等人的墓葬，其中李弘为武则天长子，高宗甚爱重之，后与武则天争权，"上元二年（公元675年）从幸合璧宫，遇鸩薨，年二十四"。高宗痛心不已，下诏追谥为孝敬皇帝，"葬缑氏，墓号恭陵，制度尽用天子礼，百官从权制三十六日释服，帝自制《睿德纪》，刻石陵侧"[3]。说明在唐代也是只有天子才能使用"陵"，其余人只能称呼为墓。五代十国时期战乱频繁，涌现了多个政权，在后人的眼中，有的政权统治者可用"皇帝"称呼，如后周太祖郭威，死后葬"嵩陵"，有的则只能以"王侯"待之，如南方的吴越国文穆王元瓘的墓葬，清朝钱泳记载，"终宋之世，坟庙无恙，元时毁于兵火，则观废而墓存"[4]，此处用的便是"墓"而非"陵"。

铜陵建制于五代十国时期，通过以上分析可知，当时对于"陵"的称呼是十分严格的。"陵"是对最高等级墓葬的称呼，本身也是"葬"的内容，而"葬"则包含着古人丰富的哲学思维。《礼记·檀弓上》载："葬也者，藏也；藏也者，欲人之弗得见也。"说明了在中国古代"葬"即为"藏"的意思。东晋时期的《葬书》开篇便是"葬者，乘生气也。生气即一元运行之气，在天则周流六虚，在地则发生万物。天无此则气无以资，地无此则形无以载，故磅礴乎大化，贯通乎品汇，无处无之而无时不运也。陶侃曰：'先天地而长存，后天地而固有。'盖亦指此云耳。且夫生气藏于地中，人不可见，惟循地之理以求之，然

---

[1] 刘毅. 中国古代物质文化史：陵墓[M]. 北京：开明出版社，2016：1-2.
[2] 欧阳修，宋祁. 新唐书：卷八一[M]. 北京：中华书局，1975：3593，3654.
[3] 欧阳修，宋祁. 新唐书：卷八一[M]. 北京：中华书局，1975：3689.
[4] 钱泳. 履园丛话：卷一九"陵墓"[M]. 北京：中华书局，1979：508.

后能知其所在"[1]。这段话是说所藏之物是暗合天地运行规律而存在的，人们应该遵循大地的运转道理，方可知道其所在之处。《葬书》中还记载了关于铜也有一定的"感应"之能，其描述的是汉武帝时期的事情，"汉未央宫一日无故钟自鸣，东方朔曰：'必主铜山崩应。'未几，西蜀果奏铜山崩。以日揆之，正未央钟鸣之日也。帝问朔何以知之，对曰：'铜出于山，气相感应，犹人受体于父母也。'"由此可知，"葬"之意在古代不仅仅限于和丧葬相关，更是有着丰富的哲理。

铜陵地区长久以来作为国家冶铜和铸币的场所，结合当时人们对于"陵"的认识，那么对"铜陵"解读应该为：国家埋藏铜的重地。

第二节　宋至明清时期铜陵铜业生产状况

从北宋到清末的一千多年中，虽然有各政权的分立和战争的破坏，但总体来说，手工业技术在矿冶、铸币等领域依然取得了很大的进步。尤其是在矿冶方面，据《宋史·食货志》记载，北宋中期官方所设管理金银铜铁的监冶场务共270余所（其中铜之冶46所），而唐代仅有168所。同时，手工业技术的发展带动了商业流通的活跃，加强了与周边少数民族和海外诸国的商品交换，在工商业繁荣的基础上兴起了镇、市等集市贸易。

一、宋代的冶铜与铸币业

宋代中央政府对冶铜业实行国家严控，采矿和铸币一律官办，禁止民间开采和私自铸币。在严控政策作用下，国家掌控的铸币大大超过了唐代时的生产总量。

钱监，是宋朝政府设置的铸钱机构。关于宋代的钱监，有学者统计先后设置了29个，其中铜钱监12个，铁钱监9个，其他钱监8个。在这些钱监中，江、池、饶、建、韶、惠等钱监最为突出，景德年间铸造铜钱主要为饶州永平监、池州永丰监、江州广宁监和建州丰国监四大钱监[2]。其中皖南地区的池州永丰监和饶州的永平监是铜钱监中最重要的两个，从北宋时期开始铸铜钱，一直持续

---

[1] 郭璞：《葬书》，四库全书电子检索版。
[2] 脱脱. 宋史：卷一百八十[M]. 北京：中华书局，1977：4379.

至南宋时期。《嘉庆重修一统志》记载,"铜官山……宋置利国监","永丰监,在(池州)府东北,宋置"。《元丰九域志》记载,池州包括铜陵、贵池、建德等六县,另有"监一,至道二年置,铸铜钱。永丰,在州东北二里"[1]。这说明宋代古铜陵地区新设置的利国监驻地为古铜官镇,永丰监驻地为梅根镇。宋代钱监的设置地点,首先考虑靠近坑冶产地、燃料产地,以减少运输费用;其次设置在商品经济发达和货币需求量大的州、军;第三设置在沿边战事较多、军费开支较大的地方[2]。古铜陵地区钱监的设置即是充分利用了当地丰富的铜矿资源和便利的水运条件。宋代的矿冶业有比较完善的管理体制,具体到钱监上也有一套严格的管理制度,外部有从中央到地方的三级机构管理体制,以兵制组织管理钱监,并在钱监内部实行技术等级制,是我国古代社会政府组织管理手工业的创举。宋代钱监的设置与矿业发展紧密联系、相互依赖。钱监的设置和生产刺激着采矿业的发展,尤其是铜矿的大量开采,与此同时钱监的铸钱额也为矿业的运作提供了本钱。

《宋史·食货志》记载:"宋太祖初铸钱,文曰'宋通元宝',凡诸州轻小恶钱及铁镴钱悉禁之,凡私铸钱者皆弃市。"[3]北宋时期,池州、饶州、江州、建州四大名监所铸钱在一百缗左右,景德年间(公元1004~1007年)最高可达到一百八十三万缗[4],平均每年八十万缗。根据刘森先生考证,淳化五年(公元994年)仅永丰监的年铸币量已达到64万贯,北宋中后期的元丰三年(公元1080年),全国年铸币量为506万贯,其中永丰监为44.5万贯,在各钱监中名列前茅[5]。

根据《宋史·食货志》载,宋初"凡铸钱用铜三斤十两,铅一斤八两,锡八两,得钱千,重五斤"。若以永丰监岁铸40~60万贯计算,则需铜144~316万斤,铅60~90万斤,锡20~30万斤,按古铜陵地区矿石含铜量1%计算,则需开采铜矿石14400~31600万斤,这在缺乏现代化开采手段的宋代,的确需要大量的劳动力才能做到。据《宋会要辑稿·食货》中《坑冶》篇记载,永丰监所需采冶大军,当亦不少,除开采铜矿外还要采凿铅、锡矿,还要有运输、铸

---

[1] 王存,王文楚,魏嵩山.元丰九域志:卷六[M].北京:中华书局,1984,244-245.
[2] 张勇.宋代钱监研究[D].郑州:郑州大学,2009.
[3] 脱脱.宋史:卷一百八十[M].北京:中华书局,1977:4375.
[4] 脱脱.宋史:卷一百八十[M].北京:中华书局,1977:4379.
[5] 刘森.北宋铜钱监述略[J].中国钱币,1988(2).

造的劳动人员。可见当时古铜陵地区采冶业的繁荣昌盛。宋代诗人梅尧臣看到古铜陵矿区采矿情景时写道："碧矿不出土,青山凿不休。青山凿不休,坐令鬼神愁。"(图7.1)这首诗不仅描写了采矿人员热火朝天的劳动情景,而且真实地记述了宋代古铜陵地区开采铜矿的史实。

图7.1　梅尧臣的诗《铜官山》

宋代矿冶技术有所发展,尤其值得一提的是在冶金方面水法冶金的应用,即所谓的"胆水冶铜法",也叫"胆铜法"。这种冶铜法是利用金属铁从含有铜化合物的溶液中置换出铜来,然后把它刮取下来,再经烹炼后就可以得到铜锭。所谓"胆水",是指天然的含硫酸铜的泉水。我国先民早在西汉时期就已经注意到这种技术,《淮南万毕术》上就有记载"曾青得铁,则化为铜","曾青"就是水溶性硫酸铜矿物,亦即胆矾。东汉成书的《神农本草经》亦有"石胆能化铁为铜"的说法。东晋炼丹家葛洪在其《抱朴子·内篇》中讲到"以曾青涂铁,铁赤色如铜"。大约在五代时期,"胆水炼铜"开始进入实用阶段。到了宋代,这种工艺更是得到了大规模的应用。胆水炼铜的方法有两种:一是淋铜法,二是浸铜法。其中在《宋史·食货志》记载浸铜法时讲道:"以生铁锻成薄片,排置胆水槽中浸渍数日,铁片为胆水所薄,上生赤煤,取刮铁煤,入炉三炼成铜。……饶州兴利场、信州铅山场各有岁额,所谓胆铜也。"[①]水法炼铜在宋代矿冶

---

① 李自力. 宋代矿冶业研究[D]. 郑州:郑州大学,2000.

业中占有重要地位，而当时饶州是用此种方法炼铜的主要生产中心。又据永丰监的设置来看，是将饶州永平监多余的冶工并池州，新设永丰监而成[①]，由此来看，古铜陵地区冶工当时也是掌握了此项技术，技术的进步也推动了当地铜业的发展。

北宋神宗、哲宗、徽宗、钦宗时期（公元1068～1127年）是北宋晚期，也是由衰到灭亡的时期。此时北宋不断受到辽和金的攻击，一直是屈辱乞和、苟且偷安，"岁币""岁赐"和各种"贡礼"的负担极为沉重。在朝廷币制上出现铜币、银币、纸币、银锭混合流通，民间销铜铸器、私铸钱币现象屡禁不止。户部尚书吴居厚在1102年间曾奏曰："江、池、饶建钱额不敷，议减铜增铅、锡等，岁可省铜五十余万斤，计新增铸钱十五万九千余缗。所铸光明坚韧，与见行钱不异。"[②]这说明铜的来源在北宋晚期相当困难。到宋徽宗时，因国库入不敷出，朝廷令池、江、饶、建四州监，以岁铸小平钱增料改铸"当五大铜钱，后又铸'御书当十钱'"，缗用铜九斤七两，铅半之，锡居三分之一，总重量增加两倍，价值却增加了十倍。这种自欺欺人，搜刮民脂民膏的手法，使北宋晚期币制更加混乱。宋宣和时（公元1119～1125年），相继令饶、建、江、池四大钱监以小平钱改铸"当二钱"，以渡过财政难关。1126年秋，金兵第二次南下，于次年攻克东京汴梁，北宋亡。随之四大钱监均走上了衰退之路。

北宋前期全国商镇发展较快，其农业、手工业、商贸业发展水平超过唐代。中国经济重心由北向南转移也完成于宋代。沿江古矿区铜陵，伴随铜的冶炼、铸造业的高度发达，商贸经济繁荣，城镇经济进入了大发展阶段。据北宋元丰三年（公元1080年）《元丰九域志》记载，池州"州东北140里，五乡，大通、顺安二镇"，大通镇濒临长江，是南来北往货物的集散地。到北宋年间铜陵大通的兴起，与铜陵矿冶业的不断扩张、水路运输空前繁荣有着直接关系。

南宋时期，由于宋金对峙，战争频繁，朝廷又偏安临安，古铜陵地区的矿冶急剧衰落，铜产量猛跌，随之永丰监亦被兼并。1127年5月赵构在今河南商丘县即位，史称南宋，1128年南宋定都杭州，称临安府。南宋朝廷对金采取妥协投降政策，以维持半壁江山。之后不顾朝廷抗金派的争辩，仍接受金的诏书，割让大片土地给金，每年向金纳银二十五万两，绢二十五万匹，加重了百姓原

[①] 吴世民. 牵动王朝金融神经的定位：池州铸钱冶监设置、迁移因素考[J]. 安徽广播电视大学学报, 2016(1).

[②] 脱脱. 宋史：卷一百八十[M]. 北京：中华书局, 1977：4386.

本就已沉重的负担。

由于金的连年侵犯，东南各地矿冶业包括古铜陵地区冶铜业逐渐萧条，官办的铜的开采和冶炼业基本停滞，全国铜产量急骤下降，据《宋会要辑稿·食货》记载，南宋绍兴年间全国铜产量年度仅达1398斤，这个少得可怜的数字，反映了南宋矿业衰退跌至低谷。经宋绍兴1131~1162年30多年间的勉强支撑，朝廷不得不将广宇监并于虔州、永丰监并于饶州，全国年铸币总量仅是北宋年间铸币总量的十几分之一。南宋时的南陵知县郭晓在《申免工山坑冶札子》中提出铜的开采"即行往罢"，要求中央政府批准停止开采铜矿。郭晓认为开采铜矿"做坏风水"，致使"水旱之灾未有不由此也"，作炉者聚集亡命之徒于人迹不到之处"狂采滥伐""伐两山之木以供薪炭，虽稚叶柔条不得免"。当时民间无节制地开采冶炼，需采伐林木烧炭做冶炼燃烧材料，对林木生态环境确有一定的影响。当时无法继续采冶活动，另一原因主要是受采矿技术的限制，深部开采的巷道通风和二、三级排水等问题难以解决，造成铜山之上遍布散乱露采、浅部坑采的杂乱现象。在井下深部开采技术没有大的突破之前，官方决定停罢采矿是唯一的出路。由于南宋期间战争频繁，对金割地赔款多数用白银折算，中央政府对银业的重视远远高于采铜业，这是南宋停采罢冶铜业更深层次原因。

铜的采冶铸币急剧衰落的同时，大量的采掘、冶炼、铸币人员由工业向商贸业转移，助推了古铜陵地区小集镇新一轮的发展。古顺安镇以官方临津驿站为枢纽，加强了水陆交通和南北往来的通道建设。古铜官镇、大通镇已发展成为江南农产品贸易集散地。南宋诗人扬万里在《舟过大通镇》一诗中写道："淮上云垂岸，江中浪拍天。顺风哪敢望，下水更劳牵。芦荻偏留缆，渔罾最碍船。何曾怨川后，鱼蟹不论钱。"这是对铜业衰落期古镇农贸发展繁荣的真实写照。

二、元明清时期古铜陵的铜业生产

元初古铜陵地区矿冶铸业受到战争重创，生产力和社会机能被严重摧残，县治所在地遭兵燹惨重。至元十二年（公元1275年）二月，元军统帅伯颜率元军攻入池州，自池州向东丁家洲（古铜陵地区东北）进发。宋丞相贾似道督诸路军十三万，驻扎丁家洲，以孙虎臣为前锋，准备以其优势兵力，迎战元军，淮西制置使夏贵以战船二千五百艘横亘长江中。伯颜部骑兵沿大江两岸掩杀，用巨炮猛轰江面的宋军大营，炮声震百里，以分散宋军注意力。元军将领阿木驱舰船突入宋军水师。在元军三路夹攻之下，宋军前锋孙虎臣战线溃败，制置使夏贵则以扁舟遁逃。宋军无主帅导致全线溃败，伯颜率元军乘势追杀，掳获战船、军资、器械不计其数。古铜陵丁家洲一战，伯颜以智勇取胜，南宋有生力量惨重损失，所谓十三万大军，一时溃散。丁家洲战役后不久，元军占领了建康（今南京市），接着控制了江东进逼西浙，使南宋都城临安处在摇摇欲坠之中。至元十三年（公元1276年）三月，伯颜进入临安，元军以和平方式接管临安城，南宋随之灭亡。自元十二年（公元1275年）起，元朝在"西起蜀川，东薄海隅"的南宋土地上，共"降城三十，户逾百万"。元军在沿江东进时，曾纵兵利财剽杀，作为丁家洲主战场的古铜陵矿区和铜陵县城，遭到"城无居民，野皆榛莽"[1]的深重灾难，古建筑和文史资料均在战火中"厄以兵焚，断简残篇"，南朝萧齐时期（公元479～502年）建立的铜官山麓灵祐王庙也遭摧毁，这场战争给当时经济社会发展带来了极多困难。

那么元朝为什么没有恢复古铜陵地区的铜业呢？其直接原因是元朝时铜钱不作为国家货币，而是继承宋代的交子，发行纸币代替，《元史·食货志》记载，关于货币"自政府圜法行于成周，历代未尝或废。元之交钞、宝钞虽皆以钱为文，而钱则弗之铸也"[2]。同时禁止使用铜钱，特别是针对南宋地区，有学者对相关的文献资料进行了总结："至元十三年春正月，宋降，十四年夏四月，诏禁江南行用铜钱。十七年春正月，诏括江淮铜及铜钱、铜器。六月，废宋铜钱。"[3]另一方面可能是古矿区地表铜资源枯竭、环境被破坏而罢采。

元朝对铜、铜钱和铜器，曾多次颁布过禁令。元中后期币制改革紊乱，曾一度恢复性使用铜钱，但很快又被朝廷废止。元朝沿袭宋币制做法，主要发行纸币流通。元世祖至元后期国库空虚，财政渐见拮据，便猛增纸币发行量。元大德以来，开始动用朝廷纸币准备金；武宗至大时，动用钞本（纸币准备金）情况更为严重，又发行至大银钞，使之五倍于至元钞，同时恢复使用铜钱；仁宗即位时（公元1312年），又罢至大银钞与铜钱，连续四年大量印纸钞，年印数在200万锭以上，官定钞银比值只及中统（元世祖忽必烈1260～1264年）初期的二十分之一。元代钞法规定对造伪者一律处死，但历年造伪钞者几乎遍及全国，对元钞法推广具有很大的破坏性。为了达到增加国库收入、搜刮民脂民

---

[1] 姚燧.牧庵集[M].北京：商务印书馆，1936：176-177.
[2] 宋濂.元史：卷七十七[M].北京：中华书局，1976：2371.
[3] 李敦.试论元代货币制度[J].内蒙古金融，2003(S1).

膏、摆脱朝廷财政危机的目的，元顺帝至正十年（公元1350年）决定变更钞法，即发行一种新纸币，称为"至正宝钞"，用它代替早已通行的"中统宝钞"和"至元宝钞"，所以又叫"钞买钞"。其结果新币发行量过大，在大都老百姓拿钞十锭（等于铜钱五万文）却不够买一斗米，全国群起加以抵制，开始进行物物交换。元代这种"钞买钞"的政策弄得市场物价飞涨，民不聊生，朝廷信誉一落千丈。

据《元史·食货志》记载，元代的产铜之所见于记载的仅有三处，即"在腹里曰益都，辽阳省曰大宁，云南省曰大理、澄江"①。也就是在今天的四川、辽宁和云南等地，对于铜的产量，仅云南年产2380斤。进入14世纪后，元武宗和元顺帝时，曾两次铸造铜钱，但由于长期以来没有稳定的采铜业支撑，铸钱原料没有来源，遂下令搜集民间的铜器做原料铸铜钱，同时朝廷准许开采铜矿。元至大二年（公元1309年），设置了六处铸币的货泉监和十六处产铜之地的提举司，即"尚书省言：'以银钞为母，至元钞为子，宜与铜钱通行。'大都立资国院，山东、河南、辽阳、江淮、湖广、四川立泉货监六，产铜之地立提举司十九，铸钱。曰至大通宝，每一文准至大银钞一厘，又铸大元通宝，每一文准至大通宝十文，历代铜钱悉依古例②。"古铜陵地区在此阶段恢复性地进行铜的开采和冶铸，朝廷也设置了名曰梅根监的铸币机构。此时采矿炼铜、铸币活动规模比宋代小得多，机构监管作用不明显。

元朝末年，江淮起义军在赵普胜、李普胜的领导下，于至正十二年（公元1352年）春渡江南下，克无为，入繁昌，占领了铜陵地区，后进围安庆，再下湖口、彭泽，势如破竹，号称百万水师。至正十六年（公元1356年）正月，赵普胜率巢湖水师再克枞阳、池州、铜陵、青阳等地，并两度围攻安庆。赵普胜第一次攻战铜陵地区时，铜陵县知县汤起祖率县行政人员溃逃，并将县衙从古铜官镇迁至顺安镇，铜陵县域政治中心又一次转移到顺安，直至明朝永乐二十二年（公元1424年）县令时守道把县衙迁回古铜官镇。经过频繁战争的创伤，古铜陵地区铜矿采冶活动逐步停滞下来，铸币中心的梅根冶所在地一批批工匠流落他乡。元朝末年诗人陶安在《过铜陵三首》一诗中描绘："县治无城堵，坡陀枕水滨。铜坑容凿矿，炭户晓担薪。兵后姜牙少，岩深箭竹新。沙溪浮石子，

---

① 宋濂.元史：卷七十七[M].北京：中华书局，1976：2378.
② 曹仁虎.钦定续通典：卷十三[M].台北：台湾商务印书馆，1986.

嘎嘎履声频。"可见元末战争对矿业破坏程度之深。

明代在古铜陵地区设置梅根监，承担朝廷铸币职责。随着社会生产力的提高，明朝手工业脱离农业的独立发展趋势比宋元时期更加明显，制瓷业、丝纺业、制纸、冶铸、炼铜等手工业内部分工较为复杂，出现了采矿工业和加工业的进一步分工，原料产地和手工业地区彼此互为市场，促进了明朝商品经济的进一步发展。如徽州的冶铸业，"煽者、看者、上矿者、取钩（矿）砂者、炼生者而各有其任，昼夜番换，约四五十人。若取矿之夫、造炭之夫，又不止是此数"①。这一切反映出当时手工作坊的生产规模和专业分工水平的提高程度，作为古铜陵地区的采铜业的专业化水平有了空前提高，用煤炭作冶铸燃料，使冶炼规模和冶炼质量有了大的提升。

明代初年对冶铜冶铸业极不重视，如洪武十五年（公元1382年），广平府官吏王允道上奏请求发展磁州铁矿，朱元璋说："只听说当帝王的人要使天下没有遗漏的贤人，没有听说天下没有遗漏的利益。尔今，兵器不缺，民众安定，这件事对朝廷没有好处，只能骚扰人民。"②于是将王允道施杖刑后流放岭南。由此可见明建国初年对矿冶的轻视态度。在这种高压背景下，国家铜业不可能有大的发展。明代中叶，朝廷对铜业政策有了调整，全国铜业有官矿、民矿并存局面，官矿是朝廷直接派员经营，民矿是小规模开采。但民矿必须接受朝廷规定、取得许可证书、向官方缴纳一定数额税方可得到开采权利。明代统治者不愿意劳动人民游离土地，最惧怕人民聚在一起造反起义。对铜铁矿的开采，有时要开采，有时下令要禁止。一般情况下，禁止民间自行组织开采。对铜、铁等重要资源的管理，采取限制总量和强制以低价收购办法，洪武年间官办铁冶每年定额1840万余斤，年铸铜币19984万余文。明朝末年，由于朝廷同农民起义军作战，又连年败退、加之西北饥荒和兵变等原因，崇祯九年（公元1636年）朝廷直接下令全国开采银铜锡矿，已被封停的矿山一度得到恢复生产。

据史料记载，明朝在古铜陵地区仍设置了梅根监监管机构，这说明朝廷在准许开采铜矿的同时，高度关注梅根监监管的地位和作用。清初著名地理学家顺家顾祖禹记述了元明梅根监设置情况，他在《读史方舆纪要》中写道："贵池县……梅根河，在府东西十五里，其源一出于九华山浐于五溪桥，一出太婆山，

---

① 吕思勉.中国通史[M].北京：中国社会科学出版社，2013：577.
② "朕闻天下无遗贤，不闻无遗利。今军器不乏而民业已定，无益于国，且重扰民。"张廷玉.明史：卷三[M]//太祖本纪三.北京：中华书局，1974：39-40.

泻于马衙桥，交于双河，又北达大江，亦曰梅根港，港东五里即梅根监，历代铸钱之所，有钱官司之，故梅根港曰钱溪。"[1]由此可见，明朝梅根监利用就近铜料铸币，按朝廷指令完成年度铸币计划，同时负责严禁民间私采铸币。沈寂先生在《清末收回铜官山利权运动》一文中写道："铜官山是一个古矿，……宋代在此设'利国监'，所出铜很多，质也佳。元明两代这里设有'梅根监'，开采规模很大，由于当时技术条件限制，把浮面一层的铜矿石挖完后就废弃了。"[2]明代古铜陵地区铜矿开采业并未衰落至底线，而且朝廷坚守历朝历代传统做法设立了梅根监机构，采冶也有一定规模。古铜陵地区所产铜料按朝廷指令供给梅根监铸币。《明太祖实录》记载："洪武初年……，池州府采铜十五万斤。"这里产铜十五万斤均属铜陵古矿区所生产，在明中后期的百余年内，古铜陵地区产铜产量大大超过了洪武初年池州府的采铜量。

明朝后期朝廷实行封坑闭矿措施，古铜陵地区采冶业又一次遭到严重打击，产量也跌到低谷。明朝人邱浚曾言："我朝坑冶之利，比前代不及什之一二。"[3]可见明代后期官矿比元朝衰落的程度。朝廷为防止人民乘开矿时机聚众起义，明宣德十年朝廷罢各处金银铜矿，封闭坑冶，仅保留远离京都的云南铜矿正常开采。随着云南铜矿产量的前期崛起，古铜陵采铜业中心地位逐步被取代，明末诗人刘涣在《游铜官山》一诗中写道："铜官山畔试登临，古木丛篁一径深。惊鸟引雏飞别树，轻烟和雨过前林。撩人好景从头记，遣兴新诗信口吟。几度欲归犹缱绻，更寻清涧涤烦襟。"从诗中看出，古铜官山矿区已是一种"矿乏场废"的乡游场景，那"红星乱紫烟""炉火照天地"的冶铜场面已不复存在。明王朝对古铜陵地区采冶业制造了一条轻视—重视—指定计划采冶铸币—再下令封闭坑冶的轨迹。但由于历史前行的动力原因，明代没中断在古铜陵地区设置梅根冶机构。再有，史学界认为，明万历以后国家商贸活跃，在较发达的沿海地区已产生资本主义萌芽，此时由铜陵人编写的《铜陵算法》风行全国商贸行业，特别是此书中列有铜、银冶炼计算的应用题例，反映了万历年代以来的社会生产和经济活动。

清代冶铜的发展重点区域在云南，云南铜矿开采有官督商办大厂，有私营

---

[1] 顾祖禹.读史方舆纪要[M].北京：中华书局，2005：1335.
[2] 沈寂.清末收回铜官山利权运动[M]//谷风出版社编辑部.清末民初中国社会论文集.台北：谷风出版社，1986.
[3] 丘濬.大学衍义补：卷二十九[M].郑州：中州古籍出版社，1995.

的小厂，大厂有矿工七八万人，小厂也不下万人。云南铜矿开采量最多时，每年可达到一千多万斤，主要供给朝廷和各省官府铸钱。清朝初年朝廷在铜陵地区设立了铜官督，由官府兴办铜业。清中叶之后，由于云南铜业的强盛和铜陵地区铜的深部开采较为困难，铜陵地区铜的开采、冶炼始终处在衰退中。

进入近代社会以后，国事衰微，西方列强纷纷掀起瓜分中国的狂潮。其中铜陵地区历经了长达10年的矿利权斗争（公元1901~1910年）并成功地从英国人手中夺回矿权；此后日本在侵华战争中，也对铜陵地区的铜矿造成了较大的破坏。至1949年新中国成立前夕，铜官山矿区一片荒凉，仅留有巷道400余米（多数已倒塌）、简易铁路8.7公里[①]。

第三节　新时代铜陵铜工业的发展与转型

1949年4月21日，铜陵成为江南第一座获得解放的城市，铜官山矿回到人民手中。鉴于铜是国家重要的战略资源，在国民经济中发挥着重要的作用，新中国成立后国家立即着手重建铜陵矿业，铜陵铜工业的发展随之揭开了新的篇章，古铜都又焕发出新的光彩，迅速成为全国最重要的铜工业基地，为新中国经济建设做出巨大贡献。

六十多年来，铜陵创造了新中国铜工业的多项第一：第一座机械化露天铜矿在铜陵设计建设，第一个现代冶炼工厂在铜陵建成，第一座掌握了氧化矿处理技术的城市，炼出了第一炉铜水、产出第一块铜锭，诞生出中国铜业第一个上市公司，电解铜产量多年保持全国第一……期间，铜陵在为国家生产提供大量铜矿资源的同时，还为甘肃金昌、江西德兴、云南等有色金属产地培养输送了大批技术人才与熟练工人，成为"共和国的铜业摇篮"。

当代铜陵铜工业的发展，大体经历了四个重要阶段：复兴发展（公元1950~1978年）、改革探索（公元1983~1998年）、加速崛起（公元2000~2009年）和转型发展（公元2010年至今）。经过多年的艰苦创业和改革发展，铜陵铜工业由单一的采选冶，发展到采选冶及铜的精深加工一体化，品种丰富，产业链完备，极具竞争优势的产业群体。如今，电解铜年产量突破百万吨，位居全国首位、世界前列；年生产铜加工用材甚至超过电解铜产量，铜陵铜业加工

---

① 铜陵市地方志编委会. 铜陵市志[M]. 合肥：黄山书社，1994：215.

迈入新时代。2016年，国际铜加工协会总裁评价铜陵："中国铜产业链条最长，产品品种最全，技术水平最高。"在历经数千年的不断开采之后，铜陵还能保持有如此大规模的铜生产量，无愧"铜都"之名，堪称世界奇迹。

一、铜陵铜矿恢复建设与内外拓展

在中央和华东工业部的重视下，1950年5月铜陵铜官山铜矿工程处在上海成立，工作队紧接着就奔赴铜陵，展开矿山恢复工作。创业先驱们胼手胝足，筚路蓝缕，他们整矿山、复秩序、盖厂房、筑铁路、建电厂、修港口，在一片废墟上建立起了新中国最早的铜工业生产基地。

铜官山矿恢复速度飞快。工程处成立之初，有一个采矿区、一个洞勘队、一个小选厂和一条铁路运输线，采矿区是日本人遗弃的65米坑道。工作队进驻仅一个月就完成了扫把沟三吨临时码头工程，第二个月，铜官山选矿厂就破土动工。一年之后，采矿全面恢复，全长12.7千米的窄轨铁路通车，10千瓦蒸汽发电机恢复发电，日处理矿量400吨的选矿厂投入生产。1954年10月，我国第一个由国内自行设计、全部采用进口设备、实行机械化开采的露天铜矿开工，铜官山铜矿拥有了露天、井下开采并举的生产规模，是当时中国最大的铜矿。到1957年，年产铜金属量突破一万吨。

为适应铜冶业发展的需求，1952年铜陵立矿务局。1959年，经安徽省委批准，设立铜官山有色金属公司（以下简称铜陵有色）。1962年，隶属省冶金厅的第三地质勘探队、建筑安装公司先后划归或移交铜陵有色，自此铜陵有色形成集铜的勘探、井巷施工、建筑安装与采、选、冶为一体的大型企业。1964年，即在铜陵建市仅八年左右，中共中央、国务院决定撤销铜陵市，成立铜陵特区，撤销铜陵市委和铜官山有色金属公司党委，设立铜陵特区党委，对铜陵矿业实行政企合一，类似"铜官"模式，这是中央特别重视铜陵的特殊标志，也是中国铜工业一段光荣的历史。

继铜官山金铜矿建成之后，铜陵地区陆续开发建设了一批新的矿山。1959~1975年，铜山矿、井边矿、狮子山矿、凤凰山矿、金口岭矿相继建成投产。其中，凤凰山矿是新中国第一座用引进技术设备建设的矿山，选矿工艺设备自瑞典成套引进，选矿自动化装置从芬兰引进，运用电子计算机技术选矿是当时世界选矿的一流技术，这也开启了铜陵人对工业自动化的追求。改革开放后，新增了全国首家新模式办矿的安庆铜矿，亚洲井下开拓深度最大的冬瓜山铜矿。根据统计资料，铜陵矿山铜金属量在1960年形成第一个小高峰，达到19452吨，与当年粗铜冶炼规模相当。此后回落起伏，到1971年突破3万吨，形成第二个小高峰。2016年，枞阳县划入铜陵市管辖后，全市矿山铜金属量超过13万吨，占当年电解铜产量的10%左右。

为满足不断扩大的铜冶炼规模对铜矿石的需求，铜陵在挖掘自身矿山潜力的同时，不断拓展国内外市场。铜陵有色通过周边探矿、加密探矿和股权调整等多种方式，积极参与海内外资源的勘探与开发，强化资源控制。2006年，铜陵有色承揽赞比亚康克拉铜矿深部开拓工程，成为安徽省第一家走出国门的矿山建设施工企业。2010年，收购厄瓜多尔米拉多铜矿，这也是铜陵有色海外资源第一个开发项目。截至"十二五"期末，集团公司控制海外有色金属资源折合铜金属量共计1155万吨。

二、冶炼规模与技术的跨越式发展

铜陵铜矿冶炼起步于1952年动工兴建的铜官山冶炼厂。这是新中国自行设计、自行制造设备、自行施工的第一座铜冶炼厂。1953年5月1日，新中国第一炉铜水（图7.2）和第一块铜锭伴随着初升的红日，在铜官山冶炼厂诞生了。这一壮观而又珍贵的历史镜头，被中央新闻电影制片厂拍成新闻纪录片——《铜官山冶炼厂出铜》，并在北京首映，这是我国第一部记录新中国有色工业发展的纪录片。

1971年冶金部批准铜陵有色建设第二座冶炼厂。当时，世界上的铜业技术发展得很快。由于技术封锁，中国人无法获取技术资料，只能自己摸索前进。二冶采用了接触法生产硫酸工艺，比一冶塔式法生产硫酸工艺先进。在生产规模上，起初设计为年初粗铜3万吨，预留了电解铜生产线、贵金属生产线用地。1978年5月1日，二冶产出了第一炉铜水，这是时隔25年之后，铜陵又一座冶炼厂投入生产。

根据统计资料，在1953~1997年间，铜陵累计生产粗铜156.3万吨，为上海等地电解铜厂提供了重要的原材料支撑。1957年铜陵生产粗铜1.03万吨，占当年全国总产量的47.4%。二冶投产后，铜陵粗铜产量稳步提升，1997年产量13.34万吨，达到顶峰，同时也成为绝响。随着当年安徽最大的中外合资企业金

图 7.2　新中国的第一炉铜水

隆铜业公司电解铜生产线的建成投产,从1998年起,铜陵即告别了粗铜生产的历史。十年后,我国第一座铜冶炼厂完成其全部历史使命,宣告关闭,这也标志着铜陵铜产业发展即将进入一个新的发展阶段。

从1970年开始,铜陵就尝试生产电解铜,但未成气候,到1979年,电解铜产量也不过1000吨。二冶电解铜生产线投产后,最多年产也不足5万吨。直到1997年,金隆铜业建成,电解铜产量开始飞速跃升。1998年超过10万吨,四年后突破20万吨,紧接着只用了三年,就跨过30万吨,到2012年,达到90万吨。2013年,金冠铜业公司投产后,一举达到120万吨,一年后再上130万吨的新台阶。2016年,电解铜产量占全国比重达到15.3%,国内第一,世界第二。从1972年铜陵开始生产电解铜起,到2016年底,44年间,铜陵累计为国家生产电解铜1170万吨。

铜陵铜冶炼规模迅速扩大的背后,是冶炼技术的飞速进步。2003年金昌冶炼厂采用奥斯麦特炉"顶吹浸没式喷枪熔炼技术"替代原密闭鼓风炉富氧熔炼工艺,主工艺达国际先进水平,创造了当时世界奥炉熔炼工艺应用的最好成绩。金隆铜业的主要冶炼工艺包括闪速熔炼、大型转炉吹炼、回转式阳极炉精炼及电解系统,是当时国际先进工艺,其闪速炉单位容积铜精矿处理量达到世界第一。"常温变量喷射——动波洗涤闪速熔炼技术"荣获国家科技进步一等奖。2010年铜陵有色继续实施铜冶炼工艺升级改造，2013年建成投产的金冠铜业公司，采用当今世界最先进的闪速熔炼、闪速吹炼工艺技术处理铜精矿，是世界最大产能的"双闪"铜冶炼厂，生产过程中硫总捕集率可达99%以上，水循环利用率达97%以上，重金属实现零排放，矿渣可做金属原料，是高效、节能、清洁、环保的新型项目。2016年运行38年的金昌冶炼厂全面关停，正在实施的新奥炉改造工程，采用"奥炉+智能数控转炉+回转阳极炉"生产工艺，配套完善的制酸技术，主产品电解铜生产采用PC工艺，生产过程中硫总捕集率可达99.9%以上，水循环利用率达97.86%以上，为我国建设更加绿色、环保、高效的铜冶炼企业树立了新的标杆。

冶炼技术的发展进步，还为铜陵发展循环经济开辟了巨大空间。2000年以后，铜资源成为铜陵经济发展的羁绊，铜陵在探寻产业升级的过程中，确立了循环发展的新理念，找到了一条发展循环经济的道路。循环经济是一种以资源循环利用为核心，以资源生产率为效率标准的可持续发展方式，能大幅度提高资源利用水平，发展循环经济是资源枯竭型城市实现转型发展的一条重要途径。铜陵循环经济从构建三大产业循环链起步，即铜资源产业循环链、硫资源产业循环链、建材产业循环链，相继建设循环化工业园区、农业园区，不断深化实践，打造发展循环经济升级版，成为我国发展循环经济的成功典范。

三、铜材深加工产业集群崛起

铜陵电解铜规模的扩大，改变了铜产业的发展面貌。"金豚"牌、"铜冠"牌高纯阴极铜在伦敦金属交易所注册，成为中国名牌产品、国际知名品牌，提高了铜陵铜产业的国际知名度。但是，无论粗铜也好，电解铜也好，仍然属于工业原材料，想要实现铜工业产业升级、转型发展，发展铜材延伸加工成为必由之路。

早在20世纪80年代，铜陵就开始了铜材延伸加工的探索。21世纪前后，才真正开始形成规模。最近这些年，铜陵更是把发展铜材深加工摆在战略位置来抓，"抓住铜、延伸铜、不唯铜、超越铜"，把握国内外铜材加工产业发展态势，制定实施产业路线图，加大政策引导扶持力度，瞄准目标企业开展专题招商，扩大投资，激励创业，前后延伸，补链壮链。经过二十多年的发展，铜陵铜材加工形成若干产业链条，包括：电解铜—铜杆—铜线—电磁线（电缆）、电解铜—铜板带—集成电路引线框架（LED支架）、电解铜—铜箔—覆铜板—印制电路板、电解铜—铜合金棒—铜水表（铜五金件）、电解铜—铜管、电解铜—铜粉、电解铜—铜艺术品等完整产业链。生产的铜产品有十五大类，数百品种。以铜线产品为例，就有各种电器用的特种漆包线、特种镀锡铜线、裸铜圆线、特种铝漆包线、自黏性漆包线、冷媒自润滑漆包线、耐电晕漆包线、微细和超细漆包线等若干品种。2014年，全市铜材加工产量与电解铜产量一道，双双突破130万吨，占全国钢铜材产量的7.5%，成为电解铜净消费地区。到2016年，铜材加工量增强了40多万吨，在全国的占比又提高了近1个百分点。

铜材加工技术水平不断进步。主要铜材加工产品生产装备和工艺处于国内领先水平。铜陵有色自主研发的"异型铜材连续挤压工艺和装备"水平在国内领先并具有国际水平，并通过与法国格里里赛公司"联姻"，将产品拓展至异形电子铜带领域；金威铜业铜板带压延生产工艺达到国际先进水平；阳极磷铜球及生产工艺等成为国家标准。金威铜业、铜冠铜材低氧铜杆均采用了国际最先进的连铸连轧工艺。精达集团耐冷媒漆包线制造技术自动化程度高，是当今国际先进水平的代表。

铜材加工企业集聚发展，推动形成了铜加工产业集群。全市规模以上铜加工企业发展到80多家，关联配套的中小企业达到数百家，一大批企业成为细分行业的龙头和"隐形冠军"。铜陵有色主营收入在安徽率先突破1000亿元，精达集团成为全球最大的电磁线生产商之一。铜陵铜基新材料产业基地成为安徽首批战略性新兴产业集聚发展基地，与铜材加工产业发展配套的国家铜铅锌检测中心、国家印制电路板检测中心、铜合金研发平台、国家B型综合保税中心等公共服务平台建设不断取得突破；产业链上下游企业对接协同发展，集群发展效应日益显现。

四、铜文化资源的开发利用

铜陵以铜立市、以铜兴市，铜文化资源极为丰厚。自20世纪80年代末开始，铜陵市在城市建设和发展过程中日益重视铜文化资源的开发和利用。"铜文化"的概念指，人类社会在使用铜的历史实践过程中所创造的物质财富和精神财富的总和，铜陵铜文化涵盖该地区的"铜官文化"。关于铜官文化内容将在下一章阐述。铜陵大力弘扬铜文化，合理开发利用铜文化资源，对提升城市建设品位、促进产业结构升级发挥了积极作用。

铜陵利用独有的地域文化特色资源，充分发掘铜文化内涵，运用铜文化元素，自20世纪90年代开始建设高起点、高品位的城市雕塑，令城市面目焕然一新。按照城市雕塑规划，先后在街头、小区、绿地、公园建成100余座主题鲜明、风格各异的铜雕，点亮城市空间，形成特色鲜明的城市文化景观，提升城市公共空间的艺术品相。现在，铜陵建成区每平方千米约有2座城市雕塑，"丰收门""起舞""春晓""商周青铜壁"（图7.3）、"四喜铜娃""铜陵之音""山水之门""八宝柱"等在全国城市雕塑展上获奖，被国内业界称之为"铜陵现象"。一处处铜雕塑，从城市景观角度切入布局，更营建了独特的城市精神生活空间。一些具有代表性的雕塑矗立于城市核心位置，确切表达出场所的文化主题，成为画龙点睛之笔；各路口及社区广场耸立的铜雕塑，犹如流动着的铜文化音符，丰满了古铜都的城市形象。

图7.3　商周青铜壁

铜陵铜雕塑艺术布局大体上分为四类。第一类是用以展示青铜文化丰富内涵与悠久历史的作品，如"商周青铜壁""起舞""丰收门"等；第二类是反映铜陵在中国青铜文化史上的地位、作用和意义的作品，如"铜官大道雕塑群"

"铜都文化园""凤凰涅槃""铜都时空"等;第三类是表现铜陵重要人文景观、历史事件、历史人物以及特色物产的作品,如铜雕塑"李白""苏东坡与黄庭坚""金凤牡丹""八宝柱"等;还有一类则是美化环境、为城市风情增加亮点的作品,如铜陵植物园的"彩蝶"、世界花园小区里的"关爱"等。这些雕塑与周围建筑融为一体,勾画城市轮廓,点缀城市空间,展现城市魅力,成为城市标识,有力提升了城市整体文化品位。城市雕塑将铜文化艺术化、视觉化地呈现于公共空间,让铜文化走进市民的生活里,有利于提升市民文化素质。

城市雕塑建设的兴起,对铜陵铜文化创意产业的发展在一定程度上产生了积极的促进作用,拓展了铜经济的广度与深度。一批企业先后涉足铜艺铸造产业,以创意为引擎,致力于铜文化研究、铜工艺品创作、研发生产与艺术品交易,推动了铜雕塑、铜艺术品、铜装饰品以及日用品等相关联产业集聚发展,使铜陵铜文化产业迅速形成了一定规模,建立起完整的产业链,创出独特的品牌优势,成为华东地区有影响的铜工艺品生产与销售集散地。

随着国内外文化产业的快速发展,铜陵把以铜文化产业为主导的文化产业发展摆到越来越重要的突出位置,采取了一系列有力举措:一是加大铜文化的研究力度。组织专家和铜文化爱好者,通过不同方式,不间断地对铜陵铜文化进行研究总结。特别是自20世纪90年代起,邀请国内外相关领域的专家、学者,定期举办国际性学术研讨会,并出版发行铜文化研究学术期刊,借力推进铜文化事业发展。二是精心组织开展文化经贸活动。自1992年起,铜陵连续举办了十三届中国(铜陵)青铜文化博览会活动,宣传铜文化知识,弘扬铜文化精神,推动文化资源开发与铜经济、旅游业等发展深度融合,扩大铜陵的知名度,提高铜陵在相关产业界的影响力,促进招商引资与招才引智。三是加强对铜文化建设的规划引领。组织编制了铜文化产业专项规划,明确发展目标、定位与思路,即以重大产业项目为引擎,以铜文化产业园区为载体,以培育特色文化企业、引进战略投资者为重点,加快区域性特色铜文化产业集群建设,着力建设铜文化艺术之都、铜文化产业高地、铜文化旅游基地,打造"世界铜艺之都",力争到2020年,实现文化产业增加值占全市生产总值5%,培育成为有影响力的战略性新兴产业。四是通过政策引导推进重点文化项目建设。把文化产业作为战略性新兴产业来培育,落实政策,加大投入,引资引智,扶优扶强,支持推进重点项目建设。近年来,先后规划建设了数十个铜文化项目,全国第一个以展示铜文化为主题的博物馆、滨江生态公园、西湖湿地公园、国际铜文化园等项目建成开放,大铜官山公园、中国特色小镇大通文化旅游区等项目动工兴建,一批铜艺产业换代升级项目实施。目前文化产业企业发展到上千家,铜文化产业进入做大做强、提质提效发展的新阶段。

五、"世界铜都"的美好愿景

2009年铜陵开始提出打造"世界铜都"的设想与动议。在"十三五"规划中,明确将"建设世界铜都"作为城市发展的一大愿景。世界铜都包括经济、产业、技术以及文化等多方面的内涵。现在,铜陵正在按照"抓住铜、延伸铜、不唯铜、超越铜"的总体思路,加快城市转型发展步伐,朝着打造世界级的铜基新材料产业基地、建设具有国际水准的铜加工研发中心、形成具有全球影响力的铜产业集群、建设举世无双的铜文化特色城市方向迈进。

第八章 蔚为大观
文人齐聚与铜官文化内涵的丰富

铜官自汉武帝时期设立后，经历了两千多年的发展，形成了独具魅力的铜官文化，古铜陵地区也是依靠着这种厚重的文化内涵吸引了历代文人陆续来到此处，并留下了大量华美的篇章歌颂铜官的人文内涵及其附近秀丽的自然风光。

第一节　铜官文化的内涵

要探讨铜官文化的内涵，首先要明确什么是"文化"，"文化"都有哪些分类，我们在此所论证的"铜官文化"属于哪一类。

一、关于"文化"的解释

关于"文化"的定义，各研究领域均有不同的解释方式，有学者统计对"文化"的解释多达二百多种。《中国大百科全书·社会学》将文化分为广义和狭义两大方面，"广义的文化是指人类创造的一切物质产品和精神产品的总和。狭义的文化专指语言、文学、艺术及一切意识形态在内的精神产品。"[①]哲学卷的定义也把文化分为广义的和狭义的两种，但它不仅指出文化是物质产品和精神产品，而且还特别强调了文化是物质的和精神的生产能力。哲学卷的定义说："广义的文化总括人类的物质生产和精神生产的能力、物质的和精神的全部产品。狭义的文化指精神生产能力和精神产品，包括一切社会意识形态，有时又专指教育、科学、文学、艺术、卫生、体育等方面的知识和设施，以与世界观、政治思想、道德等意识形态相区别。"[②]《辞海》中的解释有三种[③]，第一种的解释和《中国大百科全书·哲学》基本相同，并有了进一步的解释，即"作为一种历史现象，文化的发展有历史的继承性；在阶级社会中，又具有阶级性，同时也具有民族性和地域性。不同民族、不同地域又形成了人类文化的多样性。作为社会意识形态的文化，是一定的社会政治和经济的反映，同时又给予一定社会的政治和经济以巨大的影响"。第二种解释相对具体，泛指一般的知识。第三种解释为"中国古代封建王朝所施的文治和教化的总称"。

实际上，文化的内涵是随着解释的对象、范围、程度、场合等的不同有不同的定义。目前我国多个领域的学者都坚持对文化的解释多属于广义的文化，

[①] 中国大百科全书编辑委员会. 中国大百科全书：社会学[M]. 北京：中国大百科全书出版社，1991：409.

[②] 中国大百科全书编辑委员会. 中国大百科全书：哲学[M]. 北京：中国大百科全书出版社，1987：924.

[③] 夏征农，陈至立. 辞海[M]. 上海：上海辞书出版社，2009：4365.

其中一种划分是:"可以把文化分为物质文化、制度文化和精神文化三部分。这三部分既有其相对的独立性,又互相依存、互相制约,构成了有机联系的整体结构,一个与自然相区别的文化世界,一个意义与价值的世界。"①我们认为这种解释是比较全面和合理的,在学界的多个领域都会在"文化"一词的前面加上相对明确的定语,来对具体领域的"文化"进行阐述。比如"考古学文化"的解释便是:考古学文化"专门指考古发现中可供人们观察到的属于同一时代、分布于共同地区并且具有共同的特征的一群遗存"②。结合考古学的研究的最终目标是论证人类社会历史发展的一般规律,那么考古学文化的内涵就包括古代社会的物质文化、精神文化和制度文化的各个领域。

也有的学者将"文化"的概念限于精神领域,冯友兰先生认为:"中国文化就是中国之历史、艺术、哲学……综合体。"③根据马克思主义基本原理,社会存在决定了社会意识,精神领域的内容是源自物质世界而存在的,那么中国的历史、艺术、哲学等均是对各时期物质生活的反映,而制度文化则是存在于物质和精神两种文化之间,并与二者均有密切的交叉。毛主席在《新民主主义论》一文中说:"一定的文化是一定社会的政治和经济在观念形态上的反映。"④也就是说,现实存在的经济现象和政治现象,必然引起人们的某些精神活动,因而就派生出各种形式的观念形态,这就包括了历史、哲学和艺术等。铜官文化正是在汉代政治和经济形势下造就的。

二、铜官文化的内涵

通过以上的梳理可知,"文化"的概念既有抽象的,也有相对具体的。但学界有个共同的解释,那便是"文化"既包含了精神领域,也有制度领域和物质领域的内容。"铜官文化"相对具体,但内涵却十分丰富。

首先,铜官文化是一种历史现象,具有历史的传承性特征。铜官的设立源自于中国大一统王朝的建立,是国家在经济领域统一的一种体现,更是社会生产力和社会组织发展到一定阶段的产物。实际上汉代以前的先秦时期,铜资源

---

① 许苏民. 文化哲学[M]. 上海:上海人民出版社,1990:96.
② 中国大百科全书总编辑委员会. 中国大百科全书·考古学[M]. 北京:中国大百科全书出版社,2004:253.
③ 冯友兰. 三松堂学术文集[M]. 北京:北京大学出版社,1984:23.
④ 毛泽东. 毛泽东选集[M]. 北京:人民出版社,1964:688.

便是历代王朝争相追逐和极力控制的重要目标,铜官所在的铜陵地区更是各大政权争夺的重地,与汉代相比铜的用途有一定的差异,此外还有湖北铜绿山、山西中条山、江西铜岭等地也是铜资源的重地,"铜官"的重要性特征还体现得不够明显,但是已经为汉代的"铜官"打下了基础。汉武帝为了实现社会经济的大一统,连续颁布了"货币官铸"和"盐铁官营"的政策,在这种背景下,"铜官"的设立成为一种历史的必然。汉代以后,"货币官铸"的政策基本为后世的历代统治者所采纳,虽然在汉代以后铜陵的"铜官"失去了其唯一性,但其本身的重要性并没有减弱,这种历史趋势至少延续至宋代。

第二,"铜官文化"不仅是一种地域性文化,更是国家文化。作为一种地域性文化,是指铜陵及其附近地区拥有得天独厚的铜矿资源和较为便利的交通运输,当然其秀美的自然风光和淳朴的民风也是吸引历代文人陆续到此地的原因之一。之所以说是国家文化,正是由于"铜官"的设立是一种国家行为,汉代的"铜官"与铁官、盐官以及工官都不同,这是国家唯一设置的管理重要资源、受中央管辖并分布于地方的官职,其本身设置的意义不在于发展地方经济,而是支撑了整个汉帝国的经济命脉。后世的梅根冶、梅根监均是汉代铜官的延续,均在各时期对国家的经济稳定做出了突出的贡献。

第三,"铜官文化"兼具有物质、精神和制度文明的内容。铜官设立的本意便是国家对该地区优质铜矿资源的控制和利用,如今为我们留下了宝贵的历史文化遗产,最为典型的便是铜陵的金牛洞遗址。铜官文化也是一种精神文明的体现,人类发展的历史是依靠着历代科技的创新发展来推动的,从先秦时期开始,铜陵地区的采矿、冶炼以及铸造技术均在不断地进步和革新,这就反映了一种开拓创新的精神(图8.1);近代社会,在西方列强侵占铜官山的时期,铜陵人民在争夺矿权上表现出了不屈不挠的大无畏精神。铜官文化还包含着制度文明,因为"铜官"本身就是汉代政治经济制度的具体反映,"铜官"的设立反映了铜的职能由政治礼仪功能转变为经济功能,是中国古代由"王国时代"向"帝国时代"发展的一种体现。

由于"铜官文化"具有丰富的文化内涵,使得历代文人陆续到此对铜官和铜官山进行咏颂,而这些优美的诗文则是"铜官文化"派生出的意识形态,只是用更加生动的形象将其反映出来。

图8.1 铜文化广场与铜都精神

第二节 历代文人咏铜官

最早在诗赋中对铜官和铜官山进行咏颂的是北周时期的庾信,庾信原为南朝人士,后来到了北方在西魏、北齐和北周为官,但无比怀念故土,便留下了"北陆以杨叶为官,南陵以梅根作冶"的诗句。隋唐以后,大量诗人都在古铜陵留下了咏颂铜业生产的诗句,其中最著名的有诗仙李白,另外还有孟浩然、梅尧臣和苏东坡等唐宋时期的大文豪。

一、李白与铜官山

唐代伟大诗人李白,一生多次到过古铜陵地区①,并在该地区居住过一段时间,留下了13首咏颂铜官和描绘古铜陵地区人文元素的诗篇。其中既有对铜官

---

① 据《全唐诗》及《李白年谱》,《南陵别儿童入京》为天宝元年(公元742年)应召入长安为官时路过南陵所作(另说此处南陵是鲁郡辖地地名,暂存疑);天宝十三年(公元754年)第二次过南陵,游五松山,作《于五松山赠南陵常赞府》《书怀赠南陵常赞府》等诗;天宝十四年(公元755年),李白又一次来到五松山下,作《五松山送殷淑》;公元761年,李白生前最后一次到五松山,作《赠刘都使》《宿五松山下荀媪家》两首诗。

山寄予深厚感情的抒情诗句，也有描述铜官山矿冶场景的篇章，还有对铜官山附近百姓的歌咏。

天宝元年（公元742年），经翰林贺知章以及玉真公主的极力推荐，李白进入朝廷，在玄宗皇帝身边做翰林供奉。在进京途中路过当时的南陵，写下了《南陵别儿童入京》一诗："白酒新熟山中归，黄鸡啄黍秋正肥。呼童烹鸡酌白酒，儿女嬉笑牵人衣。高歌取醉欲自慰，起舞落日争光辉。游说万乘苦不早，着鞭跨马涉远道。会稽愚妇轻买臣，余亦辞家西入秦。仰天大笑出门去，我辈岂是蓬蒿人。"①

诗中既描述了古铜陵地区朴实的人文风光，又表达了其本人即将进京为官的豪迈情怀。

李白在京任职一年多后，得以"赐金还山"，此后游历天下。到了天宝十三年（公元754年），时隔十二年后李白再次来到铜陵地区，在宣城、南陵、当涂、贵池、泾县、青阳一带出游，写下了《秋浦歌》，其中第十四首是五绝："炉火照天地，红星乱紫烟。赧郎明月夜，歌曲动寒川。"这是首很有感染力的诗，是中国文学史上第一篇描写冶铜工人劳作的佳篇，是在中国古代浩瀚的诗歌海洋中为数不多的、生动记述古铜陵地区铜的冶炼史的重要篇章。诗篇有很高的文学地位和历史价值，郭沫若先生认为，这是中国古代唯一一首以冶铜工人为主人公的文学作品②。

这次李白暂时定居于铜陵的五松山，在此期间写下了《南陵题五松山》《与常赞府游五松山》《答杜秀才五松山见赠》《于五松山赠南陵常赞府》《书怀赠南陵常赞府》《南陵五松山别荀七》《江山答崔宣城》③等诗篇。据嘉靖《铜陵县志》记载："五松山，在县南四里，山旧有松，一本五枝，苍鳞老杆，黛色参天，故名，唐李白筑室于上，为五松书院，有题咏。"李白居住五松山期间，他的好友南陵县丞常建时常来看他。常建是唐代开元十五年（公元727年）进士，山水田园诗人。李白与常建一同饱览风光秀丽的五松山。"我来五松下，置酒穷跻攀。征古绝遗老，因名五松山。五松何清幽，胜境美沃洲。萧飒鸣洞壑，终年风雨秋。响入百泉去，听如三峡流。剪竹扫天花，且从傲吏游。龙堂若可憩，

---

① 王琦.李太白全集[M].北京：中华书局，1977：744.
② 郭沫若.李白与杜甫[M].北京：人民文学出版社，1971.
③ 王琦.李太白全集[M].北京：中华书局，1977：1047，957，904，619，643，1396，895.

吾欲归精修。"①（《与南陵常赞府游五松山》）李白在诗中寄寓了一种不容于世俗的高洁："为草当作兰，为木当作松，兰幽香风远，松寒不改容。松兰相因依，萧艾徒丰茸。鸡与鸡并食，鸾与鸾同枝"②（《于五松山赠南陵常赞府》）。

《答杜秀才五松山见赠》，是一首直抒人生感慨之作："昔献《长杨赋》，天开云雨欢，当时待诏承明里，皆道扬雄才可观。敕赐飞龙二天马，黄金络头白玉鞍。浮云蔽日去不返，总为秋风摧紫兰。角巾东山商山道，采秀行歌咏芝草。……千峰夹水向秋浦，五松名山当夏寒。铜井炎炉歊九天，赫如铸鼎荆山前。陶公矍铄呵赤电，回禄睢盱扬紫烟。此中岂是久留处，便欲烧丹从列仙。爱听松风且高卧，飕飕吹尽炎氛过。登崖独立望九州，《阳春》欲奏谁相和？……"③

李白诗中说的是英才扬雄，其实是披露李白自身的心境。在对朝廷的希望破灭后，他寄希望于炼丹成仙，学齐梁时陶弘景，围着铜井炎炉与"火神"回禄为盼。在诗人笔下，把冶炼铜矿这种烟熏火燎的笨重劳动，幻化为神奇之笔，炼铜炉的熊熊烈焰直冲云霄，冶神火神各显神通，漫天紫烟，红色的火光，特像黄帝铸大鼎的场面。全诗想象奇特，体现了唐代铜官山炽烈的炼铜场景。

次年，他又写下了《铜官山醉后绝句》："我爱铜官乐，千年未拟还。要须回舞袖，拂尽五松山。"诗人以赤子般的情怀表达了他对铜官及附近山水的热爱。

唐肃宗上元二年（公元761年），已处于暮年的李白再次来到铜官山，写了两首著名诗篇，一首是《赠刘都使》，另一首是《宿五松山下荀媪家》。在《赠刘都使》诗中有这样句子："铜官几万人，诤讼清玉堂。吐言贵珠玉，落笔回风霜。而我谢明主，衔哀投夜郎。归家酒债多，门客粲成行。高谈满四座，一日倾千觞。所求竟无绪，裘马欲摧藏。主人若不顾，明发钓沧浪。"④

其中"铜官几万人"描述了开采铜矿和铸造钱币的盛况，也表达了自己生活落魄的境遇。《宿五松山下荀媪家》更是将其落魄的状况表现得淋漓尽致："我宿五松下，寂寥无所欢。田家秋作苦，邻女夜舂寒。跪进雕胡饭，月光明素

---

① 王琦. 李太白全集[M]. 北京：中华书局，1977：957.
② 王琦. 李太白全集[M]. 北京：中华书局，1977：619.
③ 王琦. 李太白全集[M]. 北京：中华书局，1977：904.
④ 王琦. 李太白全集[M]. 北京：中华书局，1977：564.

盘。令人惭漂母,三谢不能餐。"①

这首诗对感情和所见的情景描述得都非常细腻和丰富,表达了李白对铜陵地区的人文情怀。

二、历代其他文人与铜官文化

汉唐之际,文坛名士歌咏铜官的诗作、文章传世甚少,在李白游历古铜陵之前,其"故人"孟浩然曾经过此处,留下了著名诗歌《夜泊宣城界》。从李白歌咏铜官之后,历代知名文学家纷纷亲临古铜陵地区,留下一篇篇佳文颂扬铜官,展现铜官山、五松山的山水神韵,给古铜陵增添了一道道文学风景。

孟浩然是唐代与李白同时期的著名田园派诗人,他在游历江南乘船夜泊宣州界时作了一首《夜泊宣城界》,全诗如下:"西塞沿江岛,南陵问驿楼。湖平津济阔,风止客帆收。去去怀前浦,茫茫泛夕流。石逢罗刹碛,山泊敬亭幽。火识梅根冶,烟迷杨叶洲。离家复水宿,相伴赖沙鸥。"诗的前四句描述了诗人乘船绕过沿江岛屿,问路于南陵驿楼的情景。"去去怀前浦,茫茫泛夕流",是对前面旅程的怀念和茫茫前程的思索。后六句中的"火炽梅根冶,烟迷杨叶洲",是孟浩然所见(或想象中)的梅根冶盛况,远处炉火熊熊,火光冲天,烟雾弥漫笼罩着杨叶洲,其矿冶情景之壮观令作者欣然提笔,写下了这千古绝句②。

追溯传承铜官文化的墨宝,首先要提到北宋政治家、文学家、思想家王安石。1041年,18岁的王安石到铜陵胡氏逢源堂讲学,其间写下三首诗篇,在第一首《题胡氏逢源堂》的开篇写道:"我爱铜官好,君实家其间。"③这是铜官文化史上第一首由北宋知名文学家所作的热爱铜官的诗句,与李白的"我爱铜官乐"名句一脉相承。王安石《题灵窦泉》中写道:"山腰石有千年润,海眼泉无一日干。天下苍生待霖雨,不知龙向此中蟠。"诗中寄托着青年王安石自喻"蟠龙卧虎"要"济天下苍生以霖雨"的远大抱负。在铜官这块风水宝地讲学之后,确实给青年的王安石带来人生重大机遇,1042年,王安石首次参加朝廷举行的科考试,那一年与王安石同榜的前四名后来有三人当了宰相,王安石是其中之

---

① 王琦. 李太白全集[M]. 北京:中华书局,1977:1024.
② 裘士京. 唐宋诗人笔下的皖南铜矿冶铸业[J]. 安徽师范大学学报(哲学社会科学版),2005(3).
③ 王安石. 临川先生文集[M]. 北京:中华书局,1959.

一。王安石在古铜陵大地讲学，写下《铜官好》诗篇，结下了同窗同砚好友胡舜元，之后走上了报国为民之路。这段经历在王安石生平业绩中极为宝贵。

北宋著名诗人、书法家黄庭坚，于宋神宗元丰三年（1080年）被派往吉州太和县（今江西泰和）任县令，上任途中船行长江铜陵段时，狂风大作，无法行舟，只得令船工泊岸避险，遂写下《阻风铜陵》一诗。诗中写道："顿舟古铜官，昼夜风雨黑。洪波崩奔去，天地无限涌。"①诗中记述了古铜官濒临的江面，狂风大作，暴雨倾盆，诗人困在舟中情景。从此，"古铜官"一词呈现在文学诗坛中，黄庭坚成为提出"古铜官"概念的第一人。

北宋文学家、书画家、唐宋散文八大家之一的苏轼，于宋元丰八年（1085年）来铜陵，在《题陈公园三首》中写道："天空月满宜登眺，看取青铜两处磨。""莫言垒石小风景，卷帘看尽铜官山。""落帆垂到古铜官，长是江风阻往还。"②"看取青铜两处磨"是描写天上和水中的月亮像青铜镜一样光亮。"卷帘看尽铜官山"意指在住所内卷起帘子有看不完美景的铜官山。"落帆垂到古铜官"意指长江中风大浪急，诗人落帆再一次住在古铜官。苏轼对"铜官观景"的大手笔描绘，为元、明、清时代文学家书写古铜官发挥了引领作用。

北宋诗人梅尧臣，于景祐年间（1034～1038年）任铜陵知县。当古铜官山日夜不息的凿山采铜声传来时，他深情地写下《铜坑》一诗："碧矿不出土，青山凿不休。青山凿不休，坐令鬼神愁。"③从诗中看到采矿人裸露着青铜色泽般的身躯，手持金属采掘工具，躬身伏在狭长的巷道，挥动双臂攻山击石，一凿一凿，艰难地取下矿石。古矿区的采矿工艰难困苦的劳作程度，令鬼神都难以克服。特别是诗中"青山凿不休"的重复诗句，凝重深沉，是一首采矿工命运抗争的朝天阙歌。从诗中看出，梅尧臣任知县期间，古铜官采矿业处在繁荣期。

南宋学者王十朋在《富览亭》一诗中写道："一望之中万象新，铜官宝嶂悉生春。风光拚取收囊底，宦况于今也不贫。"诗中告诉我们，在北方大部分国土丧失、南宋朝廷偏安江南的乱世年代，层峦叠嶂的铜官山地区仍万象更新，地方官和老百姓生活清静，富有一派锦绣江南的气息。诗中也折射出作者对国家未来前景充满着无限的期待。

元末明初文学家陶安在《过铜陵二首》诗中写道："县治无城堵，坡陀枕水

---

① 黄庭坚：《山谷外集》卷五，影印古籍资料。
② 查慎行：《苏诗补注》卷四十八，影印古籍资料。
③ 梅尧臣：《宛陵集》卷五，影印古籍资料。

滨。铜坑容凿矿，炭户晓担薪。兵后姜牙少，岩深箭竹新。沙溪浮石子，嘎嘎履声频。""石塔深巢鸟，砖街曲类蛇。平山立烽堠，小港隐渔槎。田废多生荻，池湮不沤麻。独存胡鬼殿，未有县官衙。"①诗中描写县城没有城墙，县城顺着山势迁延到水滨。这里的铜坑浅露，开采不息，每天清晨都能看到卖炭人挑来炭薪。战乱之后从事白姜种植的姜农少了，而山崖边、水洼处到处长出野生箭竹。溪流中漂浮着矿渣，走在上面嘎嘎作响。陶安经历了元末明初改朝换代的战乱，深知战争给国家和人民带来的灾难深重。陶安诗中不仅呈现出战乱给古铜陵地区民生和矿业带来的荒芜之景，而且对民间矿业的开采和姜业的种植进行了细致的描写，也佐证了明初古铜陵地区采铜业仍在小规模地发展。

明代藏书家、闽剧始祖曹学佺曾在铜陵留下诗言："杏叶山崩堰，梅根渚少烟。为鱼从古叹，置冶迄今传，大小牛栏固，东西鹊岸连。五松山下媪，能醉李青莲。"诗中写道东晋葛洪在古铜陵杳山炼丹、唐叶真人在叶山修道，提及唐宋朝廷在梅根冶铸造钱币，因商旅往来而紧紧相连鹊岸。指出铜陵渔业丰富，采铜业繁盛发达，古老的五松山下村民曾经接待过诗仙李白。曹学佺以史学家的胸襟，细腻深刻地描写古铜陵大地，诗篇简直就是一幅铜官历史和人文地理的风物图，这对清代王士禛写的颂铜官山诗篇有一定的启示。

清代诗人王士禛，官至刑部尚书，生前负有盛名，一生门生甚众，提出论诗创神韵之说，对诗坛影响力较大。他在《晓望铜官山》一诗中写道："空江寒月落，坐失九华峰。回头望秋浦，何处九芙蓉，晓日铜官上，泄云连五松。"王士禛描写铜官的诗气势恢宏，体现了其雄健直观的诗风。诗章从"空江寒月"写到与铜官山峰相连的九华山峰，提及了唐宋在秋浦河畔的炼铜场景。朝日诗人站在巍巍的铜官山顶，看到云彩将铜官山与五松山联到一起，诗人识见高远，将唐代诗人李白笔下的铜官山，李白居住并钟情的五松山，李白起名的九华山相提并论，交织着诗人对铜官文化博大精深的探索。

元、明、清时期大江南北铜官文化承传之风盛行，与南方文人在古铜陵大地频繁诗歌活动有关。明代进士刘涣《游铜官山二首》，明代戏曲作家、文学家汤显祖的《过铜陵》，清代诗人方城的《过铜陵》，清代桐城学派重要作家之一的刘大櫆《发铜陵》等著名诗篇，都以语言洗练、文笔清秀的笔调，客观地记录了古铜陵铜官胜迹、地方风情和人文掌故，通过他们的一篇篇诗作，可清楚地看到元、明、清时期文人传承和创新铜官文化所取得的成就。

---

① 陶安：《陶学士集》卷三，影印古籍资料。

后　记

　　本书是安徽省铜陵市政府组织编撰的"铜文化书系"中的一部，铜陵市政府对该书十分重视。2016年7月，铜陵市文化和旅游委员会、铜陵市文物局的领导同志到北京与我商谈本书的撰写事宜，初步拟订了编写的方案和思路。具体的分工如下：

　　刘庆柱（中国社会科学院学部委员、郑州大学中原历史文化研究院特聘教授）负责把握全书的写作风格和思路。本书由朱津、曹永歌执笔，朱津（郑州大学历史学院）负责撰写第一至五章；曹永歌（南开大学历史学院）负责撰写第六至八章。本书编委会编委张国茂（铜陵市博物馆原馆长、研究员）和赵敏同志为本书的撰写提供了大量的资料。

　　由于本书研究的时间跨度较长，涉及的内容宽泛、庞杂，书稿之中不当之处，尚祈各方赐教。

　　感谢铜陵市政府、文旅委以及文物局等领导及相关部门的关心与大力支持。对2017年8月的书稿论证会上与会专家提出的中肯建议，对中国科学技术大学出版社编辑的辛勤付出深表谢意。

刘庆柱
2018年3月